Zweckmäßigkeit und Ausgestaltung einer obligatorischen Streitschlichtungsinstanz im deutschen Zivilverfahren

Europäische Hochschulschriften
Publications Universitaires Européennes
European University Studies

Reihe II
Rechtswissenschaft

Série II Series II
Droit
Law

Bd./Vol. 3513

PETER LANG
Frankfurt am Main · Berlin · Bern · Bruxelles · New York · Oxford · Wien

Guido Mattisseck

Zweckmäßigkeit und Ausgestaltung einer obligatorischen Streitschlichtungsinstanz im deutschen Zivilverfahren

PETER LANG
Europäischer Verlag der Wissenschaften

Die Deutsche Bibliothek - CIP-Einheitsaufnahme

Mattisseck, Guido:

Zweckmäßigkeit und Ausgestaltung einer obligatorischen Streitschlichtungsinstanz im deutschen Zivilverfahren / Guido Mattisseck. - Frankfurt am Main ; Berlin ; Bern ; Bruxelles ; New York ; Oxford ; Wien : Lang, 2003
(Europäische Hochschulschriften : Reihe 2, Rechtswissenschaft ; Bd. 3513
Zugl.: Freiburg (Breisgau), Univ., Diss., 2002
ISBN 3-631-39522-1

D 25
ISSN 0531-7312
ISBN 3-631-39522-1

www.peterlang.de

Meinen Eltern

Inhaltsverzeichnis

A. Einleitung

Die Diskussion um Alternativen zur gerichtsförmigen Bewältigung von Konflikten kommt immer mehr in Schwung. Eine beinahe unübersehbare Menge wissenschaftlicher Stellungnahmen zu diesem Thema wurde in den letzten Jahren in der juristischen Fachpresse veröffentlicht.
Bereits im Jahr 1995 vollendete Breidenbach seine Habilitationsschrift zum Thema Mediation[1]. Der Deutsche Anwaltstag befaßte sich 1997 mit der außergerichtlichen Streitschlichtung[2], im gleichen Jahr legten Poschab und Schweizer ihr Werk über kooperative Verhandlungsführung vor[3]. 1998 wurde „Konsens" gegründet, die erste Zeitschrift zum Thema Mediation in Deutschland und der „Betriebsberater" widmete seine Beilage 10 / 98 diesem Thema. Auch der Richterratschlag im Oktober 1998 stand im Zeichen der Alternativen zur gerichtlichen Streitbewältigung.
Die Alternativendiskussion, wie sie heute geführt wird, hat wesentliche Impulse aus den USA empfangen. Die Voraussetzungen der aktuellen Diskussion haben jedoch erst Soziologie und Anthropologie geschaffen mit der Entdeckung, daß das moderne Recht nur ein mögliches Handlungssystem unter anderen konstituiert[4]. Anschauliche Berichte der Ethnologen über nichtrechtliche Formen der Konfliktregelung in primitiven Gesellschaften[5] haben einem weiten Publikum die Augen dafür geöffnet, daß Verrechtlichung und Vergerichtlichung, die in der modernen Industriegesellschaft westlicher Prägung das bevorzugte Medium der Konfliktregelung bilden, keine Naturnotwendigkeit sind. Eine wissenschaftliche Diskussion entstand, als die amerikanische Justiz auf alternative Streitschlichtungsverfahren als Möglichkeit zur Milderung des auf ihr lastenden Verfahrens"berges" aufmerksam wurde. Die Initialzündung erfolgte 1976, als auf der Pound - Konferenz in St. Paul / Minnesota die obersten Richter des Bundes und

---

1 Breidenbach, Mediation - Struktur, Chancen und Risiken von Vermittlung im Konflikt.

2 Aufgegriffen wird der Schlichtungsgedanke auch von der Berufsordnung (BORA) BRAK - Mitt. 1996, 241 ff. und der Fachanwaltsordnung (FAO), BRAK - Mitt. 1996, 249 ff. der Bundesrechtsanwaltskammer. In §§ 1, 18 BORA kommt die rechtsgestalltende, vermittelnde und streitschlichtende Tätigkeit zum Ausdruck. Der Fachanwalt für Familienrecht (§§ 5, 12 FAO) weist ebenfalls auf die außergerichtliche Beratung und Vermittlung hin. Auf dem besagten Anwaltstag in Frankfurt haben sich die Rechtsanwälte als „geborene und alleinige Streitschlichter" bezeichnet.

3 Ponschab / Schweizer, Kooperation statt Konfrontation - Neue Wege anwaltlichen Verhandelns.

4 Röhl, Zum Hintergrund der Suche nach Alternativen, in: Blankenburg / Gottwald / Strempel (Hrsg.), Alternativen in der Ziviljustiz, S. 16.

5 Wesel, Geschichte des Rechts, Rnd. 27 f.

der Einzelstaaten mit Vertretern der Justizverwaltung und der American Bar Association zur Erörterung der Problematik zusammentrafen. Eine von dieser Konferenz eingesetzte Arbeitsgruppe sprach (neben verschiedener Vorschläge zur Verbesserung des materiellen und des Verfahrensrechts) vor allem die Empfehlung aus, dem herkömmlichen Gerichtsverfahren neuartige Schlichtungsverfahren an die Seite zu stellen[6].

In Europa, (und) vor allem in der Bundesrepublik Deutschland, hat der aus Übersee kommende Funke zuerst in der Rechtssoziologie gezündet[7].

In den letzten Jahren hat die außergerichtliche Streitschlichtung in der Rechtspflege der Bundesrepublik ein rasch zunehmendes Interesse gefunden, und zwar in beinahe allen Rechtsgebieten, wie z.B. dem Familienrecht (Familienmediation), Verwaltungsrecht (kooperatives Verwaltungshandeln), Steuerrecht (tatsächliche Verständigung), Arbeitsrecht (Mediation in der Wirtschafts- und Arbeitswelt) sowie im Strafrecht (Täter - Opfer - Ausgleich). Auch im Zivilrecht ist eine Tendenz zur Streitschlichtung unverkennbar. Einerseits erledigt die Anwaltschaft einen großen Teil ihrer Fälle außergerichtlich, zum anderen besteht ein breites Angebot an Schieds- und Schlichtungsstellen. Im Forschungsprogramm „Strukturanalyse der Rechtspflege (SAR)“ des Bundesministeriums der Justiz haben sich verschiedene Untersuchungen mit der Schnittstelle zwischen außergerichtlicher und gerichtlicher Konfliktbearbeitung befaßt. Damit wurde erstmals ein umfassender Blick auf die außerhalb der Gerichte liegenden Rechtsdienste und deren Wirkung auf den gerichtlichen Geschäftsanfall geworfen.

In neuerer Zeit hat auch die Rechtspolitik diese Forschungsergebnisse aufgegriffen, wie die Äußerungen und Forderungen der Landesjustizminister Behrenz[8], Hoffmann - Riem[9], Leeb[10] und Goll[11] zeigen.

Die wissenschaftliche Debatte wurde durch den Entwurf eines Gesetzes zur Vereinfachung des zivilgerichtlichen Verfahrens und der Freiwilligen Gerichtsbarkeit[12] besonders angeregt, da der Vorschlag gemacht wurde, ein obligatorisches außergerichtliches Schlichtungsverfahren in die Zivilrechtspflege zu integrieren (§ 15a EGZPO). Dieses Gesetz wurde am 09.09.1999 vom Bundestag

---

6 Röhl, Zum Hintergrund der Suche nach Alternativen, in: Blankenburg / Gottwald / Strempel (Hrsg.), Alternativen in der Ziviljustiz, S. 16.

7 Strempel, Außergerichtliche Konfliktlösung, ZRP 1998, 319, 321; Blankenburg / Klausa / Rottleuthner, in: Jahrbuch für Rechtssoziologie und Rechtstheorie, Band 6 1980.

8 Behrens, Außergerichtliche Streitschlichtung nach dem Modell Nordrhein - Westfalen, DRiZ 1997, 237 ff.

9 Hoffmann - Riem, Konfliktbewältigung in einer angebotsorientierten Rechtsschutzordnung, ZRP 1997, 190 ff.

10 Leeb Entlastung der Justiz - Notwendigkeit, Gefahren, Chancen, BB 1998, Beilage 10, 3 ff.

11 Goll, Obligatorische Streitschlichtung im Zivilprozeß, ZRP 1998, 314 ff.

12 BR – Drucks. 605 / 95, 18.10.96.

beschlossen (Gesetz zur Förderung der außergerichtlichen Streitbeilegung) und kam durch Bundesratsbeschluß vom 15.10.1999 zustande[13].
Schließlich hat der Gesetzgeber mit der Verabschiedung des Gesetzes zur Reform des Kindschaftsrechts[14] ein weiteres Signal für die konsensuelle Streitbeilegung gesetzt. Ein Schwerpunkt der Reform ist nämlich die Förderung eigenständiger Konfliktlösungen durch die Eltern in den die Kinder betreffenden Verfahren, wobei insbesondere auf die Möglichkeit der Beratung durch die Beratungsstellen und -dienste der Träger der Jugendhilfe hingewiesen wird[15].

Der Erfolg alternativer Konfliktbehandlung wird entscheidend von der Qualität der Schlichtungsverfahren abhängen. Den Fragen, welche Chancen die außergerichtliche Streitbeilegung bietet, welche Nachteile den zu sichernden Vorteilen gegenüberstehen und wie ein Schlichtungsverfahren ausgestaltet sein muß, damit die Nachteile gebannt, zumindest aber minimiert werden, soll im Rahmen dieser Untersuchung nachgegangen werden.

Eine Einschränkung des Konfliktgegenstandes ist notwendig: Da diese Arbeit ein Beitrag zur zivilrechtlichen Verfahrenslage ist, werden lediglich Konflikte behandelt, deren rechtliche Erfassung auch eine zivilrechtliche Komponente hat und die daher bei Durchführung des klassischen, gerichtlichen Verfahrens in ein zivilgerichtliches Verfahren münden könnten, weil zumindest ein Teil der verhandelten Forderungen sich im System des Zivilrechts darstellen läßt. Vermittlung in öffentlich - rechtlichen Streitigkeiten oder der Täter - Opfer - Ausgleich im Strafrecht gehören strukturell ebenfalls zum hier angesprochenen Themenbereich der „Alternativen Konfliktlösungsmechanismen", sind jedoch nicht unmittelbar in diese Untersuchung einbezogen, da - im Verhältnis zum privatautonomen Konflikt - zusätzliche Aspekte zu berücksichtigen sind[16].

---

13 BGBl. I 1999, 2400.

14 BGBl. I 1998, 2942.

15 § 52 FGG (neu).

16 Genannt seien nur die Konflikte bei der Trassierung der Neubaustrecken der Deutschen Bundesbahn, beim Ausbau des Fernstraßennetzes, bei der Genehmigung einer Müllverbrennungsanlage, eines Kraftwerkes oder einer industriellen Produktionsstätte. Diese Verfahren sind von erheblichen Interessengegensätzen geprägt: Die öffentliche Hand muß eine Infrastruktur bereitstellen, die den Anforderungen des modernen Industriestaates genügt, zugleich aber auch vielfältige Belange des Gemeinwohls beachten. Die Antragsteller sind an einer raschen und praktikablen Genehmigung interessiert, um modernisieren zu können und wettbewerbsfähig zu bleiben. Die Einwender und eine engagierte Öffentlichkeit betonen die Belange des Natur- und Umweltschutzes. In diesem Interessengeflecht ist von der Verwaltung nach Entscheidungen zu suchen, die die aufbrechenden Konflikte schlichten, so daß die Realisierung nicht durch nachhaltigen öffentlichen Widerstand oder durch jahrelange Klageverfahren blockiert wird. Die Besonderheit der Schlichtung in öffentlichrechtlichen Genehmigungsverfahren liegt insbesondere darin, daß akzeptanzfähige Konfliktlösungen nicht einseitig zu Lasten der öffentlichen Haushalte und damit zu Lasten anderer wichtiger Aufgaben der öffentlichen Hand gehen dürfen. So werden Einwen-

Der Begriff der Streitschlichtung wird unterschiedlich verwendet und umfasst zum Teil Verfahren, bei denen sich die Parteien der Entscheidung des Schlichters unterwerfen[17]. In dieser Untersuchung wird der Begriff restriktiver verstanden. Es wird zwischen grundlegend verschiedenen Formen des Zwangs unterschieden. Zwang zur Anrufung des Verfahrens und Zwang innerhalb des Verfahrens. Eine Unterwerfung unter die Entscheidung des Dritten ist gerade nicht vorgesehen. Es handelt sich um die vermittelnde Aktivität eines neutralen Dritten, der ohne Entscheidungsgewalt und Zwangsmittel versucht, den Streitparteien auf dem Weg zu einer Einigung zu helfen[18].
Damit wird die Abgrenzung zum englischen Begriff „mediation"[19] undeutlich. Nach der Definition von Breidenbach[20] ist Mediation die „Einschaltung eines (meist) neutralen und unparteiischen Dritten im Konflikt, der die Parteien bei ihren Verhandlungs- und Lösungsversuchen unterstützt, jedoch über keine eigene (Konflikt-) Entscheidungskompetenz verfügt".
Mediation bezeichnet demnach auf einer formalen Ebene *ein* Schlichtungsverfahren, in dem ein neutraler Dritter zwischen den verschiedenen Parteien vermittelt und sich bemüht, ihren Konflikt einer einvernehmlichen Lösung zuzuführen. Aber dieser Begriff von Mediation ist keineswegs eindeutig. Andere[21] sprechen unter der gleichen Definition von Streitschlichtung, von Klärungshilfe, Konfliktmoderation, runden Tischen oder von Schiedsstellenverfahren.
Angesichts der Vieldeutigkeit des Mediationsbegriffes werden in dieser Untersuchung lediglich die Begriffe Schlichtungsverfahren und - für den Dritten - Schlichter[22] verwendet.

Es geht nicht darum, amerikanische Modelle direkt in die deutsche Rechtswirklichkeit zu transponieren. Ein die Konfliktbehandlung beeinflussender Faktor ist z.B. der kulturelle und gesellschaftliche Kontext, der schon eine direkte Übertragung verbietet. So finden die afrikanischen Palaver, die als *Vorbild* der Neighborhood Justice Centers[23] dienten, in einer auf gegenseitiger Abhängigkeit auf-

---

dungen gegen eine fernstraßenrechtliche Planfeststellung vom Tisch sein, wenn durch sehr kostspielige Untertunnelungen jegliche Lärmimmisionen verhindert werden.

17 Haft, Intuitives und rationales Verhandeln, BB 98, Beilage 10, 15; Breidenbach, Mediation, S.4.

18 so auch Bühring - Uhle, Alternative Streitbeilegung in Handelsstreitigkeiten, in Gottwald / Strempel (Hrsg.), Streitschlichtung, S. 63 f.

19 Dieser Begriff läßt sich am besten mit dem Wort „Vermittlung" übersetzen.

20 Breidenbach, Mediation, S. 4.

21 Vögele, Mediation - vermitteln - verhandeln - schlichten, S. 6.

22 Statt Mediator.

23 Siehe dazu ausführlich Felstiner, „Neighborhood Justice" in Dorchester, Massachusetts, in Alternativen in der Ziviljustiz, Blankenburg / Gottwald / Strempel (Hrsg.), S. 125 ff; Es handelt

bauenden, dörflichen Gemeinschaft statt und lassen sich gerade nicht unmittelbar auf eine westliche Industriegesellschaft übertragen.

B. Historische Güteverfahren im deutschen Rechtskreis

Güteverfahren sind im deutschen Rechtskreis seit langem verwurzelt und auch in anderen Ländern verbreitet. Dementsprechend ist es angezeigt, sich durch einen Blick zurück in die Geschichte und zur Seite, über die Grenzen unseres Landes hinaus, einen Eindruck von der Vielfalt möglicher Verfahrenskonstruktionen und von deren praktischer Bewährung zu verschaffen.
Dafür sind verschiedene Modelle des Güteverfahrens zu unterscheiden, diejenigen auszusondern, die sich nicht bewährt haben, und auf andere aufmerksam zu machen, die früher effektiv angewendet wurden oder heute im Ausland erfolgreich durchgeführt werden.

I. Gerichtsintegrierte Güteverfahren

1. Verfahren vor der CPO[24]

Das integrierte Güteverfahren hat in der deutschen Rechtsgeschichte eine lange Tradition. Integriert ist ein Güteverfahren, welches im gerichtlichen Prozeß selbst, unter der Leitung des Richters stattfindet, wie z.B. der Vergleichsversuch gem. § 279 ZPO, der dem Richter in jedem Stadium des Verfahrens aufgegeben ist. Daneben gibt es das isolierte Güteverfahren, das außerhalb des Gerichtsverfahrens durchgeführt wird.
Genauere Bestimmungen enthielt erstmals der Jüngste Reichsabschied von 1654, der in Art. 110 dem Richter der ersten Instanz den Vergleichsversuch zur Pflicht machte. Hiernach sollte der Richter „vor angefangenem Rechtsstreite die Parteien in Güte von einander setzen“[25]. In der Folgezeit gehörte eine entsprechende Vorschrift zum festen Bestandteil der Gesetzbücher des aufgeklärten Absolutis-

---

sich um eine Methode des Täter - Opfer - Ausgleichs welche praktiziert wird, wenn sich Täter und Opfer kennen. Vermittlung zwischen den „Parteien“ tritt an die Stelle strafrechtlicher Verfolgung.

[24] Vom 01.01.1903 an wurde aufgrund einer Vereinbarung im Bundesrat vom 18.12.1902 über neue Rechtschreibung und aufgrund der Erlasse des Preußischen Ministeriums „in geistigen Angelegenheiten“ vom 02.04. 1902 und 16.10.1902 die Schreibweise von CPO in die heutige Fassung ZPO geändert, Gerhard, 100 Jahre Entlastung der Zivilgerichte, JR 1998, 133.

[25] Röhl, Erfahrungen mit Güteverfahren, DRiZ 1983, 90, 92.

mus (In der allgemeinen Gerichtsordnung für die Preußischen Staaten von 1793 hatte sie ihren Platz in § 1)[26].

Dieses Vergleichsverfahren war im vergangenen Jahrhundert heftig umstritten.

Als Quintessenz seines berühmt gewordenen Vortrags mit dem Titel: „Der Kampf ums Recht" hielt Jhering fest:
„Das Preisgeben eines verletzten Rechts ist ein Akt der Feigheit, der der Person zur Unehre und dem Gemeinwesen zum größten Schaden gereicht; der Kampf um das Recht ist ein Akt der ethischen Selbsterhaltung, eine Pflicht gegen sich selbst und die Gemeinschaft."[27] Jhering lehnte also jegliche Form des Schlichtungsverfahrens als einen „Akt der Feigheit" ab[28].
Auch unter den Autoren, die grundsätzlich nicht das „Kampfmodell" Jherings als Mittel zur Herstellung des Rechtsfriedens und der Gewährung von Rechtssicherheit ansahen, war man sich uneinig, wer den streitenden Parteien bei einer gütlichen Einigung helfen sollte, der Richter (Vergleichsmodell) oder geeignete Laien.
Die Argumente pro und contra haben in der ersten Hälfte des 19. Jahrhunderts Carl Joseph Anton Mittermaier[29] und Wolfgang Heinrich Puchta[30] zusammengestellt. Mittermaier forderte ein isoliertes Güteverfahren. Er hielt den Richter für ungeeignet, das Güteverfahren zu leiten[31]. Der Richter, so meinte Mittermaier, werde mit dem Güteversuch den Eindruck erwecken, er weiche von der schwierigen und zeitaufwendigen Aufgabe der Urteilsfindung aus in das leichtere Geschäft der Schlichtung. Es könne auch der Eindruck entstehen, daß der Richter selbst nicht an die sichere Stimme des Rechts glaube. Der Richter habe die Aufgabe, daß Recht anzuwenden. Er solle nicht der Umschiffung oder gar Beugung

---

26 Röhl, Erfahrungen mit Güteverfahren, DRiZ 1983, 90, 92.

27 Jhering, Der Kampf ums Recht, Wien 1872, hier zitiert nach der 3. Auflage, Wien 1877.

28 Sein Vortrag übertrifft an Resonanz, Auflagenzahl und internationaler Verbreitung (nach Strempel, Außergerichtliche Konfliktlösung, ZRP 1998, 319, sind über 50 Übersetzungen in andere Sprachen nachweisbar) alle vergleichbaren Juristenschriften. Die prägende Wirkung dieses Vortrages auf die Justizkultur ist bis heute nicht zu leugnen.

29 Mittermaier, Die neuste Prozeßgesetzgebung mit beurteilender Darstellung der neuen Entwürfe für Bayern und die Niederlande und der Prozeßordnung für die Untergerichte des Königreichs Hannover, AcP 11, 1828, 144, 147 ff.

30 Puchta, Ist der Vergleichsversuch zweckmäßig in die Hände der Gerichte gelegt?, AcP 19, 1836, 214 ff. und 414 ff.

31 Er spricht sich in dem Beitrag für das Bayrische Modell aus, welches ähnlich dem französischem Friedensrichterinstitut gestaltet ist. AcP 11, 1828, 144, 150: „Keine zum ordentlichen Prozeß geeignete Sache soll bei den Gerichten angenommen werden, wenn nicht mit der Klagübergabe zugleich ein Zeugnis des Vermittlungsamts, daß beide Parteien erschienen oder daß der Kläger den Beklagten vorfordern ließ, vorgelegt wird. .....".

des Rechts durch einen Vergleich Vorschub leisten. Schließlich könne er seine Unparteilichkeit verlieren, da er im Güteverfahren häufig gezwungen sein werde, auf den möglichen Prozeßausgang hinzuweisen. Mittermaier verlangte daher ein isoliertes Güteverfahren[32], welches dem Richter entzogen sein sollte[33].
Stärker war auf die Dauer die Ansicht, die einzig den Richter zur Durchführung des Güteverfahrens für geeignet hielt[34]. Sie hielt Mittermaier entgegen, die Schlichtung sei nicht selten sogar schwieriger als eine urteilsmäßige Entscheidung. Der Güteversuch bedeute keineswegs eine Umschiffung oder Beugung des Rechts, solange nicht Zwang oder Druck auf die Parteien ausgeübt werde. Aufgabe des Richters sei es Frieden zu stiften, was sowohl durch Urteil als auch durch eine gütliche Einigung geschehen könne. Die Einrichtung eines isolierten Güteverfahrens mit Hilfe juristischer Laien wurde abgelehnt, weil Nichtjuristen die Rechtslage nicht überschauen und den möglichen Ausgang eines Prozesses nicht vorhersehen könnten.
Erstaunlich ist, daß die Wahl lediglich zwischen dem integrierten Güteverfahren vor dem Richter und dem isolierten Güteverfahren vor einem Laien zur Disposition stand. Ein isoliertes Schlichtungsverfahren mit einem Juristen als Vermittler wurde nicht in Betracht gezogen.

---

[32] Mittermaier a.a.O.; Pucha, a.a.O. S. 434 so verfuhr man in Preußen durch die Einrichtung eines Schiedsmannsamtes im Jahr 1827 und im Jahr 1834 auch in der preußischen Provinz Sachsen. Es wurden für je 2.000 Menschen der Bevölkerung zur „gütlichen Schlichtung streitiger Angelegenheiten aus den Einwohnern des Bezirks ein unbescholtener, geachteter und selbstständiger Mann, der das 24. Jahr zurückgelegt hat, mit den Geschäften des bürgerlichen Lebens vertraut ist, und die Fähigkeit, einen deutlichen schriftlichen Aufsatz abzufassen, besitzt, als Schiedsmann gewählt.".

[33] Er kritisiert weiterhin allgemein die Möglichkeit für den Schuldner durch das Güteverfahren Zeit zu gewinnen (a.a.O. S. 152), und weist darauf hin, daß nicht alle Fälle mit vermögensrechtlichem Bezug zur Schlichtung geeignet sind: „ Auch die Fälle wo der Güteversuch notwendig sein sollte, erwecken manche Bedenklichkeit. So gerne man zugeben kann, daß bei Prozessen unter nahen Verwanden, Ehegatten, gewichtige Gründe den Vergleichsversuch raten mögen, so wenig paßt die Analogie bei Klagen zwischen Pfarrern und Pfarrangehörigen, Grundherren und Grundholden. Das angeblich zarte Verhältnis, was man etwa unter diesen Personen finden könnte, ist auf dem Papiere aber nicht im Leben;.....".

[34] Puchta aaO. S.239 f.: „Man vermuthet, ihre (der Gerichte) stete Beschäftigung mit der Handhabung des strengen Rechts, werde ihrer geistigen Tätigkeit eine Richtung gegeben haben, die sich mit einer amtlichen Funktion, welche Billigkeit und Nachgeben befördern solle, minder gut vertrage. Die Erfahrung hat uns indessen über diesen Zweifel beruhigt, im Gegentheil liegt in dem bezielten Umstand, daß unsere Gerichte das Recht zu handhaben gewöhnt sind, eine Bürgschaft gegen manchen Mißbrauch bei Sühneversuchen.".

2. *Güteverfahren nach Inkrafttreten der CPO*

a) Der Gütegedanke der ursprünglichen Civilprozeßordnung

(aa) Allgemeines Sühneverfahren

Die Forderung nach einem integrierten Güteverfahren konnte sich in der neuen Civilprozeßordnung durchsetzen, die 1879 einheitlich für das Deutsche Reich in Kraft trat[35]. Die Civilprozeßordnung (CPO) enthielt ursprünglich zwei allgemeine Vorschriften, die sich mit einer gütlichen Beilegung des Rechtsstreits unter Mitwirkung des Gerichts befaßten: § 268 CPO und § 471 CPO.
§ 268 CPO[36] lautete:

I „Das Gericht kann[37] in jeder Lage des Rechtsstreits die gütliche Beilegung desselben oder einzelner Streitpunkte versuchen oder die Parteien zum Zwecke des Sühneversuches vor einem beauftragten oder ersuchten Richter verweisen.

II Zum Zwecke des Sühneversuchs kann das persönliche Erscheinen der Parteien angeordnet werden."

§ 471 CPO bestimmte:

I „Wer eine Klage zu erheben beabsichtigt, kann[38] unter Angabe des Gegenstandes seines Anspruchs zum Zwecke eines Sühneversuches den Gegner vor das Amtsgericht laden, vor welchem dieser seinen allgemeinen Gerichtsstand hat.

II Erscheinen beide Parteien, und wird ein Vergleich geschlossen, so ist derselbe zu Protokoll festzustellen. Kommt ein Vergleich nicht zu Stande, so wird auf Antrag beider Parteien der Rechtsstreit sofort verhandelt; die Erhebung der Klage erfolgt in diesem Fall durch den mündlichen Vortrag derselben. Ist der Gegner nicht erschienen, oder der Sühneversuch erfolglos geblieben, so werden die erwachsenen Kosten als Kosten des Rechtsstreites behandelt."

---

[35] Civilprozeßordnung vom 30. Januar 1877 (RGBl. S. 83).

[36] seit 1898 § 296 CPO (17. Mai 1889 RGBl. S. 256).

[37] Die Unterstreichung wurde zur Verdeutlichung vorgenommen und ist im Originaltext nicht vorhanden.

[38] Die Unterstreichung wurde zur Verdeutlichung vorgenommen und ist im Originaltext nicht vorhanden.

Durch § 471 CPO (später § 510 CPO[39], anschließend § 510 c ZPO[40]) wurde ein fakultatives Sühneverfahren vor dem Amtsgericht eingeführt. Wer eine Klage erheben wollte, konnte den Gegner zunächst zu einem Güteversuch vor dem Amtsgericht laden. Der Gegner brauchte aber nicht zu erscheinen. Dies war der Hauptgrund, warum sich diese Version des Güteverfahrens nie richtig durchgesetzt hat[41]. In Preußen, dem damals mit 40 Mio. Einwohnern größten Bundesstaat, sank die Zahl der Sühneverfahren von 7.944 im Jahre 1880 auf 2.545 im Jahre 1900 kontinuierlich ab[42].

(bb) Ehescheidungsklage

Ein allgemeines, obligatorisches Sühneverfahren gab es in der ursprünglichen CPO nicht. Lediglich in Ehesachen war ein obligatorischer Sühneversuch vorgeschrieben (§§ 608 - 610 ZPO). Der Sühneversuch war dem Amtsgericht zugewiesen. Dieses Güteverfahren war nie sehr erfolgreich[43]. Es wurde von vielen Gerichten, bei sicher vorauszusehender Erfolglosigkeit, nicht durchgeführt. Der Grund für die Erfolglosigkeit dieses Verfahrens war weniger dessen Ausgestaltung, als vielmehr die Voraussetzungen, unter denen der Eherichter tätig werden mußte. Zum einen war der Prozentsatz anwaltlich aufbereiteter Konsensualscheidungen relativ hoch, er umfaßte mindestens die Hälfte aller Fälle und wird zuweilen sogar mit 90 % angegeben[44]. Die Einwirkungsmöglichkeiten des Eherichters bei diesen streitmäßig abgeklärten Ehen waren sehr gering. Zum anderen ist ein Richter, wenn ihn nicht privates Interesse dazu gebracht hat, weder Psychologe noch Eheberater. Er kann zwar Mißverständnisse klären oder die Parteien vor Übereilung warnen, ist aber häufig nicht in der Lage, im Sinne einer Aufrechterhaltung der Ehe auf die Parteien einzuwirken.
Das Sühneverfahren in Ehesachen wurde durch das 1. EheRG 1976 mit der Reform des Scheidungsrechts abgeschafft.

b) Entwicklung und Diskussion bis zur Emminger - Novelle 1924

Bereits kurze Zeit nach Inkrafttreten der CPO wurden wirksame Maßnahmen gegen die beständig anwachsende Zahl der Prozesse gefordert[45]. Die mannigfal-

---

39 seit 1898 (17. Mai 1898 RGBl. S. 256).

40 seit 1909 (01. Juni 1909 RGBl. S. 475).

41 Röhl, Erfahrungen mit Güteverfahren, DRiZ 1983, 90, 92.

42 Röhl, Erfahrungen mit Güteverfahren, DRiZ 1983, 90, 93.

43 Ruser, Der Sühneversuch in Ehesachen, NJW 1969, 1146.

44 Ruser a.a.O. m.w.N..

45 Levin, Prozeßnot und Rechtsfrieden, DJZ 1915, 870.

tigen Vorschläge zur Lösung des Problems trafen mit dem Wunsch zusammen, das alte deutsche Güteverfahren neu zu beleben. Dies sollte entweder durch einen wirksamen Ausbau der Schiedsmannseinrichtung oder durch Einführung besonderer Friedensrichter oder Justiznotare geschehen. Levin[46] wollte diese Schlichtungspersonen (als festbesoldete Beamte) in erster Linie aus der Zahl der langjährig praktizierenden Rechtsanwälte rekrutieren.

Es entwickelte sich eine Diskussion über die Aufgaben der Rechtspflege, in der auf zwei wesentliche Aufgaben besonderer Wert gelegt wurde; die eigentliche (einheitliche) Rechtsfindung und die Herstellung des Rechtsfriedens. Eine 1914 gegründete „Vereinigung von Freunden des Güteverfahrens" sprach sich (auch vor dem Bundesrat) dafür aus, daß diese Ziele ohne die Mitwirkung der Parteien nicht gelöst werden können[47]. Diese Vereinigung, unter dem Vorsitz des OLGR Richard Deinhardt, Jena, veröffentlichte 1916 ihre Leitsätze für die praktische Ausgestaltung eines Güteverfahrens[48].

Levin bezeichnete es als schönen, aber durch die Prozeßgeschichte aller Zeiten widerlegten Idealismus, daß durch das gütliche Zureden erfahrener und angese-

---

[46] Levin, a.a.O.

[47] Rasch, Versammlung von Freunden eines geordneten Güteverfahrens, DJZ 1915, 692; Levin, a.a.O., S. 874.

[48] Diese Leitsätze wurden von der Vorstandssitzung der Vereinigung am 11. März 1916 in Hannover angenommen:

I. Das Güteverfahren soll möglichst einfach und frei von Formen sein. Es soll sich auf alle bürgerlichen Rechtsstreitigkeiten und Antragsstrafsachen erstrecken.

II. Allen bürgerlichen Rechtsstreitigkeiten und Antragsstrafsachen muß ein Güteverfahren vorausgehen. Ausnahmen bestimmt das Gesetz.

III. Die Parteien haben persönlich zu erscheinen, Ausnahmen bestimmt das Gesetz.

IV. Der Leiter der Güteverhandlung soll tunlichst ein in der Praxis bewährter Volljurist sein. In geeigneten Fällen und stets auf Antrag beider Parteien sind sachkundige Laienbeisitzer zuzuziehen.

V. Zeugen und Sachverständige sollen uneidlich vernommen werden, eine Beeidigung kann vom Vorsitzenden angeordnet werden und ist anzuordnen, wenn beide Parteien das beantragen.

VI. Die Anrufung des Friedensamtes soll kostenlos sein. Nur bei Zustandekommen einer gütlichen Schlichtung oder Aufnahme einer vollstreckbaren Schuldurkunde sind geringe Gebühren zu bezahlen.

VII. Anwaltszwang soll für das Schlichtungsverfahren nicht eingeführt werden.

VIII. Soweit mit der Einführung des Güteverfahrens eine Schädigung der Rechtsanwälte verbunden ist, ist ein Ausgleich zu schaffen.

IX. Mit Rücksicht auf die durch den Krieg geschaffenen Verhältnisse ist dringend zu wünschen, daß zunächst durch Bundesratsverordnung ein Güteverfahren i.S. dieser Vorschläge eingeführt wird, und zwar tunlichst im Anschlusse an bereits bestehende Einrichtungen.

DJZ, 1916, 422; ebenso für die Einrichtung eines obligatorischen Güteverfahrens Schneider, Die Unwirtschaftlichkeit der Zivilrechtspflege, DJZ 1916, 279, 280.

hener Männer ohne Zwang, d.h. lediglich durch die Darbietung der Gelegenheit hierzu, die Parteien zu einer Einigung kommen. Um den Willen zur freiwilligen Rechtsgewährung zu erzeugen und zu stärken, bedürfe es zunächst einer allgemeinen Rechtserziehung. Der soziale Gedanke auf dem Gebiet des Rechtsstreits müsse durchdringen, der Wille der Volksgenossen, einander gerecht zu werden, erweckt und gepflegt werden[49].

Als Mittel dieser „Umerziehung" kam nach seiner Auffassung nur der mittelbare Zwang, der in einem obligatorischen Sühneverfahren gefunden werden kann, in Betracht. Er forderte also ein obligatorisches Schlichtungsverfahren als Mittel zur Veränderung der Streitkultur.

Am 09. September 1915 wurde, aufgrund dieser Vorschläge, für das Verfahren vor den *Amtsgerichten* anstelle der Kann - Vorschrift des § 296 ZPO[50] eine Soll - Vorschrift eingeführt, wonach der Amtsrichter, nach Erscheinen beider Parteien, vor Eintritt in die Verhandlung die Sühne versuchen sollte[51]:

„§18

Im Verfahren vor den Amtsgerichten soll das Gericht, wenn im Termine beide Parteien erscheinen, vor Eintritt in die mündliche Verhandlung die Sühne versuchen."

c) Das „Emminger - Güteverfahren"

(aa) Ausgestaltung dieses Schlichtungsverfahrens

Am 13. Februar 1924[52] wurde ein obligatorisches Schlichtungsverfahren beim Amtsgericht eingeführt. Die grundlegend neue Vorschrift des § 495 a ZPO bestimmte in Satz 1: *„Der Erhebung der Klage muß ein Güteverfahren vorangehen."*

Dieses Güteverfahren war ein Verfahren zur Herbeiführung eines gütlichen Ausgleichs, d.h. eines Vergleichs unter den Parteien vor einem Amtsgericht oder einer durch die Landesjustizverwaltung eingerichteten oder anerkannten Gütestelle.

Geregelt war lediglich das Güteverfahren vor den Amtsgerichten. Die Regelung des Verfahrens vor einer Gütestelle war Sache des Landesrechts (1927 waren noch keine Gütestellen landesrechtlich eingerichtet und lediglich in Preußen die

---

[49] Levin, a.a.O.

[50] früher § 268 CPO

[51] § 18 der Bekanntmachung zur Entlastung der Gerichte vom 09. September 1915, RGBl. S. 562, 566.

[52] Verordnung über das Verfahren in bürgerlichen Rechtsstreitigkeiten, RGBl. 1924, Teil I, S. 135, 141.

Mieteinigungsämter anerkannt[53]. Auch 1949 waren lediglich vereinzelt Gütestellen durch die Länder eingerichtet worden z.B. die Rechtsauskunftsstelle in Hamburg[54].).
Das Güteverfahren vor dem Amtsgericht war ein Verfahren der *streitigen* Zivilgerichtsbarkeit, da es in der ZPO geregelt war (arg. § 3 I EGZPO) und im engen Zusammenhang mit dem Streit- (Urteils-) verfahren stand, in das es überging, wenn die Güte erfolglos versucht wurde (§§ 499e, 500 S.3 ZPO). Die Vorschriften der ZPO für das streitige Verfahren z.B. über Ablehnung oder Ausschließung des Richters (§§ 41ff ZPO), über Armenrecht, Stellvertretung, Termine und Fristen waren unmittelbar anwendbar[55]. Das Güteverfahren war jedoch kein Streitverfahren i.e.S., die Verhandlung in ihm keine mündliche Verhandlung vor dem erkennenden Gericht, die Einlassung auf die Güteverhandlung keine Einlassung zur Hauptsache im Sinne der ZPO. Das Verfahren war nicht öffentlich. Es hatte keine Rechtshängigkeit zur Folge. Ein Verzicht oder Anerkenntnis im Güteverfahren hatte nicht die Folgen der §§ 306, 307 ZPO. Ein Geständnis konnte im nachfolgenden Streitverfahren lediglich als Indiz verwendet werden, die §§ 288, 290 ZPO galten nicht[56]. Das Güteverfahren mußte in der Regel jedem Urteilsverfahren am Amtsgericht vorausgehen[57]. Das bedeutete, daß der Kläger vor Erledigung des Güteverfahrens keinen Urteilsanspruch hatte. Eine trotzdem erhobene Klage wurde jedoch nicht als unzulässig abgewiesen, sondern gem. § 500a II ZPO als Güteantrag behandelt. Der Staat gewährte also (von den in § 495a ZPO geregelten Ausnahmen abgesehen[58]) nach der Einschätzung von

---

[53] Rosenberg, ZPO, 1. Auflage 1927, S. 336.

[54] Rosenberg, ZPO, 4. Auflage 1949, S. 488.

[55] Rosenberg, ZPO, 1. Auflage 1927, S. 337.

[56] Rosenberg, ZPO, 1. Auflage 1927, S. 337.

[57] Gleichzeitig wurde beim Landgericht das Verfahren vor dem Einzelrichter eingeführt.

§ 348 S.1 ZPO schrieb vor:

„Zur Vorbereitung der Entscheidung des Prozeßgerichts ist jede Sache zunächst vor dem Einzelrichter zu verhandeln, der auch den Termin hierzu bestimmt."

Vor dem Landgericht wurde ein obligatorisches Güteverfahren nicht vorgesehen. § 349 I S.1 ZPO bestimmte jedoch:

„ Der Einzelrichter hat zunächst die gütliche Beilegung des Rechtsstreits zu versuchen.".

[58] § 495a S. 2 ZPO:

„Dies gilt nicht:

1. wenn wegen des Anspruchs innerhalb des letzten Jahres vor einer durch die Landesjustizverwaltung eingerichteten oder anerkannten Gütestelle ein Ausgleich zwischen den Parteien erfolglos versucht worden ist,

2. wenn wegen des Anspruchs bereits ein Güteantrag wegen Aussichtslosigkeit des Anspruchs Zurückgewiesen worden ist,

3. in Urkunden- und Wechselprozeßen,

Jonas[59] zunächst nur einen Rechtsschutz „minderer Art“ und erst nach dem Scheitern dieses Versuchs der gütlichen Einigung den vollen Rechtsschutz durch Entscheidung.

(bb) Motive und Auswirkungen dieses Güteverfahrens

Im folgenden soll zunächst den Motiven nachgegangen werden, die seinerzeit zur Einführung des obligatorischen Güteverfahrens geführt haben; danach wird untersucht, ob sich die Hoffnungen, die in das Verfahren gesetzt wurden, erfüllt haben.

In den Jahren vor dem ersten Weltkrieg brach über die Gerichte eine wahre Prozeßflut herein. Die daraus folgende Überlastung der Gerichte führte zu ausführlichen Diskussionen über die Vereinfachung und Beschleunigung des Prozesses sowie über die Einführung eines besonderen Güteverfahrens[60]. Die Stärkung des Gütegedankens und die Schaffung eines besonderen Güteverfahrens entsprach damals offenbar einer weit verbreiteten Forderung und einer sehr starken Zeitströmung[61]. Die Anhänger des Güteverfahrens formierten sich zur „Rechtsfriedensbewegung“[62]. Der Reichstag mußte sich daher auch zwischen 1914 und 1918 mit den Wünschen und Forderungen der „Schlichtungsfreunde“ des öfteren beschäftigen. Die Einrichtung eines besonderen (isolierten) Güteverfahrens erschien der Reichsregierung jedoch als eine zu tief eingreifende Änderung, die sie in der damaligen Kriegssituation nicht vornehmen wollte[63].
Die Argumente, die damals für die Einführung eines obligatorischen Güteverfahrens vorgetragen wurden, ähneln in vielen Punkten den Überlegungen, die heute für alternative Formen der Konfliktlösung angestellt werden[64].

---

4. für Widerklagen,

5. wenn die Zustellung an den Gegner im Ausland oder durch örtliche Bekanntmachung erfolgen muß,

6. wenn nach dem Ermessen des Gerichts die alsbaldige Klageerhebung durch einen sonstigen wichtigen Grund gerechtfertigt wird, insbesondere wenn mit Rücksicht auf die Art des Anspruchs, die Verhältnisse der Beteiligten oder besondere Umstände der Versuch einer gütlichen Einigung aussichtslos erscheint.“

59 Stein / Jonas, ZPO, 14. Auflage 1928, Jonas, § 495 a S. 1206, Anm. II.

60 Bovensiepen, Die Unwirtschaftlichkeit der Zivilrechtspflege, DRiZ 1916, 117.

61 Schuster, Zivilprozeß und Güteverfahren, in: Blankenburg / Gottwald / Strempel (Hrsg.), Alternativen in der Ziviljustiz, S. 190.

62 Röhl, Erfahrungen mit Güteverfahren, DRiZ 1983, 90, 93.

63 So die Antwort des Reichsjustizamtes auf eine Anfrage des Abgeordneten Mumm über den baldigen Ausbau des Güteverfahrens. Hachenburg, Juristische Rundschau, DJZ 1917, 388, 392.

64 Volkmar, Die Verordnung über das Verfahren in bürgerlichen Rechtsstreitigkeiten, JW 1924, 345, der insbesondere die lange Prozeßdauer für die Reformwünsche verantwortlich macht: „ ....

Binnen kurzer Zeit war das Verfahren Gegenstand heftigster Kritik. Rosenberg schrieb in seinem Lehrbuch bereits in der ersten Auflage 1927[65]: „Die Hoffnungen, die man darauf gesetzt hat, haben sich nicht erfüllt. Das schwerfällige, durch die Zulässigkeit der Beweisaufnahme und eines Versäumnisverfahrens, die Rüge der Unzuständigkeit usw. komplizierte, sich möglicherweise über mehrere Termine hinziehende, Verfahren widerspricht aller Erfahrung."
Neben der Unübersichtlichkeit des Verfahrens wurden eine Bevormundung des Gläubigers[66], Verzögerung des Verfahrens[67] und die „materielle Schädigung des Anwalts"[68] kritisiert.
Weiterhin wurde die gesetzlich vorgesehene Folge bei Ausbleiben des Schuldners, auf Antrag der erschienenen Partei in das streitige Verfahren einzutreten und auf weiteren Antrag ein Versäumnisurteil zu erlassen (§ 499 f II ZPO)[69] als unakzeptabel empfunden. Heilberg[70] urteilte darüber mit den Worten: „Wie ein Hohn auf den Begriff des Güteverfahrens erscheint aber endlich die Bestimmung, die die Schlimmste ist: Wenn nämlich eine Partei nicht erscheint, wird auf Antrag der erschienen Partei sofort in das Streitverfahren eingetreten, der Güteantrag gilt als Klage und es kann ein Versäumnisurteil ergehen. (Folgst Du nicht willig dem Güteverfahren - so brauch ich Gewalt.)"

Neuere Untersuchungen stellen die Berechtigung dieser sehr nachhaltig geäußerten Kritik jedoch etwas in Frage. Sowohl Schuster[71] als auch Röhl[72] belegen (wenn auch anhand leicht differierender Zahlen), daß die Anzahl der Prozesse *ohne* vorangehendes Güteverfahren, trotz rapide ansteigender Prozeßflut, von 1925 bis 1931 stetig abgenommen hat. Dies spricht nicht dafür, daß man alle

der schleppende Gang des Zivilprozesses ..... unerträglich... ."; Curtius, Parlamentarisches zur Zivilprozeßreform, JW 1924, 354,: „...... die Prozeßnot ..... zu einer Not für Volk und Reich geworden.".

65 Rosenberg, ZPO, 1. Auflage 1927, S. 336.

66 Lehmann, Erste Instanz, JW, 1925, 698, 700.

67 Heilberg, Die Verordnung über das Verfahren in bürgerlichen Rechtsstreitigkeiten vom 13. Februar 1924, JW 1924, 361.

68 Lehmann a.a.O.

69 Hierauf hatte der Gerichtsschreiber den Antragsgegner bei der Zustellung oder Mitteilung (die Mitteilung war als vereinfachte Form der Zustellung nach § 496 I S. 2 ZPO zugelassen) des Güteantrags (§ 499a ZPO) nach § 498 I S. 2 ZPO hinzuweisen.

70 Heilberg, Die Verordnung über das Verfahren in bürgerlichen Rechtsstreitigkeiten vom 13. Februar 1924, JW 1924, 361.

71 Schuster, Zivilprozeß und Güteverfahren, in: Blankenburg / Gottwald / Strempel (Hrsg.), Alternativen in der Ziviljustiz, 190, 192.

72 Röhl, Erfahrungen mit Güteverfahren, DRiZ 1983, 90, 93.

Möglichkeiten ausgenutzt hätte, dem angeblich so lästigen Güteverfahren auszuweichen, obwohl es dafür durch den oben dargestellten Ausnahmenkatalog[73], insbesondere durch die Generalklausel, ausreichend viele Möglichkeiten gegeben hätte. Auch die Anzahl der im Güteverfahren geschlossenen Vergleiche war beachtlich. Während 1913, also vor der Einführung des obligatorischen Güteverfahrens, bei insgesamt 1.811.318 Prozessen 125.826 Vergleiche geschlossen wurden, einigte man sich 1925, nach der Einführung des Verfahrens, bei 1.849.127 Rechtsstreitigkeiten in 339.072 Fällen im Güteverfahren[74].
Das Verfahren erwies sich somit nicht wegen des mangelnden Erfolges als Fehlschlag, sondern weil es von den am Verfahren Beteiligten (Parteien, Anwälte, Richter) abgelehnt wurde. Das Verfahren wurde aus den oben genannten Gründen in den Prozeß integriert. Die Folge dieser Eingliederung in den Prozeß war, daß dieses Verfahren vor dem Amtsrichter von den Parteien und Anwälten nach der Schablone des Prozesses betrieben und als lästige Formalität empfunden wurde.
Dieser Mangel des Verfahrens ist der wesentlichste Grund für das Scheitern dieses, hinsichtlich der Vergleichsstatistik recht erfolgreichen, Verfahrens. In einem auf Einigung angelegten Vermittlungsgespräch würden dagegen die Parteien dem Vermittler Tatsachen, Einstellungen usw. anvertrauen, die sie den Richter nicht wissen lassen wollen.

Durch die auf extreme Vereinfachung und Beschleunigung[75] angelegte Zweite Kriegsmaßnahmenverordnung vom 27.09.1944[76] wurde das obligatorische Güteverfahren beseitigt. § 5 der Verordnung bestimmte: *„Ein besonderes Güteverfahren findet nicht statt. Der Richter soll in jeder Lage des Verfahrens auf die gütliche Beilegung des Rechtsstreits hinwirken.“* Dies geschah nicht wegen der Kritiker oder wegen Erfolglosigkeit, sondern es war der Zwang des Krieges. Das erforderliche Personal war nicht verfügbar.
Nach dem Krieg wurde das Güteverfahren in der britischen und französischen Besatzungszone zunächst wieder eingeführt[77], durch das Rechtspflegevereinheit-

---

[73] Fußnote 58.

[74] Auszug aus der Preußischen Justizstatistik, hier zitiert nach Schuster, Zivilprozeß und Güteverfahren, in: Blankenburg / Gottwald / Strempel (Hrsg.), Alternativen in der Ziviljustiz, 190, 192.

[75] Beschränkung der Rechtsmittel (Revision war lediglich zugelassen, wenn sie wegen der grundsätzlichen Bedeutung der Rechtssache auch unter Berücksichtigung der Kriegsverhältnisse geboten war.), Befreiung vom Anwaltszwang vor den Landgerichten, erweiterter Einsatz von Hilfskräften (Rechtskundige mit erstem juristischen Staatsexamen konnten mit der selbständigen Wahrnehmung von Geschäften des Richters, Staatsanwalts oder Rechtsanwalts betraut werden.).

[76] Verordnung über außerordentliche Maßnahmen auf dem Gebiete des bürgerlichen Rechts, der bürgerlichen Rechtspflege und der Kostenrechts aus Anlaß des totalen Krieges, RGBl. 1944 I S. 229.

[77] Schuster, a.a.O., S. 193.

lichungsgesetz von 1950[78] jedoch wieder abgeschafft. Dieses Gesetz diente der Beseitigung der im Laufe der Kriegs- und Nachkriegsjahre eingetretenen Unübersichtlichkeit und Zersplitterung des Rechtszustandes auf dem Gebiet der Gerichtsverfassung und des Verfahrens in Zivil- und Strafsachen[79]. Die §§ 495a, 499 a ff ZPO wurden aufgehoben. Das Gericht konnte jetzt lediglich nach § 296 ZPO in jeder Lage des Verfahrens eine gütliche Beilegung des Rechtsstreits oder einzelner Streitpunkte versuchen.
In der Begründung des Rechtspflegevereinheitlichungsgesetzes heißt es: „*Angesichts der schweren Bedenken, die von allen Seiten gegen das Güteverfahren geäußert würden, kann nicht in Erwägung gezogen werden, vorbehaltlos zum Güteverfahren zurückzukehren. Da der Gütegedanke in der Rechtspflege aber bereits tiefe Wurzeln geschlagen hat, erscheine ein Zwang, ein besonderes Güteverfahren durchzuführen, nicht mehr erforderlich.*“[80]
Diese Begründung ist bemerkenswert, weil der Gesetzgeber die obligatorische Schlichtung heute wieder mit der Begründung eingeführt hat, daß ein „neues Schlichtungsbewußtsein“, ein „Umdenken in der Bevölkerung“ notwendig sei[81].

II. Formen des isolierten Güteverfahrens

Die Geschichte des isolierten Güteverfahrens[82] beginnt auf deutschem Boden mit einem Edikt des bayrischen Königs Maximilian Joseph vom 24.09.1808, welches den Gemeindevorstehern vorschrieb, bei Streitigkeiten unter den Gemeindemitgliedern einen Güteversuch durchzuführen[83]. Die Gerichte, sollten keine Klagen und Prozesse „zwischen Gemeindemitgliedern und ihren Familienangehörigen annehmen, bevor die Teile nicht das Zeugnis beibringen, daß sie ihre Angelegenheit dem Gemeinderat vorgelegt und dieser sich vergebens, sie durch einen Vergleich beizulegen, bemüht habe“.

---

[78] Gesetz zur Wiederherstellung der Rechtseinheit auf dem Gebiete der Gerichtsverfassung, der bürgerlichen Rechtspflege, des Strafverfahrens und des Kostenrechts, BGBl. 1950 I S. 455.

[79] Gerner, Rechtseinheit im Verfahrensrecht, NJW 1950, 722.

[80] BT - Drucks. 1, 530, S. 20.

[81] Der Entwurf des DAV sieht in der Regelung einen Baustein auf dem Weg zu einer „Veränderung der Streitkultur insgesamt“ AnwBl 1997, 545.

[82] zum Begriff vgl. B I. a).

[83] Röhl, Erfahrungen mit Güteverfahren, DRiZ 1983, 90, 94.

1. Schiedsmannswesen

Bayern, eines der wenigen Bundesländer die keinen Schiedsmann kennen, wurde damit zum Vorbild für das 1827 in Preußen ins Leben gerufene Schiedsmannswesen.

Der Schiedsmann ist heute in Nordrhein - Westfalen, Niedersachsen, Hessen, Schleswig - Holstein, Saarland und Berlin[84] die nach § 33 Schiedsmannsordnung[85] (SchO) zuständige Vergleichsbehörde bei den nur auf Antrag zu verfolgenden Vergehen des Hausfriedensbruchs (§ 123 StGB), der Beleidigung (§§ 185 - 187a und 189 StGB), der einfachen vorsätzlichen (§ 223 StGB) und der fahrlässigen Körperverletzung (§ 230 StGB), der Verletzung des Briefgeheimnisses (§ 202 StGB), der Sachbeschädigung (§ 303 StGB) sowie bei dem Vergehen der Bedrohung (§ 241 StGB). Der Sühneversuch vor dem Schiedsmann ist vor Erhebung der Privatklage bei diesen Delikten obligatorisch vorgeschrieben.

Neben den genannten Strafsachen kann der Schiedsmann nach § 12 SchO auch in bürgerlichen Rechtsstreitigkeiten tätig werden, sofern es sich um einen vermögensrechtlichen Anspruch handelt. Anders als in Strafsachen, bei denen der Schiedsmann tätig werden muß, kann er nach § 17 SchO in bürgerlichen Rechtsstreitigkeiten die Ausübung seines Amtes ablehnen, wenn ihm die streitige Angelegenheit zu weitläufig oder zu schwierig erscheint.

Der zivilrechtliche Bereich ist heute, gemessen an der Gesamtzahl der durchgeführten Sühneverhandlungen, praktisch bedeutungslos geworden[86]. Das war nicht immer so. In den ersten Jahrzehnten nach der Einrichtung des Instituts war der Schiedsmann ausschließlich mit Streitigkeiten im zivilrechtlichen Bereich befaßt[87]. Erst ab 1879, nach der Einführung des obligatorischen Sühneverfahrens durch die StPO, wurde er auch auf strafrechtlichem Gebiet als Vergleichsbehörde tätig. Die zivilrechtlichen Streitigkeiten nahmen zunächst aber noch einen breiten Raum im Betätigungsfeld des Schiedsmannes ein. Nach Siegel[88] führte

---

[84] Siegel, Alternativen zur Justiz: Der Schiedsmann, in: Blankenburg / Gottwald / Strempel (Hrsg.), Alternativen in der Ziviljustiz, S. 55.

[85] Landesgesetze im wesentlichen gleichlautend.

[86] Siegel, Alternativen zur Justiz: Der Schiedsmann, in: Blankenburg / Gottwald / Strempel (Hrsg.), Alternativen in der Ziviljustiz, S. 55.

[87] Siegel, Alternativen zur Justiz: Der Schiedsmann, in: Blankenburg / Gottwald / Strempel (Hrsg.), Alternativen in der Ziviljustiz, S. 55; anders Röhl, Erfahrungen mit Güteverfahren, DRiZ 1983, 90, 94, der von einer gleichmäßigen Verteilung der zivilrechtlichen und strafrechtlichen Fälle bis zur Einführung des obligatorischen Sühneverfahrens der StPO im Jahre 1879 spricht.

[88] Siegel, Alternativen zur Justiz: Der Schiedsmann, in: Blankenburg / Gottwald / Strempel (Hrsg.), Alternativen in der Ziviljustiz, S. 55.

die Einführung des gerichtlichen Mahnverfahrens im Jahre 1924 zum entscheidenden Rückgang des zivilrechtlichen Bereichs[89].
Die Hauptursachen dafür, daß der Schiedsmann heute in bürgerlichen Rechtsstreitigkeiten so bedeutungslos ist, sind zum einen, die fehlende Antragspflicht der Parteien[90], und damit korrespondierend die fehlende Erscheinenspflicht des Antragsgegners[91]. Zum anderen ist die Möglichkeit, den Schiedsmann auch in zivilrechtlichen Streitigkeiten in Anspruch nehmen zu können, weitgehend unbekannt.

2. Gemeindegerichte / Friedensgerichte in Baden - Württemberg

Sowohl die Gemeindegerichte als auch die Friedensgerichte waren eine lokale Institution der Konflikterledigung durch juristische Laien, eine Vorstufe der ordentlichen Gerichtsbarkeit, in den Ländern Baden und Württemberg. Sie hatten einen gemeinsamen Ursprung, der nach Theilacker[92] im Gerichtswesen des späteren Mittelalters (12. und 13. Jahrhundert) lag.
Die unterschiedliche Bezeichnung der Gerichte war eine Folge der Entwicklung nach dem Zusammenbruch des Nationalsozialismus. Auf die Unterschiede im Verfahren, sowie auf die teilweise unterschiedliche Bedeutung der Gerichte wird an den entsprechenden Stellen hingewiesen.
Beiden Institutionen waren zwei verschiedene Aufgaben zugewiesen. Zunächst bildeten sie eine Schlichtungsstelle. Sie waren als solche befugt, Streitigkeiten jeder Art und ohne Rücksicht auf die Höhe des Streitwerts gütlich beizulegen. Das Schlichtungsverfahren war nicht obligatorisch. Darüber hinaus oblagen ihnen spruchrichterliche Aufgaben auf dem Sektor der Zivilgerichtsbarkeit. Es handelte sich bei dieser zweiten Funktion der Gemeinde- und Friedensgerichte nicht um Schlichtungsverfahren im Sinne dieser Untersuchung. In dieser Funktion boten sie den Parteien jedoch die Möglichkeit, ohne die Verrechtlichung eines Gerichtsverfahrens, zeitnah, kostengünstig, ortsnah und von einem Richter, welcher die Verhältnisse der „Klienten" kannte, eine verbindliche Entscheidung zu

---

[89] Der Anteil der bürgerlichen Rechtsstreitigkeiten an der Gesamtzahl der durchgeführten Sühneverhandlungen betrug nach Siegel, Alternativen zur Justiz: Der Schiedsmann, in Blankenburg / Gottwald / Strempel (Hrsg.), Alternativen in der Ziviljustiz, S. 55 1979 lediglich 2 %. Anschaulich verdeutlichen diese Tatsache auch die Zahlen bei Röhl, Erfahrungen mit Güteverfahren, während 1880 noch 90.760 Güteverfahren in bürgerlichrechtlichen Angelegenheiten stattfanden, waren es 1975 nur noch 944.

[90] So befürchtet vermutlich jede Partei durch den Antrag ein Zeichen der eigenen Schwäche zu geben.

[91] Nach einer Ladung genügt die Mitteilung an den Schiedsmann, sich auf einen Sühneversuch nicht einlassen zu wollen.

[92] Theilacker, Friedensgerichtsbarkeit und Rechtspfleger, S. 4.

erlangen. Auch auf diese Aufgabe der Gerichte soll daher kurz eingegangen werden.

Bei der Ausarbeitung der Reichsjustizgesetze, die alsbald nach der Reichsgründung im Jahre 1871 mit dem Ziel der möglichst vollständigen Rechtseinheit begann, wurde hart um den Fortbestand dieser niederen Gerichtsbarkeit gerungen, weil sie sich „bewährt hatten und man sie als eine wohltätige Einrichtung schätzte, welche die Geschäftslast der Staatsgerichte durch die Fernhaltung der unbedeutenden, ihrer Zahl nach aber sehr erheblichen Prozesse erleichtert und den Parteien die Möglichkeit gewährte, Streitigkeiten von geringerem Betrage ohne unverhältnismäßigen Aufwand von Zeit und Kosten zum Austragen bringen zu lassen"[93]. Die Gegner der Gemeindegerichte argumentierten vor allem mit der seit langem erstrebten deutschen Rechtseinheit, welche sie möglichst vollständig verwirklicht sehen wollten[94].
Von der schließlich zugestandenen Ermächtigung in § 14 Ziff. 3 des Gerichtsverfassungsgesetzes vom 27. Januar 1877[95], Gemeindegerichte zu errichten beziehungsweise beizubehalten, haben nur Baden[96] und Württemberg[97] Gebrauch gemacht.
Gemeinderichter war in Baden der Bürgermeister oder ein Beamter der Gemeinde. In Württemberg war zunächst der gesamte Gemeinderat als Gericht tätig, später konnte die Gemeindegerichtsbarkeit auch durch einen fünf- oder dreiköpfigen Ausschuß, durch ein einzelnes Mitglied des Gemeinderats oder einen Gemeindebeamten ausgeübt werden. Gegen die Entscheidung der Gemeindegerichte stand ursprünglich jeder Partei die befristete Berufung auf den ordentlichen Rechtsweg zu[98].
Die Nachkriegszeit brachte eine Rechtszersplitterung. Zunächst wurden alle Gemeindegerichte geschlossen[99].
In den südlichen Landesteilen von Baden und Württemberg wurden die Gemeindegerichte alsbald wieder eröffnet. Dabei galten die alten badischen Vorschriften über die Gemeindegerichte in den heutigen Regierungsbezirken Südbadens, die württembergischen im Regierungsbezirk Württemberg - Hohenzollern, und zwar

93 Landtag Baden - Württemberg, 5. Wahlperiode, LT - Drucks. 4500, S. 4.

94 Theilacker, Friedensgerichtsbarkeit und Rechtspfleger, S. 8.

95 RGBl. 1877 S. 41.

96 Baden hat die Einrichtung der Gemeindegerichte in dem allgemeinen Einführungsgesetz zu den Reichsjustizgesetzen vom 03. März 1879 (GVBl. S. 91) §§ 115 - 123 geregelt.

97 Württemberg hat die Institution der Gemeindegerichte in den §§ 3 - 14 des Ausführungsgesetzes zur Reichszivilprozeßordnung vom 18. August 1879 (RegBl. S. 173) geregelt.

98 zum Verfahren ausführlich Landtag Baden - Württemberg, 5. Wahlperiode, LT - Drucks. 4500, S. 4 ff.

99 Theilacker, Friedensgerichtsbarkeit und Rechtspfleger, S.13.

ohne den ehemals preußischen Gebietsteil Hohenzollern[100]. In den nördlichen Regierungsbezirken des Landes wurden auf Drängen der amerikanischen Besatzungsmacht die Friedensgerichte eingeführt[101] [102].
Die Bedeutung der Friedensgerichtsbarkeit war ungleich größer, als die der alten (bzw. neu eröffneten) Gemeindegerichte, da den Friedensgerichten auch strafgerichtliche Befugnisse in beachtlichem Umfang eingeräumt wurden[103]. In der folgenden Darstellung wird aus diesem Grund vom Verfahren vor den Friedensgerichten ausgegangen und auf Abweichungen vor den Gemeindegerichten nur dann hingewiesen, wenn sie für diese Untersuchung von Bedeutung sind.

Die Friedensgerichtsbarkeit war aus der ordentlichen Gerichtsbarkeit vollständig herausgenommen. Es bestanden eigene Rechtsmittel, die „Berufung auf den ordentlichen Rechtsweg" war ausgeschlossen. Den Friedensgerichten war ein bestimmter Aufgabenbereich ausschließlich zugewiesen. Insoweit war ein Tätigwerden der ordentlichen Gerichte grundsätzlich nicht möglich. Sie bildeten eine Gütestelle ohne Rücksicht auf den Streitwert und konnten einen vollstreckbaren Vergleich beurkunden (§ 4 I Nr.1 GFG). Weiterhin waren sie zuständig für vermögensrechtliche Streitigkeiten zwischen Parteien einer Gemeindezugehörigkeit mit einem Streitwert bis zu 150,- DM (§ 4 I Nr.2 GFG) und für verschiedene Strafsachen (§§ 4 III - 9 GFG)[104].
Von entscheidender Bedeutung für diese Untersuchung ist, daß die Friedensgerichte, obwohl sie Laiengerichte waren, nicht nach Billigkeit entscheiden durften, sondern das geltende, materielle Recht anzuwenden hatten. Der Konflikt wurde also letztlich von einem Nichtjuristen *entschieden*. Die Parteien konnten zwar Rechtsmittel zum Friedensobergericht einlegen, bei welchem die Nachprüfung durch einen juristisch voll ausgebildeten Amtsrichter gewährleistet wurde. Dies bedeutete aber für die Beteiligung einerseits eine Verzögerung des richterlichen Rechtsschutzes und andererseits oft eine Instanzverkürzung, denn die Entscheidungen der Friedensobergerichte waren ausnahmslos endgültig, die Berufungssumme betrug hingegen lediglich 50,- DM.
Im Gegensatz zur Gemeindegerichtsbarkeit waren vor den Friedensgerichten Rechtsanwälte als Bevollmächtigte zugelassen[105].

---

[100] Landtag Baden - Württemberg, a.a.O. S. 5.

[101] württemberg - badisches Gesetz Nr. 241 über die Friedesgerichtsbarkeit (GFG) vom 29. März 1949, RegBl. S. 47.

[102] Technisch erfolgte die Einführung durch ein zoneneinheitliches Gesetz des Länderrates der amerikanischen Zone zur Änderung des Gerichtsverfassungsgesetzes mit einer Öffnungsklausel für den Landesgesetzgeber.

[103] Zur Zuständigkeit der Friedensgerichte siehe sogleich.

[104] Sie hatten die Funktion einer Vergleichsstelle i.S.d. § 380 StPO und ihnen oblag die Entscheidung in Privatklagesachen, sofern der Sühneversuch mißlang (§ 5 II GFG).

[105] Theilacker, Friedensgerichtsbarkeit und Rechtspfleger, S. 25.

Das Bundesverfassungsgericht erklärte das württemberg - badische Gesetz über die Friedensgerichtsbarkeit mit Beschluß vom 17. November 1959[106] für nichtig, weil es zum einen mit dem Grundsatz der Gewaltenteilung unvereinbar sei und zum anderen das in Art. 101 I S.2 GG verankerte Recht auf den gesetzlichen Richter verletze. Nicht beantwortet hat das Bundesverfassungsgericht die Frage, ob sich verfassungsrechtliche Bedenken nicht schon daraus ergaben, daß die Gemeinde- und die Friedensgerichte praktisch reine Laiengerichte waren.
Das Gesetz über die Gemeindegerichtsbarkeit vom 07. März 1960[107] schloß die so entstandene Lücke. Aufgrund der Entscheidung des BVerfG wurde aber immer wieder die Frage gestellt, ob nicht auch die „neuen" Gemeindegerichte verfassungswidrig seien. Hinzu kam die steigende Unzufriedenheit mit der spruchrichterlichen Tätigkeit von Laienrichtern.
Mit Wirkung vom 01. Januar 1972 wurden die „neuen" Gemeindegerichte, durch das Gesetz zur Aufhebung der Gemeindegerichtsbarkeit und zur Regelung des Sühneversuches in Privatklagesachen, abgeschafft[108].
Die Gründe für die Abschaffung waren zum einen die sehr geringe Inanspruchnahme der Friedensgerichte, die ein Bedürfnis für die Beibehaltung dieser gerichtlichen Zuständigkeit nicht mehr erkennen ließ und zum anderen die personelle Besetzung der Friedensgerichte mit Laien.
Rund drei Viertel der Gemeindegerichte wurden in den letzen vier Jahren ihrer Existenz mit keiner einzigen (weder einer Mahnsache noch einer Zivilklage) befaßt[109].
Die Gründe der geringen Inanspruchnahme der Gemeindegerichte waren sehr mannigfach. Im Bewußtsein der Bevölkerung war die Gemeindegerichtsbarkeit immer weniger existent. Die bestehende persönliche Verbindung des Gemeinderichters mit den Gemeindeeinwohnern, vor allem in kleineren Gemeinden, war häufig der Grund dafür, daß die Parteien an der unparteiischen Beurteilung ihres Rechtsstreits durch den Gemeinderichter zweifelten. Des weiteren wurde die Kompetenz der Gerichte bezweifelt, da Laien mit den anfallenden Rechtsfragen überfordert seien[110]. Die Friedensrichter fühlten sich den Rechtsanwälten unterle-

---

106 BVerfGE 10, 200 = BVerfG NJW 1960, 187.

107 GesBl. BW 1960, S. 73.

108 GesBl. BW 1971, S. 397.

109 auch die anderen Friedensgerichte hatten einen sehr geringen Geschäftsanfall, von teilweise einer Zivilklage (in den vier Jahren) bis zu 10 - 20 Zivilklagen in vier Jahren (was allerdings lediglich zwölf Gemeindegerichte betraf), Landtag Baden - Württemberg, a.a.O. S. 5.

110 Weiß, Haben sich die Friedensgerichte in Württemberg - Baden bewährt?, NJW 1951, 698, 699: „Zunächst sei festgestellt, daß vom Laienrichter zu viel verlangt wird, wenn er in einem der ZPO nachgebildeten Verfahren über reine Rechtsfragen entscheiden soll. ..... Der im Prozeßverfahren unerfahrene Laienrichter aber wird mit dem schwierigen Rechtssystem unseres bürgerlichen Rechts wohl nie fertig werden. Richter sein ohne Kenntnis des Rechts ist bei der heutigen Kompliziertheit und Verfeinerung des materiellen und des Prozeßrechts ein Unding.".

gen. Es wird von Fällen berichtet, in denen sie versucht haben sollen, die Anwälte dadurch auszuschalten, daß diese nicht zum Termin geladen wurden, um dann in ihrer Abwesenheit die Parteien zum Vergleich zu bringen[111].
Der Versuch, Laiengerichte mit der Handhabung unseres Rechts zu betrauen, war damit gescheitert. Dies hat m.E. für die heutigen Bestrebungen, Konfliktlösungsmechanismen außerhalb von förmlichen Gerichtsverfahren zu entwickeln, die Konsequenz, daß juristische Laien angesichts der Kompliziertheit des heutigen Rechtes mit dem juristischen Teil der Konfliktbehandlung nicht betraut werden sollten. Die bedeutet nicht, daß die Mitwirkung von Nichtjuristen bei der Behandlung von Konflikten völlig ausgeschlossen ist, die rechtliche Beurteilung aber muß - streitwertunabhängig - den Fachleuten überlassen bleiben.

3. Gesellschaftliche Gerichte in der ehemaligen DDR

Neben 249 Kreisgerichten, 15 Bezirksgerichten (einschließlich dem Stadtgericht Berlin) und dem Obersten Gericht der DDR[112] verfügte die frühere DDR über gesellschaftliche Gerichte, wobei zwischen Konfliktkommissionen[113] und Schiedskommissionen[114] unterschieden wurde[115].
Es handelt sich bei diesen Institutionen nicht, wie die Semantik (Konfliktkommission, Schiedskommission) es nahezulegen scheint, um Schlichtungsstellen im hier gebrauchten Sinne des Begriffs. Es waren vielmehr Laiengerichte, die, wenn eine Einigung nicht erzielt werden konnte oder nicht geboten erschien, den Konflikt durch Richterspruch entscheiden konnten. Diese „Gerichte" ähnelten in diesem Punkt den Gemeinde- und Friedensgerichten. Es soll dennoch kurz auf diese Art der Konfliktbehandlung eingegangen werden, da kein Verfahren ersichtlich ist, welches einen höheren Grad an Konfliktnähe aufweist[116].

Die Entwicklung dieser gesellschaftlichen Gerichte begann in der ehemaligen DDR im Jahre 1953 in Zwickau (Sachsen) mit dem Vorschlag der Gewerkschaften, Kommissionen zur Beseitigung von Arbeitsstreitigkeiten zu bilden[117]. Vorbild waren ähnliche Einrichtungen in der Sowjetunion. Ausgehend von einer

---

111 Röhl, Erfahrungen mit Güteverfahren, DRiZ 1983, 90, 95.

112 Müller, Gesellschaftliche Gerichte in der DDR, NJW 1983, 2297.

113 Im Jahre 1982 bestanden 26.282 Konfliktkommissionen mit insgesamt 233.365 Mitgliedern. Heintze, Konsequente Rechtsverwirklichung trägt zur Steigerung der Produktion bei, NJ 1982, 291, 294.

114 Gleichzeitig wurden 5237 Schiedskommissionen mit 54.290 Mitgliedern tätig. Heusinger, Neues Gesetz über die gesellschaftlichen Gerichte, NJ 1982, 146.

115 § 1 des Gesetzes über die gesellschaftlichen Gerichte der DDR von 1982.

116 Zum Begriff der Konfliktnähe siehe F I. 1.

117 Sahr, Eine weitere Etappe in der Arbeit der Konflikikommissionen, NJ 1982, 151.

Idee Lenins wurden in den Betrieben Kameradschaftsgerichte gebildet. Diese ehrenamtlichen Gerichte sollten überwiegend erzieherischen Charakter haben. Mit der Streiterledigung direkt durch das Kollektiv im Betrieb sollten sozialistische Verhaltensweisen geprägt und Konflikte unter den „Kameraden" zeitnah und formlos erledigt werden.

Neben den Konfliktkommissionen, die für Streitigkeiten aus dem Arbeitsverhältnis zuständig waren, wurden ab 1963 auch Schiedskommissionen für sonstige, einfache zivilrechtliche Streitigkeiten aus dem Zusammenleben der Bürger und für die Ahndung von Verfehlungen[118] gebildet. Diese Kommissionen wurden durch die Verfassung der DDR aus dem Jahre 1968 erheblich aufgewertet. Obwohl es sich um reine Laiengerichte handelte, wurden sie in das Gerichtssystem einbezogen und erhielten den Auftrag, im Rahmen der Gesetze Rechtsprechung auszuüben[119]. Sie waren nach § 2 I des Gesetzes über die gesellschaftlichen Gerichte Organe der Rechtsprechung. Sie wurden somit nicht als Alternative zur Justiz verstanden. Dennoch hat man mit den Kommissionen ein Institutionen geschaffen, die auftretende Konflikte zeitnah, billig, ohne festgeschriebenes Verfahren und mit der maximalen Nähe zum jeweiligen Definitionsprozeß (d.h. der Konflikt wurde dort behandelt, wo er entstanden war, betriebsbezogen beziehungsweise wohngebietsbezogen[120]) lösten.

Bei den Präambeln der Konfliktkommissionsordnung und der Schiedskommissionsordnung fällt auf, daß sich die Beschlüsse des Staatsrates vom 12. März 1982, welche gewisse Änderungen verwirklichen sollten, auf ein Gesetz beziehen, das von der Volkskammer erst am 25. März 1982 verabschiedet wurde. Der Gesetzgebungsakt der Volkskammer muß für den Staatsrat demnach kalkulierbar gewesen sein. Man kann daran die extrem politische Ausprägung der Gesetzgebung erkennen[121].

Die gesellschaftlichen Gerichte waren ebenso wie die Gemeinde- und Friedensgerichte Laiengerichte, die im Rahmen der Gesetze Rechtsprechung ausübten. Auch für sie gilt daher die gewonnene Erkenntnis, daß die Rechtsanwendung auf praktische Fälle wegen der Kompliziertheit des heutigen Rechtssystems den juristischen Laien überfordert.

Zwar war der „Richter" ortsnah und kannte die Umstände und Hintergründe der Streitigkeit, was jedoch mit schweren Nachteilen verbunden war. Für die Akzeptanz einer Entscheidung ist es erforderlich, daß die Parteien das Gefühl haben,

---

[118] Das StGB der DDR umfaßte Straftaten (Verbrechen und Vergehen) und Verfehlungen (kleineres kriminelles Unrecht sui generis).

[119] Art. 92 Verfassung der DDR.

[120] Zum Begriff Konfliktnähe siehe F I. 1.

[121] Müller, Gesellschaftliche Gerichte in der DDR, NJW 1983, 2297, 2298 stellt allerdings zu Recht fest, daß es verfehlt wäre, „wolle man aus der Politisierung und Abwertung des Rechts auf eine schrankenlose Willkürherrschaft, eine völlige Unberechenbarkeit politischen Handelns und die Unmaßgeblichkeit des Rechts schlechthin schließen.".

der Richter behandele sie unparteiisch. Die Neutralität ist bei bestehenden persönlichen Verbindungen - der Richter entstammte dem Arbeitskollektiv oder dem Wohngebiet der Streitparteien - gefährdet. Auch insofern ist eine Parallele zu den Gemeinde- und Friedensgerichten zu ziehen. Dort trat dieses Problem zwar in den Großstädten nicht auf, innerhalb einer Dorfgemeinschaft zweifelte man aber ebenfalls an der Neutralität der Richter.
Unabhängig davon, ob das jeweilige Verfahren der Konfliktbehandlung zur Streitentscheidung ermächtigt oder ob lediglich eine gütliche Einigung erstrebt wird, ist m. E. ein persönlicher Abstand des unabhängigen Dritten zu den Parteien erforderlich. Dies ist, wie die dargestellten Erfahrungen belegen, bei Verfahren, welche eine zu große Nähe zum jeweiligen Definitionsprozeß aufweisen, nicht gewährleistet.
Die gesellschaftlichen Gerichte der DDR litten darüber hinaus an einem weiteren Mangel, welcher ihre Legitimation als Institutionen zur Streitschlichtung bzw. zur Streitentscheidung beseitigte.
Ein Hauptprinzip des Rechts einer modernen Gesellschaft kommt durch Art. 3 GG zum Ausdruck. Dieses Gleichheitsprinzip wurde durch den alleinigen Führungsanspruch der Spitzenfunktionäre wesentlich beeinträchtigt. Dieser Führungsanspruch und die Privilegien der Leiter, Funktionäre und Spezialisten schlugen sich auch in einer bevorzugten Behandlung vor den gesellschaftlichen Gerichten nieder.
Noch bedeutsamer war die Ohnmacht des einzelnen DDR - Bürgers mit seinem Wunsch nach Integrität und Autonomie gegenüber dem Staat, der Partei, der Gewerkschaft und dem Arbeitskollektiv. Ganz zielgerichtet sparte das Gesetz über die gesellschaftlichen Gerichte den Bereich des Verwaltungsrechtsschutzes des Bürgers gegen den Staat aus. Weiterhin bestand auch keine richterliche Unabhängigkeit der Laienrichter. Diese wurde zwar in Art. 96 I der DDR - Verfassung, der wegen § 2 des Gesetzes über die gesellschaftlichen Gerichte auch auf die „Richter" im Konflikt- und Schiedskommissionen Anwendung fand, aufgeführt, Richter konnten aber abgesetzt oder versetzt werden[122]. Das Rechtssystem der DDR war durch die Absicht der geistigen Umerziehung des Menschen, mit dem Ziel der Identität gesellschaftlicher und individueller Interessen der Bürger bestimmt. Unter dieser Zielsetzung litten (auch) die gesellschaftlichen Gerichte.

III. Zusammenfassung der aus der Historie gewonnenen Erkenntnisse

Als Zwischenergebnis sollen aus der Untersuchung der historischen Güteverfahren im deutschen Recht drei Grundaussagen festgehalten werden:

---

[122] Müller, Gesellschaftliche Gerichte in der DDR, NJW 1983, 2297, 2298.

Zum ersten ist ein isoliertes Güteverfahren dem gerichtsintegrierten überlegen. Die Erfahrungen mit dem Emminger Güteverfahren zeigen, daß die Parteien im Verlaufe eines integrierten Güteverfahrens nicht bereit sind, Positionen ihrer Argumentation zugunsten einer tatsächlichen Interessenverwirklichung aufzugeben. Sie befürchten Nachteile für den Fall, daß der Schlichtungsversuch scheitert und eine Streitentscheidung folgt. Streitschlichtung muß daher vor einem Schlichter erfolgen, der keine Entscheidungsbefugnis besitzt und in einem späteren Zivilverfahren auch nicht als Zeuge aussagen kann, soweit nicht über die Auslegung der Schlichtungsvereinbarung prozessiert wird[123].
Zweitens erscheint es, aufgrund der Komplexität des heutigen Rechtssystems, erforderlich, daß zumindest ein ausgebildeter Jurist am Verfahren beteiligt ist. Das Vertrauen der Parteien in die Kompetenz eines Laien ist (regelmäßig) gering. Das fachliche Übergewicht der Rechtsanwälte erzeugt das Gefühl der Unterlegenheit der nicht juristisch ausgebildeten Schlichtungspersonen. Die dadurch entstehende Atmosphäre des Mißtrauens würde die Einigungsbereitschaft der Parteien verringern, das Verfahren wäre lediglich ein vorprozessuales Muskelspiel. Der Schlichter könnte nicht als „agent of reality"[124] überzogene Einschätzungen der Rechtsposition der Parteien korrigieren.
Letztlich darf die Schlichtungsperson nicht aus dem unmittelbaren sozialen Umfeld der Streitparteien stammen. Persönliche Beziehungen zwischen dem Dritten und den Parteien erzeugen zumindest den Verdacht der Parteilichkeit. Die Neutralität des Schlichters ist aber eine unverzichtbare Voraussetzung für die Akzeptanz der Übereinkunft durch die Parteien.

C. Heute existierende Schlichtungsverfahren in Deutschland

I. Hergebrachte Verfahren in Spezialgebieten

Im folgenden sollen einige[125] vorgerichtliche Güteverfahren vorgestellt werden, die in Deutschland heute etabliert sind.
Es wurden nur die Verfahren ausgewählt, aus denen Erkenntnisse für die vorliegende Untersuchung gewonnen werden können. Für die Auswahl wurden Be-

[123] Siehe dazu F II. 8..

[124] Siehe dazu E I. 7. c) aa).

[125] Es existieren derzeit mehr als 300 Schlichtungsstellen in Deutschland, Krapp, Außergerichtliche Verfahren - Alternative zur Ziviljustiz, JA 1990, 65, 69; Eine Adressliste mit den Adressen von über 300 Schlichtungsstellen findet sich bei Gottwald / Strempel / Beckedorff / Linke, AKR - Handbuch, 8. Abschnitt.

sonderheiten in der Verfahrensausgestaltung und im Konflikttypus beachtet. Die Betrachtung der konstituierten Verfahren soll Konfliktfelder lokalisieren, die sich für eine Konsenslösung besonders eignen.
Da es für die Beurteilung der Erforderlichkeit und Zweckmäßigkeit eines gesetzgeberischen Schlichtungszwangs (obligatorisches Verfahren) notwendig ist, den (Miß-) Erfolg von freiwilligen Schlichtungsverfahren zu analysieren, werden auch Gütestellen betrachtet, deren Existenz lediglich ein Angebot an den Bürger darstellt.

1. Güteverfahren für Konflikte zwischen Arbeitnehmer, Betriebsrat oder Auszubildendem und Arbeitgeber (Ausbilder)

Besonders zahlreich sind Vorverfahren im Arbeitsrecht. Bevor auf diese im einzelnen eingegangen wird, läßt sich feststellen, daß die überwiegende Zahl der betrieblichen Konflikte aufgrund der zu erwartenden starken Störung der sozialen Beziehungen nicht gerichtlich ausgetragen wird[126]. In größeren Betrieben existieren in der Regel betrieblich eingerichtete Konfliktvermeidungs- und Konfliktaustragungsmechanismen, die als Zwischenformen rein formeller oder rein informeller Konflikthandhabung für nachhaltigen Rechtsfrieden sorgen.

a) Das Schlichtungsverfahren für Konflikte zwischen Auszubildendem und Ausbilder (§ 111 II ArbGG)

§ 111 II ArbGG bestimmt, daß Auszubildende und Ausbilder gegeneinander nur prozessieren können, nachdem sie einen Ausschuß für Lehrlingsangelegenheiten[127] angerufen haben, wenn ein solcher bei der Handwerksinnung oder einer anderen zuständigen Stelle i.S. des Berufsausbildungsgesetzes[128] eingerichtet ist. Die Errichtung der Schlichtungsausschüsse steht im Ermessen der zuständigen Stellen. In der Praxis wurden bei fast allen Stellen Schlichtungsausschüsse gebildet[129]. Dem Schlichtungsausschuß müssen nach § 111 II S.1 ArbGG Arbeitgeber und Arbeitnehmer in gleicher Anzahl angehören. Der Ausschuß fällt nach § 111 II S.3 ArbGG mit einfacher Mehrheit einen Schlichtungsspruch der rechtskräftig wird, wenn beide Parteien ausdrücklich, innerhalb einer Frist von einer Woche, erklären, daß sie ihn anerkennen. Von beiden Seiten anerkannte Sprüche des Ausschusses können nach § 111 II S.7 ArbGG vollstreckt werden. Ob die Anru-

[126] Bieler / Hage / Heilmann, Neue Wege der Streitschlichtung im Betrieb, AiB, 1998, 677.

[127] auch Ausschuß für Streitigkeiten aus dem Berufsausbildungsverhältnis genannt, vgl. Grunsky, ArbGG, § 111 Rnd. 3.

[128] das sind außerhalb des Handwerks vor allem die Kammern für die einzelnen Berufe, Grunsky, a.a.O., Rnd. 4.

[129] Germelmann / Matthes / Prütting, Arbeitsgerichtsgesetz, § 111, Rnd.12.

fung des Schlichtungsausschusses die Verjährung geltend gemachter Ansprüche unterbricht, ist umstritten. Die wohl herrschende Auffassung bejaht diese Frage unter Verweis auf § 210 BGB, der über § 220 I BGB Anwendung finde[130].
Die Anrufung dieser Schlichtungsstelle ist obligatorisch, andernfalls ist die Klage unzulässig. Andererseits ist die Entscheidung des Ausschusses nach § 111 II S. 3 ArbGG für das Gericht nicht bindend[131].

b) Das Schlichtungsverfahren nach §§ 28 ff. des Gesetzes über Arbeitnehmererfindungen (ArbEG)

Nach § 28 ff. ArbEG kann der Arbeitnehmer Ansprüche aus diesem Gesetz gegen den Arbeitgeber grundsätzlich[132] erst einklagen, wenn er zuvor die beim deutschen Patentamt, in München, eingerichtete Schiedsstelle angerufen hat. Dieses Güteverfahren ist somit ebenfalls obligatorisch. Die Schiedsstelle setzt sich aus einem Vorsitzenden und zwei amtlichen Beisitzern zusammen (§ 30 I ArbEG). Der Vorsitzende soll nach § 30 II ArbEG die Befähigung zum Richteramt nach dem Gerichtsverfassungsgesetz haben. Die Beisitzer sollen auf dem Gebiet, auf das sich die Erfindung bezieht, besondere Erfahrungen haben.
Ebenso wie der Schlichtungsausschuß nach § 111 II ArbGG unterbreitet die Schiedsstelle am Ende der Verhandlungen einen Einigungsvorschlag. Dieser wird rechtskräftig, wenn die Parteien ihn annehmen. Nach § 34 III ArbEG gilt er aber auch dann als angenommen und eine dem Inhalt des Vorschlags entsprechende Vereinbarung als zustande gekommen, wenn nicht innerhalb eines Monats nach Zustellung des Vorschlags ein schriftlicher Widerspruch eines der Beteiligten bei der Schiedsstelle eingeht. Der Einigungsvorschlag kann somit durch eine bloße Fiktion verbindlich werden. Er hat dann den Charakter eines privatrechtlichen Vertrages[133].
Die Anrufung der Schiedsstelle unterbricht die Verjährung entsprechend § 210 BGB[134]. Das Verfahren ist nach § 36 ArbEG für beide Seiten gebührenfrei.

c) Das Schlichtungsverfahren für Streitigkeiten zwischen Arbeitgeber und Betriebsrat (§ 76 BetrVG)

Zur Lösung von Meinungsverschiedenheiten zwischen Arbeitgeber und Betriebsrat, die nicht im (vorrangigen) Weg von Verhandlungen (§ 74 I S.2 BetrVG[135])

---

130 Germelmann / Matthes / Prütting, Arbeitsgerichtsgesetz, § 111, Rnd. 26 m.w.N..

131 vgl. dazu bereits Diez / Nikisch, ArbGG, § 111 Rnd.7; Sieg, Festschrift für Molitor, S. 341, 361, betont ebenfalls, daß die Entscheidung des Auschusses das Gericht nicht bindet.

132 Ausnahmen in § 37 II - IV.

133 Bartenbach / Volz, ArbEG, § 34, Rnd. 12, 26.

134 Bartenbach / Volz, ArbEG, § 31, Rnd. 19.

beigelegt werden können, sieht § 76 BetrVG die Bildung einer betrieblichen Einigungsstelle vor. Diese Einigungsstelle ist kein Gericht, sondern vielmehr ein von Arbeitgeber und Betriebsrat gemeinsam[136] gebildetes Organ der Betriebsverfassung, dem kraft Gesetzes gewisse Befugnisse zur Beilegung von Meinungsverschiedenheiten übertragen sind[137].

aa) Das verbindliche Einigungsstellenverfahren

In den Fällen, in denen das Gesetz die Regelung einer Angelegenheit zwingend dem Mitbestimmungsrecht des Betriebsrates unterwirft[138], wird die Einigungsstelle, die keine ständige Einrichtung ist, sondern nach § 76 I S.1 BetrVG bei Bedarf zu bilden ist, auf Antrag einer Seite zusammengefügt, wenn keine Einigung in den monatlichen Verhandlungen zwischen Betriebsrat und Arbeitgeber zustandekommt.
Die Einigungsstelle hat in diesen Fällen die Kompetenz, eine für Arbeitgeber und Betriebsrat verbindliche Entscheidung zu treffen. Es handelt sich dennoch im Grunde um ein Schlichtungsverfahren im Sinne dieser Untersuchung. Der Gesetzgeber hat mit der Einrichtung der Einigungsstelle das der Betriebsverfassung zugrundeliegende Modell der Konfliktaustragung durch Verhandlung und Zusammenarbeit (§§ 2 I, 74, 76 BetrVG) institutionalisiert[139]. Die Einigungsstelle übernimmt bei den verbindlichen Verfahren lediglich ersatzweise die Aufgaben der Betriebsparteien nach § 74 I S.2 BetrVG. Sie ersetzt die Einigung zwischen Betriebsrat und Arbeitgeber unter Berücksichtigung beiderseitiger Interessen. Ihre Entscheidung wird daher als Zwangsschlichtung bezeichnet[140].
In den Fällen, in denen nach Betriebsverfassungsrecht die Einigungsstelle zuständig ist, können Arbeitgeber und Betriebsrat die Arbeitsgerichte erst anrufen, nachdem die Einigungsstelle eingeschaltet wurde.

bb) Das freiwillige Einigungsstellenverfahren

Die Zuständigkeit der Einigungsstelle ist nicht nur auf Fälle beschränkt, in denen ihr Spruch die Einigung zwischen Arbeitgeber und Betriebsrat ersetzt, sondern es können ihr auch sonstige Meinungsverschiedenheiten vorgelegt werden (§ 76 VI

---

[135] monatliche Verhandlungen über Meinungsverschiedenheiten mit Vorschlägen über deren Beilegung.

[136] Die Einigungsstelle setzt sich nach § 76 II BetrVG aus einer gleichen Anzahl von Beisitzern zusammen, die vom Arbeitgeber und vom Betriebsrat gestellt werden.

[137] Fitting / Kaiser / Heither / Engels, BetrVG, § 76, Rnd.3.

[138] Übersicht bei Richardi, BetrVG, § 76, Rnd. 9.

[139] Däubler / Kittner / Klebe, BetrVG, Berg, § 76 Rnd.1.

[140] Richardi, BetrVG, § 76, Rnd. 23.

BetrVG). Das Verfahren nach § 76 VI BetrVG setzt in seinem gesamten Verlauf die freiwillige Mitwirkung beider Betriebspartner voraus und soll dem Ziel dienen, jede rechtlich bedeutsame Meinungsverschiedenheit der Beteiligten beizulegen[141]. In der betrieblichen Praxis werden 97 % aller Einigungsstellenverfahren im erzwingbaren Verfahren durchgeführt[142]. Das freiwillige Einigungsstellenverfahren konnte sich somit nicht etablieren.

d) Das Güteverfahren im arbeitsgerichtlichen Prozeß erster Instanz (§ 54 ArbGG)

In allen erstinstanzlichen arbeitsgerichtlichen Verfahren (nicht auch in den Rechtsmittelinstanzen) ist die Durchführung einer Güteverhandlung obligatorisch vorgeschrieben (§ 54 I ArbGG). Weder können die Parteien darauf verzichten[143] noch kann das Gericht von ihrer Durchführung, wegen offensichtlicher Aussichtslosigkeit, absehen. Das Gesetz sieht (abgesehen von § 111 II ArbGG) auch keine Ausnahme je nach dem Verfahrensgegenstand vor. Die Güteverhandlung ist bei Streitigkeiten aus einem Arbeitsvertrag ebenso obligatorisch wie bei einer kollektivrechtlichen Auseinandersetzung zwischen Tarifvertragsparteien. Obwohl die Güteverhandlung obligatorisch ist, stellt ihre Durchführung keine Voraussetzung für die Wirksamkeit einer Entscheidung dar. Ein ohne vorherige Güteverhandlung erlassenes Urteil ist zwar verfahrensfehlerhaft zustande gekommen, jedoch wirksam. Wird es nicht mit der Berufung angefochten, so erwächst es in formelle und materielle Rechtskraft. Bei Anfechtung des Urteils muß die Güteverhandlung vor dem LAG nachgeholt werden[144].
Die Güteverhandlung ist ein besonderer Verfahrensabschnitt im arbeitsgerichtlichen Verfahren der ersten Instanz[145]. Die Güteverhandlung findet vor dem Vorsitzenden statt (§ 54 I S.1 ArbGG). Insofern gleicht dieses Verfahren dem „Emminger Güteverfahren", welches von 1924 bis 1950 in der Regel jedem Urteilsverfahren vor dem Amtsgericht vorausgehen mußte. Der Vorsitzende kann, obwohl die Bestimmung des § 273 II Nr.3 ZPO keine Anwendung findet, nach § 51 I S.1 ArbGG das persönliche Erscheinen der Parteien anordnen[146]. Einigen sich die Parteien in der Güteverhandlung, so wird das Verfahren beendet. Die Über-

---

141 Hess / Schlochauer / Glaubitz, BetrVG, § 76, Rnd. 14.

142 Däubler / Kittner / Klebe, BetrVG, Berg, § 76, Rnd. 13.

143 Schaub, Arbeitsrechtliche Formularsammlung und Arbeitsgerichtsverfahren, § 93 I 1.

144 Grunsky, Arbeitsgerichtsgesetz, § 54, Rnd. 1.

145 Das folgt aus dem Wortlaut des § 54 I S. ArbGG, wonach die mündliche Verhandlung mit dem Güteverfahren beginnt.

146 Germelmann / Matthes / Prütting, ArbGG, § 54, Rnd. 19.

einkunft hat den Charakter eines Prozeßvergleichs i.S.d. § 794 I Nr.1 ZPO[147]. Konsequenterweise ist die Vereinbarung somit nach § 54 III ArbGG in das Protokoll aufzunehmen.

2. Frankfurter Mietschlichtungsstelle

Obwohl dem Mietrecht, ebenso wie dem Arbeitsrecht, besondere soziale Relevanz zukommt[148], gibt es im Mietrecht bisher keine vom Gesetzgeber geschaffenen Vorverfahren. Hier ist lediglich die Frankfurter Mietschlichtungsstelle zu nennen, die keine gesetzliche Grundlage hat, sondern durch Verbände geschaffen wurde. Gründer der Schlichtungsstelle sind die Vereinigung der Haus-, Grund- und Wohnungseigentümer in Frankfurt am Main, der Frankfurter Mieterverein und der Mieterschutzverein Frankfurt, welche die Stelle 1975 zur Beilegung von Streitigkeiten bildeten. Die Teilnahme an einer Schlichtungsverhandlung vor dieser Schlichtungsstelle ist für die Parteien freiwillig. Die Schlichtungsstelle ist nach dem Vorbild der Schiedsstelle im Arbeitnehmererfindungsrecht mit einem Vorsitzenden, der die Befähigung zum Richteramt haben soll und zwei Beisitzern besetzt. Die Beisitzer werden jeweils von der Vereinigung der Haus-, Grund- und Wohnungseigentümer sowie einem Mitglied der Mietervereine gestellt. Voraussetzung für die Durchführung eines Schlichtungsverfahrens ist die Antragstellung eines Beteiligten und die Zustimmung der anderen Partei. Das Verfahren endet mit einem Vergleichsvorschlag, der von den Parteien als Vereinbarung akzeptiert oder abgelehnt werden kann. Dem Verhandlungstermin geht regelmäßig eine Ortsbesichtigung voraus[149].

3. Streitigkeiten zwischen Berufskollegen

Den arbeitsrechtlichen Vorverfahren verwandt sind die Vorverfahren, welche für Streitigkeiten unter Selbständigen vorgesehen sind, die den gleichen Beruf ausüben. Es existieren zahlreiche Schlichtungsstellen, die von den Kammern der freien Berufe eingerichtet wurden[150]. Hier soll lediglich eines dieser Verfahren kurz vorgestellt werden:

---

147 Zum Wesensmerkmal eines Vergleichs gehört, daß ein gegenseitiges Nachgeben vorliegt, Paland, BGB, Sprau, § 779, Rnd. 4, es besteht aber selbstverständlich auch die Möglichkeit das Verfahren durch Klagrücknahme, Anerkenntnis, Verzicht und übereinstimmende Erledigungserklärung zu beenden (Anerkenntnis- bzw. Verzichtsurteil).

148 Hilden, Rechtstatsachen zur gerichtlichen Chancengleichheit, ZRP 1977, 41.

149 Rothweiler / Sauer, Schlichtungsstellen - eine Alternative ?, NJW 1978, 797, 798.

150 z.B. Schlichtungsstelle der Architektenkammer Nordrhein - Westfalen, Schlichtungsordnung abgedruckt unter: http://www.aknw.de/service/Architek.../schlichtungsordnung.ht; Schlichtungsstelle der Steuerberaterkammer Frankfurt a.M., siehe dazu BGH NJW 1999, 647; Schlichtungsstelle der Landestierärztekammer Niedersachsen, siehe dazu BGH NJW 1984, 669; zu den Güteverfahren, die eingerichtet wurden, um Kontroversen zwischen Berufskollegen beizulegen, zählt

Das Schlichtungsverfahren nach § 73 II Nr. 2 der Bundesrechtsanwaltsordnung

In § 73 II Nr. 2 BRAO ist ein Schlichtungsverfahren für Streitigkeiten zwischen Mitgliedern der Rechtsanwaltskammer vorgesehen. Diese Vorschrift macht es dem Vorstand der Rechtsanwaltskammer zur Aufgabe, in Streitigkeiten zwischen den Mitgliedern zu vermitteln; dies sowohl bei berufsbezogenen Meinungsverschiedenheiten als auch bei Streitigkeiten aus dem privaten und persönlichen Bereich[151].
Die vermittelnde Tätigkeit zwischen den Mitgliedern der Kammer ist nur dann die Aufgabe des Vorstands, wenn er wenigstens von einem der Beteiligten angerufen wird. Die Anrufung ist freiwillig, das Verfahren vor der Anwaltskammer also nicht obligatorisch. Früher[152] wurde vertreten, daß sich eine Pflicht zur Antragstellung vor Klageerhebung und eine Pflicht des Antragsgegners zur Mitwirkung aus dem materiellen Standesrecht ergebe. Dies wird von der heute ganz herrschenden Meinung abgelehnt, da die Bestimmung des § 19 II, III der Grundsätze des anwaltlichen Standesrechts (Richtlinien der Bundesrechtsanwaltskammer)[153] keine Berufspflichten des Rechtsanwalts (im Wege der Konkretisierung der Generalklausel des § 43 BRAO) begründen könne[154].
Die vermittelnde Tätigkeit zwischen den Angehörigen der Kammer ist eine Pflichtaufgabe des Vorstands. Er kann aber sein Verfahren nach billigem Ermessen bestimmen. Die Vermittlungstätigkeit macht den Vorstand aber nicht zum Schiedsrichter. Mißlingt der Vermittlungsversuch, so ist damit die Aufgabe des Vorstandes beendet. Hat die Vermittlung Erfolg, treffen die Beteiligten in der Regel eine Vereinbarung in Gestalt eines Vergleichs. Ein solcher Vergleich ist aber kein vollstreckbarer Titel im Sinne des § 794 I Nr.1 ZPO.

4. Das Schlichtungsverfahren für urheberrechtliche Streitigkeiten nach § 27a UWG

Nach § 27a UWG haben die Landesregierungen Einigungsstellen bei den Industrie- und Handelskammern einzurichten[155]. Diese können bei bürgerlichen Rechts-

---

auch das Schlichtungsverfahren für katholische Geistliche, Schlichtungsordnung nachzulesen unter: http://www.alt-katholisch.de/recht/so.htm..

[151] Feuerich / Braun, Bundesrechtsanwaltsordnung, § 73, Rnd. 26.

[152] Isele, BRAO, § 73 Anm. II. D. 2. h) (1976).

[153] Abgedruckt in Lingenberg / Hummel / Zuck / Eich, Kommentar zu den Grundsätzen des anwaltlichen Standesrechts, S. 66 ff.

[154] Die Richtlinien seien keine ausreichende Grundlage für einen Eingriff in die Berufsausübungsfreiheit BVerfGE 76, 171 = NJW 1981, 191; Feuerich / Braun, BRAO, § 43 Rnd. 2, 3, § 73 Rnd. 27 m.w.N..

[155] Dies haben alle Bundesländer ausgeführt, Nachweise bei Melullis, Handbuch des Wettbewerbsrechts, Rnd. 55.

streitigkeiten aus den §§ 13 und 13a UWG von jeder Partei ohne Zustimmung des Gegners angerufen werden, wenn die Wettbewerbshandlungen den geschäftlichen Verkehr mit dem letzten Verbraucher betreffen (§ 27a III S.1 UWG). Betrifft die Wettbewerbshandlung nicht den geschäftlichen Verkehr mit dem letzen Verbraucher, sondern lediglich vorgeordnete Wirtschaftsstufen, so ist die Einigungsstelle nur zuständig, wenn der Gegner zustimmt (§ 27a III S.2 UWG). Wenn die Einigungsstelle nach § 27a III S.1 oder S.2 i.V.m. (unwiderruflicher[156]) Zustimmung des Gegners zuständig ist, kann der Vorsitzende das persönliche Erscheinen nach § 27a V UWG anordnen und durch Ordnungsgelder erzwingen. Das Verfahren nach § 27a UWG ist dennoch ein freiwilliges Vorverfahren[157]. Es besteht lediglich eine Pflicht zum Erscheinen des Antragsgegners, wenn die Einigungsstelle zuständig ist. Eine Einlassungs- oder Mitwirkungspflicht besteht nicht[158]. Das Verfahren weist weiterhin insofern eine Besonderheit auf, als das Gericht auf Antrag den Parteien aufgeben kann, die noch nicht tätig gewordene Einigungsstelle anzurufen, § 27a X UWG. Das Gericht kann die Anrufung jedoch nicht erzwingen. Wird die Einigungsstelle nicht innerhalb der vom Gericht gesetzten Frist von den Parteien angerufen, so wird der Prozeß fortgeführt[159].
Die Besetzung der Einigungsstelle ist vergleichbar mit den Zusammensetzungen der Schiedsstellen im Arbeitnehmererfindungsrecht und der Frankfurter Mietschlichtungsstelle. Die Einigungsstelle besteht i.d.R. aus drei Personen. Einem Vorsitzenden, der die Befähigung zum Richteramt haben muß und über Erfahrungen auf dem Gebiet des Wettbewerbsrechts verfügen soll, und mit einer gleichen Anzahl von Gewerbetreibenden und Verbrauchern, wenn die Einigungsstelle von einem letzten Verbraucher oder einem klagebefugten Verbraucherverband angerufen wurde; in allen anderen Anrufungsfällen mit mindestens zwei sachverständigen Gewerbetreibenden als Beisitzern (§ 27a II S. 1, 2 UWG).
Nach § 27a IX UWG wird die Verjährung durch die Anrufung der Gütestelle in gleicher Weise wie durch Klageerhebung unterbrochen. Umstritten ist, ob wegen dieser Formulierung die Verjährungsunterbrechung lediglich dann eintritt, wenn der Gläubiger das Einigungsverfahren beantragt[160]. In jedem Fall wird die Verjährung gemäß § 852 II BGB gehemmt, wenn beiderseits mit dem Ziel eines gütlichen Ausgleichs Einigungsverhandlungen geführt werden[161].

---

[156] Baumbach / Hefermehl, Wettbewerbsrecht, § 27a UWG, Rnd. 4.

[157] § 27a III S.1 UWG *„können"*.

[158] Baumbach / Hefermehl, Wettbewerbsrecht, § 27a UWG, Rnd. 13 m.w.N..

[159] Baumbach / Hefermehl, Wettbewerbsrecht, § 27a UWG, Rnd. 5.

[160] Für eine Verjährungsunterbrechung auch bei Anrufung durch den Schuldner ohne Zustimmung des Gläubigers Melullis, Handbuch des Wettbewerbsrechts, Rnd. 87; dagegen Baumbach / Hefermehl, Wettbewerbsrecht, § 27a, Rnd. 9.

[161] Gloy, Handbuch des Wettbewerbsrechts, § 75 Rnd. 14.

Ein vor der Einigungsstelle geschlossener, ordnungsgemäß niedergelegter und von den Mitgliedern der Einigungsstelle und den Parteien unterschriebener Vergleich ist ein Vollstreckungstitel i.S.d. §§ 794 I Nr.1, 797a ZPO. Die Einigungsstelle kann vor Beendigung des Verfahrens einen Einigungsvorschlag machen.

5. Die freiwilligen Einigungsstellen der Industrie- und Handelskammern

Neben den in § 27a UWG geregelten Einigungsstellen unterhalten viele Industrie- und Handelskammern „freiwillig" weitere Einigungsstellen, welche über den in § 27a UWG geregelten Bereich hinaus, für alle Wettbewerbsstreitigkeiten zuständig sind. Diese Gremien befassen sich vereinzelt auch mit anderen Streitfällen wirtschaftlicher Art unter Gewerbetreibenden[162]. In Organisation und Verfahren entsprechen diese Einigungsstellen regelmäßig denen nach § 27a UWG[163]. Die Inanspruchnahme dieses Angebotes ist für die Konfliktparteien freiwillig. Soweit in Aufforderungsschreiben der freiwilligen Einigungsstellen die Freiwilligkeit der Inanspruchnahme dieser Institution für den Antragsgegner nicht klar ersichtlich wird, kommen in Einzelfällen Anfechtungen, der vor ihnen geschlossenen Vergleiche, in Betracht[164].

6. Die Gütestellen der Handwerksinnungen und -kammern

Mit Verbraucherstreitigkeiten befassen sich die Gütestellen des Handwerks. Nach § 54 III Nr. 3 HandwO kann die Handwerksinnung bei Streitigkeiten zwischen den Innungsmitgliedern und ihren Auftraggebern vermitteln. Es handelt sich um eine freiwillige Aufgabe der Handwerksinnung. Die Innung darf nur auf Antrag einer Partei, nicht von Amts wegen, tätig werden[165]. Zur Erfüllung dieser Schlichtungsaufgabe gibt § 91 Nr. 11 HandwO den Handwerkskammern auf, Vermittlungsstellen zur Beilegung von Streitigkeiten zwischen selbständigen Handwerkern und ihren Auftraggebern einzurichten. Die Handwerksinnungen und -kammern[166] haben aufgrund dieser Vorschrift verschiedene Schiedsstellen,

---

[162] Zu diesen „freiwilligen" Einigungsstellen vgl. Lukes, Die freiwilligen Einigungsstellen bzw. Einigungsämter bei den Industrie- und Handelskammern, in: Festschrift für Nipperdey, Bd. II, S. 365 ff.

[163] Lukes, Die freiwilligen Einigungsstellen bzw. Einigungsämter bei den Industrie- und Handelskammern, in: Festschrift für Nipperdey, Bd. II, S. 365, 372.

[164] Lukes, Die freiwilligen Einigungsstellen bzw. Einigungsämter bei den Industrie- und Handelskammern, in: Festschrift für Nipperdey, Bd. II, S. 365, 384.

[165] Musielak / Detterbeck, Das Recht des Handwerks, § 54, Rnd. 27.

[166] Die Aufgabenbereiche der Handwerksinnungen (Interessenvertretung selbständiger Handwerker eines bestimmten oder sich nahestehender Berufe) und der Handwerkskammern (Interessenvertretung des Gesamthandwerks) sind in diesem Kontext identisch, siehe Honig, HandwO, § 91, Rnd. 43, § 54, Rnd. 49, 50.

teilweise in Zusammenarbeit mit Verbraucherverbänden, eingerichtet[167]. Am bekanntesten sind wohl die von den Innungen geschaffenen Schiedsstellen für das Kraftfahrzeughandwerk. Andere Schlichtungstellen der Innungen sind u.a. für Reinigungsschäden bzw. mangelhafte Malerarbeiten zuständig. Die Handwerkskammer Rhein - Main richtete im Mai 1982 eine Bau - Schlichtungsstelle für Streitigkeiten zwischen Bauherren, Bauausführenden, Bauingenieuren und Sonderfachleuten ein.
Die Inanspruchnahme der Schlichtungsstellen im Konfliktfalle ist freiwillig.
Wegen der außerordentlichen praktischen Bedeutung der Kfz - Schiedsstellen soll das Verfahren dieser Schlichtungseinrichtungen kurz dargestellt werden. Diese Einrichtungen wurden vom Kfz - Handwerk und vom ADAC gemeinsam entwickelt und sind seit 1970 bei der jeweiligen Kfz - Innung angesiedelt[168]. Die vorgenannten Institutionen haben eine Verfahrensordnung ausgearbeitet. Die Schiedskommission besteht danach aus fünf Mitgliedern, einem Volljuristen, möglichst der Handwerkskammer als Vorsitzenden, einem Vertreter des ADAC oder eines anderen Automobilclubs, einem Kfz - Sachverständigen des Technischen Überwachungsvereins (TÜV) bzw. Technischen Überwachungsamts (TÜA), einem Kfz - Sachverständigen, der Vertragspartner der Deutschen Automobil - Treuhand GmbH (DAT) ist und einem Kfz - Meister der Kfz - Innung. Kann eine gütliche Einigung nicht erzielt werden, dann fällt die Schiedskommission einen Schlichtungsspruch. Durch diesen Spruch wird die Möglichkeit einer weitergehenden Klage nicht ausgeschlossen, jedoch binden die Tatsachenfeststellungen der Kommission nach § 7 III VerfO die Parteien in einem sich eventuell anschließenden Prozeß[169].

7. Die Güteverfahren vor den Kammern der freien Berufe

Auch die Kammern der freien Berufe sind berufen, in Streitigkeiten zwischen ihren Mitgliedern und deren Auftraggebern zu vermitteln.

a) Das Verfahren vor den Rechtsanwaltskammern

Nach § 73 II Nr.3 BRAO obliegt es dem Vorstand der Rechtsanwaltskammer, zwischen Anwälten und deren Klienten zu vermitteln. Das Verfahren entspricht

---

[167] Für diese Institutionen bietet die paritätisch besetzte „Schlichtungsstelle für das Kraftfahrzeughandwerk Hamburg" ein interessantes Beispiel. Sie wurde im Mai 1970 durch den Allgemeinen Deutschen Automobilclub (ADAC) als Vertreter der Kraftfahrer und den Innungen des Kraftfahrzeughandwerks Hamburg als Vertreter der Werkstätten gegründet. Hippel, Verbraucherschutz, S. 166.

[168] Honig, Die Wirkung der Kfz - Schiedsstellen, DAR 1994, 148.

[169] Rothweiler / Sauer, Schlichtungsstellen - eine Alternative?, NJW 1978, 797; Honig, Die Wirkung der Kfz - Schiedsstellen, DAR 1994, 148.

dem unter B. II. 3. dargestellten. Antragsberechtigt sind sowohl der Auftraggeber als auch der Rechtsanwalt. Der Mandant als Antragsgegner ist weder zum Erscheinen noch zu anderen Mitwirkungshandlungen verpflichtet. Aus dem Gleichbehandlungsprinzip wird somit gefolgert, daß auch der Rechtsanwalt als Antragsgegner keine Mitwirkungspflicht hat, da er sonst schlechter gestellt würde als sein Auftraggeber[170].

b) Die Schlichtungsstellen für Arzthaftpflichtfragen der Ärztekammern

Wegen der erheblichen praktischen Bedeutung ist in diesem Zusammenhang das Verfahren vor den Schlichtungsstellen für Arzthaftpflichtfragen der Ärztekammern zu nennen. Hierbei handelt es sich um ein Güteverfahren, für das detaillierte Verfahrensbestimmungen bestehen. Derartige Schlichtungsstellen wurden seit 1975 bei allen Ärztekammern eingerichtet[171]. Das geschah in Zusammenarbeit mit dem Verband der Haftpflichtversicherer, Unfallversicherer, Autoversicherer und Rechtsschutzversicherer e.V. (HUK - Verband). Die rechtliche Ermächtigung für die Ärztekammern hierzu ergibt sich aus den Kammergesetzen, die es den Kammern (ähnlich der Rechtsanwaltskammer[172]) aufgeben, Schlichtungsstellen einzurichten. Für die Parteien sind die Schlichtungsverfahren vor diesen Stellen freiwillig; es hat jedoch einen Fall gegeben, in dem einem Kläger die Prozeßkostenhilfe verweigert wurde, weil er sich nicht an eine ärztliche Schlichtungsstelle wenden wollte[173].
Der seinerzeit knapp 10 Jahre alte Antragsteller wurde in einem Krankenhaus wegen unfallbedingter, gravierender Verletzungen an beiden Beinen behandelt. Er warf den Beklagten mehrere Behandlungsfehler vor, die u.a. zu einer Verkürzung seines rechten Beines geführt hätten. Zum Beweis berief er sich auf ein Gutachten. Dennoch wurde dem Antragsteller die beantragte Prozeßkostenhilfe verweigert, weil die Klage mutwillig erhoben worden sei. Eine verständige Partei würde nach Ansicht des Landgerichts nicht den Klageweg beschreiten, sondern zunächst das Verfahren der Anrufung der ärztlichen Schlichtungsstelle wählen, da weder Gesichtspunkte gegen die Geeignetheit des Verfahrens noch Bedenken gegen die Unparteilichkeit der ärztlichen Schlichtungsstelle ersichtlich seien[174].

---

170 Isele, BRAO, § 73, Anm. D. 3. g) aa), bb); Feuerich / Braun, BRAO, § 73 Rnd. 29.

171 Prütting, Verfahrensrecht und Mediation, in: Breidenbach / Henssler (Hrsg.), Mediation für Juristen, 57, 68.

172 siehe B II. 3.; B II. 7. a).

173 LG Aurich, Beschluß vom 16.03.1984, NJW 1986, 792 ff.

174 Entschieden gegen die Mutwilligkeit argumentiert Matthies in seiner Anmerkung zum Urteil, NJW 1986, 792, 793.

Wegen der Unterscheidungen der einzelnen Verfahren[175] ist die Darstellung auf grundsätzliche Punkte beschränkt.
Die Schlichtungskommissionen setzen sich aus einem Juristen und einer divergierenden Anzahl von Ärzten zusammen, wobei die Verfahrensleitung dem Juristen obliegt. Die Bestellung der Mitglieder erfolgt durch die Landesärztekammer. Das Verfahren wird durch einen Antrag eines Beteiligten in Gang gesetzt. Die Kommission erteilt dann einen Gutachterauftrag, entweder an ein Kommissionsmitglied oder an einen fremden Fachgutachter. Die Ermittlung des Sachverhalts erfolgt somit „gleichsam von Amts wegen". Das Verfahren endet entweder mit einem Vorschlag an die Haftpflichtversicherer zur Regulierung des Falls oder mit der Feststellung eines zum Schadensersatz verpflichtenden Behandlungsfehlers.

8. Das Schlichtungsverfahren nach § 35 BJagdG

§ 35 des Bundesjagdgesetzes (BJagdG) ermächtigt die Länder,
„in Wild- und Jagdschadenssachen das Beschreiten des ordentlichen Rechtsweges davon abhängig zu machen, daß zuvor ein Feststellungsverfahren vor einer Verwaltungsbehörde (Vorverfahren) stattfindet". Von dieser Ermächtigung haben alle Bundesländer Gebrauch gemacht[176]. Die Verfahren sind als Güteverfahren ausgestaltet, indem nach vorheriger Schätzung des Schadens eine gütliche Beilegung des Streits durch Anerkenntnis oder Vergleich erstrebt wird[177].
Zur Entscheidung von Streitigkeiten wegen Wildschadens sind die Amtsgerichte gem. § 23 Nr.2 d GVG ohne Rücksicht auf den Streitwert zuständig. Dieser ordentliche Rechtsweg wird durch die Landesjagdgesetze von einem Güteverfahren vor einer Verwaltungsbehörde abhängig gemacht[178]. Das Verfahren ist also obligatorisch.
Nachdem der Schaden, der nach Landesrecht zuständigen Behörde innerhalb der Frist des § 34 BJG (eine Woche) angemeldet wurde, ist von Amts wegen unverzüglich ein Ortstermin zur Ermittlung des behaupteten Schadens und zur Herbeiführung einer Einigung anzuberaumen[179]. Zum Termin sind der Geschädigte und die nach §§ 29 - 33 BJG zum Ersatz Verpflichteten zu laden. Eine Einigung ist zu protokollieren. Wenn keine gütliche Einigung zustande kommt, erläßt die

---

[175] Eine Kurzbeschreibung des Verfahrensganges sechs ärztlicher Schlichtungsstellen bei Matthies, Schiedsinstanzen im Bereich der Arzthaftung: Soll und Haben, S. 114 ff.; siehe auch: http://search.medizinrecht.de/organisationen/medizin/gutachter_schlichtungsstellen.htm.

[176] Mitschke / Schäfer, Bundesjagdgesetz, § 35, vor Rnd. 1.

[177] Mitschke / Schäfer, Bundesjagdgesetz, § 35, Rnd. 3.

[178] Mitschke / Schäfer, Bundesjagdgesetz, § 35, Rnd. 1.

[179] Dies ergibt sich aus allen Landesjagdgesetzen i.V.m. den Durchführungsverordnungen, gl. für Baden - Württemberg § 17 LJagdGDVO.

Behörde, auf der Grundlage eines Gutachtens eines Wildschadensschätzers, einen Vorbescheid, der den Ersatzberechtigten, den Ersatzverpflichteten und die Kostentragungspflicht regelt. Dieser Bescheid wird rechtskräftig, wenn er nicht von einer Partei innerhalb von zwei Wochen nach Zustellung gegenüber der erlassenden Behörde abgelehnt wird.
Die Verjährung wird nach § 210 BGB unterbrochen.

9. Das Vermittlungsverfahren bei Nachlassauseinandersetzungen (§§ 86 ff. *FGG)*

Hinterläßt ein Erblasser mehrere Erben, so wird der Nachlaß gemeinschaftliches Vermögen derselben (§§ 1922, 2032 BGB). Jeder Erbe kann - vorbehaltlich der in §§ 2042 i.V.m. 749, 2043 - 2045 BGB geregelten Ausnahmefälle - nach § 2042 I BGB jederzeit die Auseinandersetzung verlangen. Die Art der Auseinandersetzung ist in den §§ 2046 ff. BGB geregelt. Sie kann durch formlose Vereinbarung[180] der Miterben ohne Mitwirkung des Gerichts erfolgen.
Bei bestehender Erbengemeinschaft können sich die Erben der Vermittlung des Nachlaßgerichts bei der Auseinandersetzung bedienen, wenn sie sich nicht einigen können, aber auch nicht die Auseinandersetzungsklage erheben wollen, §§ 86 - 98 FGG. Zuständig ist grundsätzlich der Rechtspfleger, § 3 Nr. 2c RPflG[181]. Das Verfahren wird auf Antrag durchgeführt, ist also freiwillig. Antragsberechtigt ist nach § 86 II FGG jeder Miterbe, der Erwerber eines Erbteils sowie derjenige, welchem ein Pfandrecht oder ein Niesbrauch an einem Erbteil zusteht.
Landesrechtlich kann nach §§ 192, 185 II FGG i.V.m. Art. 3 EGBGB die Vermittlung von Amts wegen vorgeschrieben werden. Von dieser Möglichkeit hatten Baden - Württemberg[182] und Bayern[183] Gebrauch gemacht. In beiden Bundesländern wurden die landesrechtlichen Regelungen aufgehoben[184]. Das Landesgesetz über die freiwillige Gerichtsbarkeit in Baden - Württemberg hatte das Ziel, das Recht der freiwilligen Gerichtsbarkeit zu bereinigen, da es sehr unübersicht-

---

[180] Gehören Gegenstände zum Nachlaß, zu deren Übertragung es einer bestimmten Form bedarf, so ist diese natürlich einzuhalten, etwa bei Grundstücken § 313 BGB oder GmbH - Geschäftsanteilen § 15 IV GmbHG.

[181] Nach § 193 FGG bleiben die landesrechtlichen Vorschriften, nach welchen für die gemäß § 86 FGG den Amtsgerichten obliegenden Verrichtungen andere als gerichtliche Behörden zuständig sind, unberührt. So sind in Baden - Württemberg nach § 1 Nr.2 LFGG die Notariate für Nachlaßsachen und somit auch für das Schlichtungsverfahren zuständig (vgl. auch § 20 V BNotO).

[182] LFGG vom 12.02.1975; Keidel / Kuntze / Winkler, Freiwillige Gerichtsbarkeit, § 86, Rnd. 2.

[183] BayAGGVG vom 23.06.1981; Keidel / Kuntze / Winkler, Freiwillige Gerichtsbarkeit, § 86 Rnd. 2.

[184] Keidel / Kuntze / Winkler, Freiwillige Gerichtsbarkeit, § 192 Rnd. 2.

lich war[185]. In der amtlichen Begründung des Kabinettsentwurfs wurden keine Gründe für die Abschaffung des obligatorischen Verfahrens genannt[186], sie dürften aber in dem erklärten Ziel des Gesetzgebers - diese Materie zu vereinfachen - zu finden sein.

10. Das notarielle Vermittlungsverfahren nach dem Sachenrechtsbereinigungsgesetz (§§ 87 ff SachenRBerG)

Ein weiteres Güteverfahren entwickelte sich als Folge der deutschen Vereinigung.

In der Altbundesrepublik führten die Notwendigkeit des Wiederaufbaus nach dem zweiten Weltkrieg und der Bevölkerungsschub durch Heimatvertriebene, Aussiedler und Gastarbeiter mit ihren Familien zu einem enormen Anstieg im Bereich des Wohnungsbaus. Die Probleme wurden im Mietwohnungsbau durch stark verdichtetes Bauen in Großsiedlungen und im Bereich des Wohneigentums u.a. durch die Ausgabe sozial ausgestalteter Erbbaurechte und einem ungeahnten Siegeszug des Wohnungseigentums nach dem Wohnungseigentumsgesetz gelöst. So konnten trotz sprunghaft steigender Grundstückspreise die Wohnbedürfnisse zumindest größtenteils befriedigt werden.

In der ehemaligen DDR waren die Bedingungen nach dem zweiten Weltkrieg ähnlich, die Entwicklung verlief aber entsprechend den dortigen geringeren wirtschaftlichen Möglichkeiten sehr viel bescheidener. Neben dem Mietwohnungsbau in extrem verdichteten Satellitensiedlungen erfolgte die Bebauung u.a. auch dadurch, daß auf dem - aufgrund mehrerer Enteignungswellen[187] vorhandenen - in staatlichem „Volkseigentum" stehenden Grundstücken Einzelpersonen auf vertraglicher Grundlage eine Berechtigung zum Bau auf fremden Boden erteilt wurde. Daraus entwickelte sich im Laufe der Jahrzehnte, in der ehemaligen DDR, ein System von verliehenen oder zugewiesenen Nutzungsrechten. Dogmatisch führte dies zum Entstehen selbständigen, vom Grundstück unabhängigen, Gebäudeeigentums ohne Anlegung eigener Grundbuchblätter[188].

Bei der deutschen Vereinigung fand der Gesetzgeber so eine Zahl von geschätzten 350.000 Fällen selbständigen Gebäudeeigentums vor[189]. Im Einigungsvertrag wurde die Entscheidung getroffen, daß dieses selbständige Gebäudeeigentum zunächst fortbesteht. Die Inhaber solcher Nutzungsrechte („Nutzer") sollten

---

185 Richter / Hummel, Baden - Württembergisches Landesgesetz über die freiwillige Gerichtsbarkeit, S. 1.

186 LT - Drucks. 6 / 5462, S. 31 ff.

187 zuletzt gegenüber den sogenanten „Republikflüchtigen".

188 Aumüller, Notarielles Vermittlungsverfahren in der Sachenrechtsbereinigung, S. 1, danach wurden auch in einigen Fällen Grundbuchblätter angelegt.

189 BR - Drucks. 515 / 93, S. 95.

gegen die Grundstückseigentümer, auch sofern die Grundstücke an die Alteigentümer restituiert werden mußten, geschützt bleiben. Der Gesetzgeber wollte aber im geschlossenen Kreis der Rechtsinstitute des Sachenrechts des BGB keine neue Rechtsfigur eines „selbständigen Gebäudeeigentums nach früherem DDR - Recht" auf Dauer schaffen[190]. Er entschied sich vielmehr für eine Überführung dieses selbständigen Gebäudeeigentums in die Rechtsfiguren des Sachenrechts des BGB. Dies sollte wahlweise durch die Einräumung eines Erbbaurechts für den Nutzer oder durch die Möglichkeit des Erwerbs des Grundstücks realisiert werden. Eine solche Umgestaltung der Rechtspositionen war überdies erforderlich, um das selbständige Gebäudeeigentum durch Einordnung in das Immobiliarsachenrecht des BGB grundbuchfähig und damit verkehrs- und beleihungsfähig zu machen[191].
Wegen der erwarteten großen Zahl von zu bereinigenden Fällen und der Kompliziertheit der Materie einerseits sowie der Engpässe in Justiz und Verwaltung im Beitrittsgebiet mit qualifiziertem Personal andererseits stellte sich für den Gesetzgeber die Frage, wer die Sachenrechtsbereinigung durchführen sollte. Es handelt sich eigentlich um einen typischen Fall für eine richterliche Vertragshilfe[192]. Diese Lösung hätte die Justiz in den neuen Bundesländern aber auf Jahre hinaus unzumutbar belastet. Zudem setzt die Durchführung dieser Bereinigung intensive und spezielle Kenntnisse im Immobiliarsachenrecht und Erfahrungen mit der Vertragsgestaltung voraus. Diese Überlegungen führten dazu, daß sich der Gesetzgeber der Übertragung des Verfahrens, der Vermittlung einer Erbauseinandersetzung nach §§ 86 f FGG, auf Notare in einigen Bundesländern (z.B. Baden - Württemberg) erinnerte. Dieses notarielle Vermittlungsverfahren wurde dementsprechend im SachenRBerG als Instrument der Sachenrechtsbereinigung übernommen[193].
Die Durchführung dieses Vermittlungsverfahrens ist nach § 104 SachenRBerG obligatorische Voraussetzung für die Sachenrechtsbereinigungsklage (§§ 103 ff SachenRBerG) zum Gericht[194].

---

190 BR - Drucks. 515 / 93, S. 95 ff, Purps / Krauß, Sachenrechtsbereinigung nach Anspruchsgrundlagen, S. V.

191 Zur mangelnden Verkehrsfähigkeit selbständigen Gebäudeeigentums nach früherem DDR - Recht ohne vorausgehende Sachenrechtsbereinigung vgl.: Böhringer, Zusammenführung von Gebäude- und Grundeigentum, DtZ 1994, 266.

192 Aumüller, Notarielles Vermittlungsverfahren in der Sachenrechtsbereinigung, S. 2.

193 Krauß, Sachenrechtsbereinigung und Schuldrechtsanpassung im Beitrittsgebiet, S. 426; Vossius, Sachenrechtsbereinigungsgesetz, Vor § 87 Rnd. 10.

194 Nach § 104 S. 1 hat der Kläger zusammen mit der Klageschrift (§ 253 ZPO) auch den Vermittlungsvorschlag und das Abschlußprottokoll nach §§ 98 I, 99 SachenRBerG vorzulegen.

11. Die außergerichtliche Schuldenbereinigung nach § 305 I Nr.1 Insolvenzordnung (InsO)

Nach § 305 I Nr.1 InsO kann ein Verbraucher einen Antrag auf gerichtliche Schuldenbereinigung erst stellen, wenn er innerhalb der letzten sechs Monate erfolglos versucht hat, sich mit seinen Gläubigern außergerichtlich über die Schuldenbereinigung auf der Grundlage eines Plans zu einigen. Daß er derartige Versuche unternommen hat und damit gescheitert ist, muß er durch die „Bescheinigung einer geeigneten Person oder Stelle" nachweisen (§ 305 I Nr.1 InsO). Wer als geeignete Person oder Stelle in Betracht kommt bestimmt das Landesrecht[195]. Dadurch soll u.a. gewährleistet werden, daß keine Gefälligkeitsbescheinigungen ausgestellt werden[196]. Nach dem Sinn des Gesetzes kommt es nicht darauf an wer die Verhandlungen geführt hat, sondern ob sie ernsthaft geführt worden sind[197]. In erster Linie sind Rechtsanwälte, Steuerberater Notare oder Wirtschaftsprüfer als „geeignete Personen" vorgesehen, in Betracht kommen aber auch Schuldnerberatungsstellen, Sozialämter und Gütestellen i.S.d. § 794 I Nr. 1 ZPO[198]. Wichtig ist, daß die außergerichtliche Schuldenbereinigung vor einer unabhängigen Stelle versucht wird.
Der Gesetzgeber unterstellt, daß viele Überschuldungssituationen dadurch zustande kommen oder nicht gelöst werden, daß die Schuldner sich nicht ernsthaft um eine Schuldenbereinigung bemühen und erst gar nicht in Kontakt mit ihren Gläubigern treten[199]. Der Versuch der gütlichen Einigung mit den Gläubigern wurde darum obligatorisch vorgeschrieben.

12. Die Güteverhandlung nach § 18 Nr. 2 VOB / B

Entstehen bei Bauverträgen mit Behörden Meinungsverschiedenheiten, soll der Auftragnehmer nach § 18 Nr. 2 VOB / B zunächst die der auftraggebenden Stelle unmittelbar vorgesetzte Stelle, zum Zwecke der Beilegung des Konfliktes, anrufen. § 18 Nr. 2 VOB / B greift nur ein, wenn es sich bei dem Auftraggeber um eine Behörde handelt. Damit ist die außergerichtliche Güteverhandlung auf öffentliche Auftraggeber begrenzt, bei denen zur Erledigung ihrer Amtsgeschäfte Dienststellen in hierarchischem Aufbau mit entsprechenden Aufsichtfunktionen

---

[195] siehe hierzu §§ 1 - 3 Baden - Württembergisches Gesetz zur Ausführung der Insolvenzordnung vom 16.07.1998, LGBl. S. 436; Nachweise der weiteren Ausführungsgesetze der Länder bei Hess, Insolvenzordnung, § 305 Rnd. 38.

[196] Hess, Insolvenzordnung, § 305, Rnd. 38; Frankfurter Kommentar zur Insolvenzordnung, Grote, § 305, Rnd. 15.

[197] Frankfurter Kommentar zur Insolvenzordnung, Grote, § 305, Rnd. 15.

[198] Hess, Insolvenzordnung, § 305, Rnd. 38.

[199] BT - Drucks. 12 / 7302, S. 189.

errichtet wurden, was insbesondere bei öffentlich - rechtlichen Körperschaften, wie Bund, Ländern, Gemeinden usw. zutrifft.
Zu beachten ist, daß es sich grundsätzlich um eine „Sollvorschrift" handelt, die es dem Auftragnehmer freistellt ob er diesen Weg wählt oder sogleich den Klageweg bestreitet[200]. Allerdings gibt es Fälle in denen der Auftragnehmer gezwungen ist, daß hier genannte Verfahren einzuleiten, bevor er den Klageweg beschreitet. Das trifft z.B. auf Bayern zu aufgrund des Gesetzes über die Vertretung des Freistaates in zivilrechtlichen Angelegenheiten[201]. Hiernach ist der Weg zu den ordentlichen Gerichten erst nach Durchführung eines sogenannten Abhilfeverfahrens[202] gegeben. Vorher kann sich der Freistaat als prozeßhindernde Einrede auf das Fehlen dieses Verfahrens berufen[203]. Der Vorteil der Anrufungsmöglichkeit für den Auftragnehmer besteht darin, daß sich auf der Auftraggeberseite nunmehr Personen mit den Meinungsverschiedenheiten befassen müssen, die bisher nicht in den Streit involviert waren und deshalb objektiv entscheiden können[204]. Das Verfahren ist gebührenfrei, nicht an eine Frist oder Form gebunden und muß innerhalb von zwei Monaten nach Antragstellung durchgeführt werden. Auf die Verjährung hat das Verfahren grundsätzlich keinen Einfluß, es sei denn, die Voraussetzungen für eine Hemmung oder eine Unterbrechung[205] der Verjährung lägen vor.

II. Neuste allgemeine Regelung (§ 15a EGZPO)

Der Bundesrat hat in seiner 703. Sitzung am 18.10.1996 einen Gesetzesentwurf zur Vereinfachung des zivilgerichtlichen Verfahrens und des Verfahrens der freiwilligen Gerichtsbarkeit beschlossen, welcher mit unwesentlichen Änderungen am 09.09.1999 vom Bundestag beschlossen wurde (Gesetz zur Förderung der außergerichtlichen Streitbeilegung)[206].
Mit diesem Gesetz hat der Bundesgesetzgeber den Ländern die *Möglichkeit* gegeben, den Verfahren vor den Amtsgerichten ein obligatorisches Schlichtungsverfahren vorzuschalten. Durch § 15a EGZPO wird der Anwendungsbereich des obligatorischen Schlichtungsverfahrens den Ländern vorgegeben.

---

200 Korbion / Ingenstau, VOB, B, § 18, Rnd. 33.

201 Korbion / Ingenstau, a.a.O..

202 Dieses Verfahren hat eine gewisse Ähnlichkeit mit demjenigen, wie es im Rahmen des Verwaltungsrechts im vorprozessualen Stadium üblich ist. Es darf aber nicht damit verwechselt werden, da es sich hier um eine rein zivilrechtliche Angelegenheit mit dem Ziel der gütlichen Beilegung

203 siehe §§ 16, 17 der genannten Verordnung.

204 Heiermann / Riedl / Rusam, VOB, B, Heiermann, § 18 Rnd. 7.

205 Was z.B. in Bayern nach § 210 BGB der Fall ist.

206 BGBl. I 1999, 2400 (Bundesratsbeschluß 15.12.1999).

Das Bundesgesetz wurde derart konzipiert, daß nach In-Kraft-Treten der jeweiligen landesgesetzlichen Regelung die Durchführung des Güteverfahrens und die Vorlage einer entsprechenden Bescheinigung vor Gericht eine Zulässigkeisvoraussetzung für das Zivilverfahren ist.
Neben nachbarrechtlichen Streitigkeiten und Konflikten wegen Ehrverletzungen erfasst das Gesetz vermögensrechtliche Streitigkeiten bis zu einer Streitwertgrenze von 1500,- DM (§ 15a I S.1 Nr. 1 - 3 EGZPO). Die Landesgesetzgeber sind nach § 15a V EGZPO befugt, den Anwendungsbereich einzuschränken.

Von der Gelegenheit, welche durch § 15a EGZPO eröffnet wird, haben die Länder lediglich teilweise und in unterschiedlicher Art und Weise Gebrauch gemacht.
Die Länder Baden - Württemberg[207], Bayern[208], Brandenburg[209], Hessen[210], Nordrhein - Westfalen[211], Saarland[212], Sachsen - Anhalt[213] und Schleswig - Holstein[214] haben bereits entsprechende Landesgesetze erlassen. In den Ländern Berlin und Mecklenburg – Vorpommern werden derzeit landesrechtliche Regelungen vorbereitet[215]. Die Länder Bremen, Hamburg, Niedersachsen, Rheinland – Pfalz, Sachsen und Thüringen planen derzeit nicht, die Möglichkeit des § 15a EGZPO zu nutzen[216].

Im Abschnitt E I. wird zu dem Anwendungsbereich des § 15a EGZPO kritisch Stellung genommen.

---

207 Gesetz zur obligatorischen außergerichtlichen Streitschlichtung und zur Änderung anderer Gesetze vom 28.06.2000, GBl. BW, S.470.

208 Bayerisches Gesetz zur obligatorischen außergerichtlichen Streitschlichtung in Zivilsachen und zur Änderung gerichtsverfassungsrechtlicher Vorschriften vom 25.04.2000, BayGVBl 11/2000, S. 268.

209 Gesetz zur Einführung einer obligatorischen außergerichtlichen Streitschlichtung im Land Brandenburg vom 05.10.2000, GVBl. I/00, S. 134.

210 Gesetz zur Regelung der außergerichtlichen Streitschlichtung vom 06.02.2001, GBl. I, S. 98.

211 Gesetz über die Anerkennung von Gütestellen im Sinne des § 794 I der Zivilprozessordnung und die obliagatorische Streitschlichtung in Nordrhein – Westfalen vom 09.04.2000, GBl S. 476.

212 Gesetz Nr. 1464 zur Ausführung des § 15a des Gesetzes betreffend die Einführung der Zivilprozessordnung und zur Änderung von Rechtsvorschriften vom 21.02.2001, Amtsbl. S. 532.

213 Gesetz zur Änderung des Schiedsstellengesetzes und anderer Vorschriften vom 17.05.2001, GVBl LSA 20/2001, S. 174.

214 Beschlossen am 16.11.2001.

215 Zietsch / Roschmann, Die Regelungen des vorprozessualen Güteverfahrens, NJW – Beilage zu Heft 51/2001, 3.

216 Zietsch / Roschmann, a.a.O..

Auf einzelne Normen der Landesgesetze wird im Rahmen der Untersuchung der konkreten Ausgestaltung eines erfolgreichen Schlichtungsverfahrens (Abschnitt F II.) näher eingegangen.

Fazit:
Sowohl die Zahl der obligatorischen Schlichtungsverfahren[217] als auch die der freiwilligen Güteverfahren[218] ist in der deutschen Rechtspraxis beachtlich. Innerhalb der freiwilligen Vorverfahren sind verschiedene Grade der Freiwilligkeit zu unterscheiden. Die Durchführung des Gütetermins kann entweder allein vom Willen *eines* Streitbeteiligten[219] oder von der Zustimmung *beider* Parteien[220] abhängig sein. Das Vorverfahren nach § 27a UWG kennt beide Formen: Bei Wettbewerbsstreitigkeiten, die den geschäftlichen Verkehr mit dem letzten Verbraucher betreffen, kann diese Partei allein das Vorverfahren einleiten. Bei anderen Wettbewerbsstreitigkeiten ist die Zustimmung des Gegners erforderlich (§ 27a III S. 2 UWG).

Das Rechtsinstitut eines außergerichtlichen Güteverfahrens ist also im deutschen Zivilrecht bereits tief verwurzelt[221]. Die Motivationen des Gesetzgebers für die Einrichtung der zahlreichen Schlichtungsstellen werden im Abschnitt D analysiert. In diesem Kapitel werden weiterhin die Chancen außergerichtlicher Konfliktbehandlung deren Risiken gegenübergestellt. Die hier dargestellten Verfahren sollen dort als Fundus für den Vergleich der kooperativen Konfliktbewältigung mit dem traditionellen gerichtlichen Streitentscheidungsmodell dienen.

217 Im Arbeitsrecht die Verfahren nach § 111 ArbGG, §§ 28 ff. ArbEG, § 54 ArbGG und das verbindliche Verfahren vor der Schlichtungsstelle nach § 76 BetrVG, das Verfahren nach § 35 BJagdG sowie das notarielle Vermittlungsverfahren nach dem Sachenrechtsbereinigungsgesetz.

218 So die genannten Verfahren vor den Einigungsstellen der Handwerksinnungen und -kammern, das Verfahren nach §§ 86 ff. FGG, das Verfahren vor der Frankfurter Mietschlichtungsstelle sowie die Verfahren vor den Kammern der freien Berufe.

219 z.B. das Vermittlungsverfahren bei der Nachlaßauseinandersetzung nach §§ 86 ff. FGG.

220 z.B. das Verfahren vor der Frankfurter Mietschlichtungsstelle, siehe dazu Rothweiler / Sauer, Schlichtungsstellen - eine Alternative? NJW 1978, 797, 798.

221 Krapp, Außergerichtliche Verfahren - Alternative zur Ziviljustiz?, JA 1990, 65, 69, spricht von „weit mehr als 300 außergerichtlichen Stellen".

III. Ausländische Erfahrungen mit Schlichtungsverfahren

1. „Alternative Dispute Resolution" in den USA

Die wissenschaftliche Diskussion über Formen alternativer Konfliktbehandlung wurde in Deutschland zweifellos von der Alternative Dispute Resolution Bewegung in den USA initiiert[222].
Ausgangspunkt der Entwicklung in Nordamerika waren in den 70er Jahren sehr lange und kostenaufwendige Gerichtsverfahren. Es war eine Unzufriedenheit der Beteiligten mit dem traditionellen Gerichtsverfahren festzustellen. Die Richter klagten über den gestiegenen Arbeitsaufwand und die Parteien beklagten die hohen Kosten und die lange Dauer der Verfahren[223]. Hinzu kommt, daß in den USA die Führung von Prozessen, wegen der fehlenden Erstattungsfähigkeit der Anwaltshonorare, auch ohne Gerichtsüberlastung kostspielig ist. Es entwickelten sich aufgrund der Mängel des Justizsystems zahlreiche neue Methoden der Streitbehandlung, die erstaunlich schnell Verbreitung gefunden haben.
Die Situation in Deutschland ist eine andere. Zwar sind die Zivilgerichte auch hier überlastet[224] und auch die Rechtsdogmatik kann mit der voranschreitenden Verrechtlichung unserer Lebenswelt nur mühsam mithalten[225], die Qualität des Deutschen Justizsystems ist dennoch zu hoch[226], um die alternative Streitschlichtung in vergleichbarem Maße zu forcieren. Die neuen Methoden sind eine Entwicklung des Common Law Rechtskreises. Sie sind als Reaktionen auf dortige Besonderheiten im Justizsystem auf die amerikanischen Gegebenheiten zugeschnitten. Die besonderen Mißstände, die in den USA die Entwicklung alternativer Konfliktlösung erforderlich machte, existieren in Deutschland so nicht. Die amerikanischen Streitbeilegungsverfahren können der deutschen Justiz dennoch Anregungen für die Bewältigung der Prozeßflut geben. Aus diesem Grund werden im Folgenden die wichtigsten Verfahren kurz vorgestellt.

---

[222] Hager spricht insoweit vom „üblichen Zeitverzug", Konflikt und Konsens, S. 1; siehe auch Gottwald, Alternativen in der Rechtspflege, BRAK - Mitt. 1998, 60, 62 ff.; Labes, Konfliktbeseitigung durch ADR, ZfV 1998, 35; Bähr, Konfliktbeseitigung durch alternative Streitbeilegung, VW 1998, 56.

[223] Krapp, Modelle zur alternativen Konfliktlösung an amerikanischen Zivilgerichten, ZRP 1994, 115; Weigand, Alternative Streiterledigung „Alternative Dispute Resolution" auch in Deutschland?, BB 1996, 2106.

[224] siehe dazu E. I. 7. a).

[225] Hager, Konflikt und Konsens, S. 14 ff..

[226] Hoffmann - Riem, Konfliktbewältigung in einer angebotsorientierten Rechtsschutzordnung, ZRP 1997, 190, 192.

a) conciliation / mediation

Die Begriffe mediation und conciliation werden oftmals nicht deutlich voneinander unterschieden[227]. Beide Termini beschreiben eine Konfliktbehandlungsmethode, bei welcher eine dritte, neutrale Person zur Vermittlung in Zwei- oder Mehrparteienkonflikten eingeschaltet wird, ohne daß dieser Schlichtungsperson eine Entscheidungsbefugnis zusteht. Ziel einer Mediationsverhandlung ist ein konfliktbeendender Vergleich der Parteien. Die Befugnisse des Mediators sowie die Ausgestaltung des Verfahrens sind sehr verschieden. So ist es dem Mediator teilweise verwehrt, mit eigenen Vorschlägen aktiv auf eine konkrete Lösung hinzuwirken, in einigen Fällen wird genau dies von ihm erwartet[228]. Breidenbach[229] unterscheidet fünf Grundausrichtungen der Mediation: das Reconciliation - Projekt[230], das Social - Transformation - Projekt[231], das Service - Delivery - Projekt[232], das Individual - Autonomy - Projekt[233] und das Access - To -Justice - Projekt[234].

b) mini - trial

Ziel des mini - trial ist es, in einem möglichst frühem Stadium des Konfliktes eine wirtschaftlich vernünftige Lösung zu finden. Weigand[235] bezeichnet das mini - trial als „förmlichere, spezielle Art der Mediation". Es handelt sich um eine

227 Siehe z.B. Weigand, Alternative Streiterledigung „Alternative Dispute Resolution" auch in Deutschland?, BB 1996, 2106, 2107.

228 Weigand, Alternative Streiterledigung „Alternative Dispute Resolution" auch in Deutschland?, BB 1996, 2106, 2107.

229 Breidenbach, Mediation, S. 212 ff.

230 Die Versöhnung der Parteien und die Wahrung der guten Beziehungen steht im Vordergrund dieser Spielart der Mediation.

231 Es werden hier über den konkreten Konflikt hinaus soziale bzw. gesellschaftliche Aspekte betrachtet. Häufigster Anwendungsfall dieser Grundausrichtung der Mediation sind Konflikte innerhalb eines Wohnbezirkes.

232 Bei Mediationsverfahren mit dieser Ausrichtung werden die Vorteile einer außergerichtlichen Einigung betont. Die Parteien werden auf die Kosten, die Dauer, den ungewissen Ausgang sowie die nichtmonetären Unannehmlichkeiten eines gerichtlichen Verfahrens hingewiesen.

233 Bei dieser Variante steht der Gedanke der Selbstbestimmung im Vordergrund. Die Möglichkeiten des Mediators sind daher begrenzt. Die privatautonome Gestaltung der Zukunft der Parteien wird angestrebt.

234 Dieser Ansatz betont den Zugang zum „Recht" durch Schlichtungsstellen. Bei einer vielzahl von Konflikten lohnt es sich für die Parteien nicht, das Justizsystem zu nutzen - die Streitbeilegungsverfahren bieten in solchen Fällen das einzige Forum zur Konfliktbehandlung.

235 Weigand, Alternative Streiterledigung „Alternative Dispute Resolution" auch in Deutschland? BB 1996, 2106, 2107.

private Vergleichskonferenz, welche aus einer Darstellung von Argumenten und Beweisen durch die Anwälte der Beteiligten gegenüber einem neutralen Dritten besteht. Die Erläuterung der jeweiligen Ansichten ist regelmäßig auf maximal zwei Tage beschränkt. Wichtig ist, daß die Parteien, bzw. hochrangige Vertreter der Geschäftsleitung beider Seiten, selbst anwesend sind. Bei fehlender Einigungsbereitschaft der Beteiligten kommt der Schlichtungsperson die Aufgabe zu, einen Entscheidungsvorschlag zu unterbreiten. Die Möglichkeit einer für die Parteien bindenden und vollstreckbaren Entscheidung im Sinne eines Schiedsspruches besteht jedoch nicht.

c) summary jury trial

Die Verfassungen der amerikanischen Einzelstaaten sowie die Bundesverfassung garantieren das Recht auf ein Jury Trial, auch in Zivilverfahren[236]. In zivilrechtlichen Angelegenheiten wird zwar häufig auf die Jury verzichtet, es besteht jedoch für die Parteien die Möglichkeit, auf die Durchführung eines Juryverfahrens zu bestehen. Das Juryverfahren ist ein sehr aufwendiges Verfahren, in dem zwölf Laien die Tatsachen (insbesondere Glaubwürdigkeiten) zu beurteilen haben und der Richter das Recht auf diese Tatsachen anzuwenden hat. Der summary jury trial ist ein gestraftes, verkürztes Juryverfahren. Die Parteien bzw. ihre Anwälte tragen einem kleinen Kreis von Laienrichtern die Tatsachen, Beweise und rechtlichen Argumente vor. Nach einer kurzen mündlichen Verhandlung teilt ihnen die jury ihre Bewertung des Falles mit. Durch dieses simulierte Geschworenenverfahren wissen die Parteien die voraussichtliche Entscheidung der jury im Gerichtsverfahren. Sie können sich in ihrer anschließenden Vergleichsverhandlung an der Auffassung der fingierten jury anlehnen.

d) neutral evaluation

Im Verfahren der neutral evaluation geben die Parteien gegenüber einem neutralen Dritten eine kurze und vertrauliche Darstellung des Sachverhalts und ihrer Rechtsansichten. Der Dritte teilt dann den Parteien seine Einschätzung der Stärken und Schwächen der jeweiligen Positionen mit. Die Beurteilung des Dritten (agent of reality) soll den Parteien die weiteren Verhandlungen zur Beilegung des Konfliktes erleichtern.

e) multidoor courthouse

Eine Synthese der eben vorgestellten alternativen Konfliktbehandlungsmethoden und der herkömmlichen richterlichen Rechtsfindung wurde im Jahr 1976 vom

---

[236] Fulda, Einführung in das Recht der USA, S. 20.

Rechtsgelehrten Sander gefordert. Er stellte auf einer Tagung in Saint Paul / Minnesota seine Vision eines multidoor - courthouses vor. Auf dieses Konzept wird unter dem Gliederungspunkt F. II. 7. a) cc) ausführlich eingegangen.
Wenn eine Klage bei Gericht anhängig ist, sollen nach diesem Konzept zunächst die schlichtungsgeeigneten Fälle herausgefiltert werden. Diese Fälle werden dem für sie tauglichsten Verfahren zugeführt. Es wird so weitestgehend gewährleistet, daß jeder Fall das geeignete Forum findet. Die Entscheidung, welcher Fall an welches Streitbeilegungsverfahren verwiesen wird, trifft ein Screener, bzw. eine screening conference[237].

In Amerika hat sich somit eine große Bandbreite von Konfliktlösungsmethoden entwickelt, die als Alternative zu dem klassischen Gerichtsverfahren sehr erfolgreich praktiziert werden. Die Vielfalt der Angebote in Amerika kann in Deutschland als Vorbild genommen werden. Die Eingliederung der Verfahren in den deutschen Zivilprozeß erfordert aber eine Anpassung an die Situation der deutschen Justiz[238] und die deutsche Mentalität[239].

2. *Außergerichtliche Streitschlichtung in Frankreich*

a) Juges de Paix

In Frankreich hat die außergerichtliche Streitschlichtung ebenso wie in Deutschland eine lange Tradition. Vorläufer heutiger Schlichtungsinstanzen waren die Friedensrichter (Juges de Paix), die vom Gesetzgeber der französischen Revolution im Jahre 1790 eingeführt wurden[240]. Die Streitschlichtung entsprach dem damaligen Geist der Revolution. Voltaire hat sich 1745 in einem Brief zur Streitschlichtung geäußert und auf das holländische Recht Bezug genommen: „La meilleure loi, le plus excellent usage, le plus utile que j'ai vu, c'est en Hollande. Quand deux hommes veulent plaider l'un contre l'autre, ils sont obligés d'aller d'abord au tribunal des juges conciliateurs, appelés faiseurs de paix. Si les parties arrivent avec un avocat ou un procureur, on fait d'abord retirer ces derniers, comme on ôte le bois d'un feu qu'on veut éteindre. Les faiseurs de paix disent aux parties: vous êtes de grands fous de vouloir manger votre argent à vous rendre mutuellement malheureux. Nous allons vous accommoder sans qu'il vous coûte rien. Si la rage des chicanes est trop forte dans ces plaideurs, on les remet à un autre jour, afin que le temps adoucisse les symtômes de leur maladie. Ensuite les juges les renvoient chercher une seconde, une troisième fois. Si leur

---

[237] Zu den Stärken und Schwächen des multidoor - courthous Konzepts siehe unter F. II. 7. a) cc).

[238] Siehe dazu E. I. 7..

[239] Siehe dazu E. I. 10..

[240] Mencher, Conciliateur de justice - Schiedsamt in Frankreich, SCHS - ZTG 1998, 113.

folie est incurable, on leur permet de plaider, comme on abandonne à l'amputation des chirurgiens des membres gangrenés; alors la justice fait sa main"[241].

Aufgrund der zunehmenden Verkomplizierung des Rechtes durch die Wandlung Frankreichs von einer Agrargesellschaft hin zu einem Industriestaat nahm die Kritik an der Arbeit der Friedensrichter zu. Die Praktiker kritisierten eine Verlangsamung der Prozesse durch erfolglose Schlichtungsversuche. Das Institut des Friedensrichters wurde folglich im Jahre 1958 abgeschafft[242]. Es wurde, gleichsam als Ersatz für die Friedensrichter, zur generellen Aufgabe der Richter, während der Gerichtsverhandlung Streitschlichtung zu betreiben (Art. 127 - 131 und 767 - 768 Nouveau Code de Procédure Civile). Dieser Schlichtungsauftrag wurde von den Richtern jedoch nicht ernst genommen. Sie sahen ihre Aufgabe darin, zu richten und nicht zu Schlichten[243].

b) Conciliateurs de Justice

Da die Streitschlichtung durch die Richter lediglich verhaltenen Erfolg hatte, wurde 1978, also 20 Jahre nach der Abschaffung der Friedensrichter, das Amt des conciliateurs (Schiedsmanns) ins Leben gerufen[244]. Die Streitschlichter hatten keinerlei Entscheidungsbefugnis. Ihre Aufgabe war es, „außerhalb jeglicher gerichtlicher Prozeßverhandlung ein für beide Parteien annehmbares Ergebnis zu finden" (Art. 1).

Zur gleichen Zeit wurden durch das sog. Quilliot - Gesetz[245] im Mietrecht den Vertragsparteien eine obligatorische Streitschlichtungsinstanz vorgeschrieben.

---

[241] Martin, Quand le grain ne meurt..., de conciliation en médiation, La Semaine Juridique (JCP) 1996, 439, 440. „Das beste, nützlichste und effektivste Gesetz, das ich kenne, gibt es in Holland. Wenn sich zwei Personen gegenseitig verklagen wollen, sind sie verpflichtet, zuvor zum Streitschlichter bzw. zum sog. Friedensstifter zu gehen. Wenn die Parteien mit einem Anwalt oder einem Staatsanwalt auftreten, müssen sich letztere wieder entfernen – wie man das Holz beseitigt, wenn man ein Feuer löschen will. Die Friedensstifter sagen zu den Parteien: Ihr seid dumm, weil ihr euer Geld essen wollt, um euch gegenseitig unglücklich zu machen. Wir werden euch helfen, euch zu einigen, ohne daß es euch etwas kostet. Wenn die Wut unter den Parteien zu groß ist, wird ihre Streitigkeit vertagt, damit die Zeit ihre Krankheit heilt. Dies geschieht ein zweites Mal und auch ein drittes Mal. Wenn ihre Dummheit jedoch unheilbar ist, wird ihnen erlaubt zu klagen - wie man Chirurgen kranke Körperteile zur Amputation überläßt; man überlässt sie der Justiz."

[242] Mencher, Conciliateur de justice - Schiedsamt in Frankreich, SCHS - ZTG 1998, 113.

[243] Martin, Quand le grain ne meurt..., de conciliation en médiation, La Semaine Juridique (JCP) 1996, 439, 440.

[244] Le décret n° 78 - 381 du 20 mars 1978.

[245] La loi n° 82 - 526 du 22 juin 1882.

Wegen vermeidlicher Prozeßverzögerung blieb der Erfolg dieses Gesetzes bescheiden[246].
Nachdem das Amt des conciliateurs mehrfach überarbeitet worden war[247] betrat der französische Gesetzgeber durch das Gesetz vom 08. Februar 1995 Neuland. Durch eine Änderung der Art. 829 - 831 NCPC (Nouveau Code de Procédure Civile) wurde eine Verweisung der Parteien an einen Schlichter ermöglicht.
In zivilrechtlichen Verfahren vor den Amtsgerichten (Tribunal d'Instance[248]) kann sich der Kläger danach entscheiden, ob er sofort in das streitige Verfahren einsteigen oder zunächst außergerichtliche Streitschlichtung versuchen will (Art. 829 NCPC[249]). Erforderlich ist nach Art. 830 NCPC ein Antrag des Klägers[250]. Es ist dem Richter verwehrt den Rechtsstreit von Amts wegen an eine Schlichtungsstelle zu verweisen. Nach der entsprechenden Antragstellung hat der Amtsrichter die Möglichkeit das Schlichtungsverfahren selbst durchzuführen oder er verweist den Rechtsstreit an eine Schlichtungsperson (Art. 831 NCPC[251]). Beabsichtigt der Richter eine Verweisung, teilt er diesen Beschluß den Parteien mit. In dem Beschluß wird darauf hingewiesen, daß bei fehlender Zustimmung beider Parteien ein Verfahren vor einer Schlichtungsperson nicht möglich ist und der Richter in diesem Fall das Schlichtungsverfahren selbst durchführen wird. Die Parteien haben eine Entscheidungsfrist von zwei Wochen (Art. 832-1 NCPC). In den Art. 832-2 - 835 NCPC ist das Verfahren genau geregelt. Das Verfahren ist auf einen Monat mit einmaliger Verlängerungsmöglichkeit begrenzt. Im Falle einer Einigung der Parteien wird diese in einer vom Schlichter erstellten Vereinbarung schriftlich festgehalten. Dieser vom Schlichter protokollierte Vergleich kann auf Antrag vom Richter mit einer Vollstreckungsklausel versehen werden. Ausdrücklich geregelt wurde, neben den zulässigen Beweismitteln im Schlichtungsverfahren, insbesondere die Wahrung der Vertraulichkeit der Güteverhandlung. So dürfen nach Art. 832-9 NCPC die Feststellungen der Schlichtungsperson und die Erklärungen der Beteiligten ohne das Einverständnis der Parteien weder im fortlaufenden Prozeß, noch im Rahmen einer anderen Instanz verwendet werden.

---

246 Martin, Quand le grain ne meurt..., de conciliation en médiation, La Semaine Juridique (JCP) 1996, 439, 440.

247 Zur Entwicklung des „conciliateur" zum „conciliateur honoraire" und schließlich zum „conciliateur de justice" siehe Mencher, Conciliateur de justice - Schiedsamt in Frankreich, SCHS - ZTG 1998, 114 f..

248 Der amtsgerichtliche Zvilprozeß hat in Frankreich einen ähnlichen Zuständigkeitsbereich wie im deutschen Recht (bis 30.000,- Frs sowie einige Sonderzuständigkeiten).

249 Art. 829 NCPC: „Die Rechtshängigkeit entsteht durch Vorladung mit dem Ziel der Streitschlichtung oder des Urteilsspruchs.....".

250 Art. 830 NCPC: „Der Antrag auf Streitschlichtung hat mündlich oder schriftlich beim Gerichtsdiener einzugehen.".

251 Art. 831 NCPC: „Der Schlichtungsversuch kann durch den Richter selbst oder durch einen Streitschlichter unternommen werden,....".

c) Médiation

Seit 1996 ist in Frankreich auch die Verweisung der Parteien an eine Schlichtungsperson während eines laufenden Prozesses möglich. Das Dekret vom 22. Juli 1996 hat zum 1. Buch des NCPC einen Titel VIa hinzugefügt (im Titel VI, der die Art. 127 - 131 umfaßt, ist die richterliche Streitschlichtung innerhalb der Verhandlung geregelt); der neue Titel VIa umfaßt die Art. 131-1 bis 131-15. Der Zivilrichter kann danach das Verfahren jederzeit aussetzen, und an eine Gütestelle verweisen. Das Schlichtungsverfahren ist zeitlich auf drei Monate begrenzt. Auch im Falle der médiation geht man in Frankreich davon aus, daß die Geheimhaltung der Verhandlung unabdingbar für deren Erfolg ist[252]. aus diesem Grund bestimmt Art. 131-14 NCPC in Anlehnung an Art. 832-9 NCPC, daß die erlangten Informationen aus der Schlichtungsverhandlung weder im laufenden Prozeß noch in einem späteren Verfahren Verwendung finden dürfen.

Im modernen französischen Zivilprozeß ist die konsensuelle Streitbeilegung demnach bereits stärker integriert als dies in Deutschland der Fall ist. Eine obligatorische Verweisung einer Rechtsstreitigkeit an eine außergerichtliche Schlichtungsstelle ist aber gegen den Willen einer beteiligten Partei nicht möglich.

D. Die rechtliche Zulässigkeit außergerichtlicher Schlichtungsverfahren in Streitigkeiten der Zivilgerichtsbarkeit

Es wird im weiteren Gang der Untersuchung[253] gezeigt werden, daß die Güteverfahren Zielen dienen, denen die Anerkennung nicht versagt werden sollte. Oftmals wird versucht, diese Ziele durch eine obligatorische Ausgestaltung des Schlichtungsverfahrens zu erreichen. Der Zugang zu den Gerichten wird damit über die von den Prozeßordnungen aufgestellten Voraussetzungen hinaus beschränkt, indem die Klage von der Durchführung des Schlichtungsverfahrens abhängig wird. Die Durchführung des Schlichtungsverfahrens ist in diesen Fällen eine Zulässigkeitsvoraussetzung für den Zivilprozeß.

---

[252] „La condition première pour que des personnes en litige acceptent d'entrer en négociation réside dans le secret de la teneur des pourparlers à l'egard du juge, en cas d'échec.“ Martin, Quand le grain ne meurt..., de conciliation en médiation, La Semaine Juridique (JCP) 1996, 439, 442.

[253] Die rechtspolitische Rechtfertigung der alternativen Streitbeilegungsmethoden wird ausführlich im Abschnitt E. betrachtet.

Diese Tatsache legt es nahe, zunächst nach der rechtlichen Zulässigkeit zwingender Güteverfahren zu fragen. Es soll daher im folgenden untersucht werden, inwieweit die obligatorischen außergerichtlichen Schlichtungsverfahren in Streitigkeiten der Zivilgerichtsbarkeit mit dem Grundgesetz und dem einfachen Gesetzesrecht vereinbar sind. Dabei gilt es zu unterscheiden, ob der Zwang auf Gesetz (I.) oder auf Vertrag (II.) beruht. Bei den vertraglich vereinbarten Güteverfahren ist insbesondere die Zulässigkeit einer solchen Vereinbarung in allgemeinen Geschäftsbedingungen (AGB`s) zu überprüfen.

I. Die Verfassungsmäßigkeit der durch den Gesetzgeber zwingend vorgeschriebenen Güteverfahren

1. Die verfassungsrechtliche Gerichtsschutzgarantie[254]

In verfassungsrechtlicher Hinsicht ist zunächst problematisch, ob die Vorverfahrensregelungen, soweit sie den Zugang zu den Gerichten beschränken, den verfassungsrechtlichen Gerichtsschutzgarantien genügen.
Das Grundgesetz enthält mehrere ausdrückliche Gerichtsschutzgarantien: So in Art. 14 III GG für Ansprüche auf Enteignungsentschädigung[255], in Art. 34 GG für Staatshaftungsansprüche[256] und in Art. 19 IV GG für die Abwehr von Maßnahmen der öffentlichen Gewalt[257].
Streitig ist, ob über diese speziellen Garantien hinaus eine allgemeine verfassungsrechtliche Garantie auf umfassenden Rechtsschutz besteht. Einige Autoren lehnen eine solche Garantie ab[258]. Diese Auffassung wird vor allem mit dem Umkehrschluß aus Art. 19 IV GG begründet[259]. Die h.M. bejaht eine allgemeine verfassungsrechtliche Gerichtsschutzgarantie, wenn auch mit unterschiedlicher Begründung. Baur[260] stützt sich auf Art. 103 I GG, die überwiegende Mehrheit

---

[254] Zum Begriff siehe Maunz / Dürig / Herzog / Scholz, Grundgesetz, Art. 92, Rnd. 36.

[255] BVerfGE 35, 348 ff., 361; Schmidt - Bleibtreu / Klein, Grundgesetz, Art. 14, Rnd. 22.

[256] Schmidt - Bleibtreu / Klein, Grundgesetz, Art. 34, Rnd. 11.

[257] Schmidt - Bleibtreu / Klein, Grundgesetz, Art. 19, Rnd. 16 ff.

[258] z.B. Lerche, Zum Anspruch auf rechtliches Gehör, ZZP 1965, 1, 6 ff.

[259] Lerche, a.a.O.: „....weil Art. 19 IV GG ausdrücklich nur Gerichtsschutz gegenüber Akten öffentlicher Gewalt garantiert, gerade weil Art. 19 IV GG die zivile Sphäre nicht einbezieht, muß die Lücke bleiben und kann nicht angenommen werden, daß dieser offene Rest in Art. 103 I GG hineingetan werden kann.".

[260] Baur, Der Anspruch auf rechtliches Gehör, AcP 1954, 393, 398.

beruft sich jedoch auf das Rechtsstaatsprinzip in Verbindung mit den Einzelgrundrechten[261].
Für das hier dargestellte Problem kann diese Frage jedoch offen bleiben, da vorgerichtliche Güteverfahren sowohl mit den speziellen Rechtsweggarantien vereinbar sind, die das Grundgesetz ausdrücklich gewährt, als auch mit der von der h.M. bejahten allgemeinen verfassungsrechtlichen Rechtschutzgarantie. Die Garantien besagen nämlich lediglich, daß der Richter in einem Rechtsstreit das „letzte" Wort haben muß, sie sichern den Gerichten nicht bereits das „erste" Wort zu[262]. Garantiert ist also nur, daß dem Richter die endgültige Entscheidung vorbehalten ist. Die Garantien stehen somit nicht Bestimmungen entgegen, wonach die Gerichte erst nach Durchführung eines Vorverfahrens angerufen werden können[263].

2. *Vereinbarkeit mit Art. 92 GG*

Problematischer ist die Vereinbarkeit außergerichtlicher Vorverfahren mit Art. 92 1. HS GG, wonach die rechtsprechende Gewalt den Richtern anvertraut ist.

a) Problemstellung

Keine Probleme bereiten obligatorische Verfahren, die *lediglich* auf Vermittlung abzielen, bei denen die Gütestelle keinerlei Wirkungen auf den weiteren Gang der Konfliktserledigung hat. Solche Verfahren sind z.B. das Güteverfahren im arbeitsgerichtlichen Prozeß erster Instanz, das notarielle Vermittlungsverfahren nach dem Sachenrechtsbereinigungsgesetz sowie die außergerichtliche Schuldenbereinigung nach § 305 I Nr.1 InsO. Dies gilt auch dann, wenn die Vorverfahrensstelle einen förmlichen Einigungsvorschlag unterbreitet, diesem aber nur dann Wirkung zukommt, wenn die Parteien ihn zum Inhalt eines Vergleichs machen.
Es fehlt in beiden Fällen das Element der Entscheidung. Entscheidung (im Sinne der durch Art. 92 GG den Richtern anvertrauten Rechtsprechung) ist die antragsabhängige, funktional letztverbindliche Erkenntnis dessen, was positiv rechtens

---

[261] Rosenberg / Schwab / Gottwald, Zivilprozeßrecht § 3 I S. 14; Stadler, Außergerichtliche obligatorische Streitschlichtung - Chance oder Illusion, NJW 1998, 2479 m.w.N., sie weist darauf hin, daß dieser Justizgewähranspruch auch in Art. 6 EMRK seinen Niederschlag gefunden hat.

[262] Maunz / Dürig / Herzog / Scholz, Grundgesetz, Art. 92, Rnd. 39.

[263] für die verwaltungsgerichtlichen Vorverfahren siehe BVerfGE 8, 240, 246; 9, 194, 199; 35, 35, 72; 40, 237, 256; für das Vorverfahren im Kleingartenpachtrecht nach der Kündigungsschutzverordnung (KSchVO) siehe BGHZ 32, 1, 5; für die Vorverfahren bei Enteignungsentschädigungsverfahren siehe BVerfGE 8, 240, 246; BGHZ 32, 338, 343.

ist, durch einen neutralen Dritten[264]. Bei den genannten Fällen liegt vielmehr nur eine Beratung oder ein Rechtsgutachten vor. Für die Rechtsberatung besteht freilich kein Monopol des Richters, sie obliegt auch - und vor allem - den Rechtsanwälten[265].
Einzig die Weiterverwertung von Beweismitteln im Prozeß könnte in diesen Verfahren gegen das Rechtsprechungsmonopol der Richter verstoßen. Zur Rechtsprechung i.S.d. Art 92 GG gehören, neben der Anwendung von Normen auf einen konkreten Sachverhalt im Sinne einer verbindlichen Entscheidung des Einzelfalls, auch alle diese Entscheidung vorbereitenden gerichtlichen Handlungen, insbesondere die Ermittlung des maßgeblichen Sachverhalts, also die selbständige Beweiserhebung[266].

Unter den Schlichtungsverfahren befinden sich aber auch solche, die im Ergebnis „Klagefristen" für die Einleitung des eventuell nachfolgenden Prozesses in Lauf setzen, weil sie mit einer Entscheidung enden, die ohne weitere Erklärung der Beteiligten nach Fristablauf verbindlich wird[267].
Im Fall der Untätigkeit beider Parteien wäre der Spruch der Schlichtungsstelle dann die Entscheidung von bürgerlichen Rechtsstreitigkeiten, also rechtsprechende Gewalt im Sinne von Art. 92 GG. Diese Tätigkeit soll aber nach Art. 92 1. HS GG den Richtern anvertraut sein.

b) Eingriff in das Rechtsprechungsmonopol des Richters

Ein Eingriff in das Rechtsprechungsmonopol des Richters könnte durch eine Parallele zu den unteren Gerichten begründet werden. Die Entscheidungen dieser Gerichte können grundsätzlich (ebenso wie der Schlichterspruch) innerhalb der Rechtsmittelfrist durch die Rechtsmittelgerichte voll überprüft werden. Die Entscheidungen könnten insofern „unverbindlich" sein. Dennoch behauptet niemand, die unteren Gerichte übten keine Rechtsprechung aus.

---

264 BVerfGE 60, 165, 214; von Münch / Kunig, Grundgesetz, Meyer, Art. 92, Rnd. 7.

265 vgl. das Rechtsberatungsgesetz.

266 siehe dazu unter F. II. 4. d) m.w.N.

267 z.B. das verbindliche Einigungsstellenverfahren nach § 76 BetrVG, das Schlichtungsverfahren nach dem Bundesjagdgesetz i.V.m. den landesrechtlichen Ausführungsgesetzen, das Schlichtungsverfahren nach dem Arbeitnehmererfindungsrecht; Im allgemeinen sind Klagefristen nur vorgesehen, wenn das Vorverfahren mit einem „Spruch" endet. Dies ist aber nicht stets der Fall, die Feststellung, des Gremiums, daß der Güteversuch gescheitert sei, setzt z.B. im Nordrhein - Westfälischen jagdrechtlichen Vorverfahren eine Klagefrist in Gang (§ 38 nwLJG).

Die Verbindlichkeit des Richterspruchs beruht darauf, daß er feststellt, was „positiv rechtens" ist[268]. Der Spruch der Gütestelle dagegen ist seinem Wesen nach ein Einigungsvorschlag, der keinen Anspruch darauf erhebt, die Rechtslage richtig zu beurteilen. Wenn er verbindlich wird, dann beruht das primär darauf, daß die Rechtsordnung unterstellt, die Parteien billigten den Vorschlag und wollten sich auf seiner Grundlage einigen. Das kommt besonders deutlich beim Schlichtungsverfahren des ArbEG zum Ausdruck. § 34 ArbEG bestimmt, daß der Spruch als angenommen und eine dem Inhalt des Vorschlags entsprechende Vereinbarung als zustande gekommen gilt, wenn die Parteien nicht binnen einer bestimmten Frist Widerspruch einlegen[269]. Letztlich unterscheidet sich der Einigungsvorschlag, der verbindlich werden kann, aber nur unwesentlich von dem absolut unverbindlichen Einigungsvorschlag, wie er im UWG oder einigen Mediationsverfahren vorgesehen ist. *Alle* im Schlichtungsverfahren ergehenden Sachentscheidungen zielen auf einen *gütlichen* Ausgleich ab. Ihr Zweck ist zu vermitteln und nicht festzustellen was rechtens ist. Deshalb stellen alle „Sachentscheidungen" der Gütestellen keine Rechtsprechung im materiellen Sinne dar.

Als Ergebnis bleibt festzustellen, daß außergerichtliche Vorverfahren auch wenn sie zwingend vorgeschrieben sind und mit einer Entscheidung der Schlichtungsstelle enden, welche verbindlich wird, wenn sie nicht innerhalb einer bestimmten Frist angegriffen wird, verfassungsmäßig sind.

II. Die Zulässigkeit vertraglicher (bindender) Schlichtungsvereinbarungen

1. In Individualvereinbarungen

Der von einer Partei, *nach* Entstehung des Konflikts, unterbreitete Vorschlag, eine außergerichtliche Streitschlichtung zu versuchen, wird in der Regel von der Gegenpartei als Schwäche angesehen[270]. Dementsprechend werden Schlichtungsverfahren, wenn der Konflikt sich bereits anbahnt, lediglich mit Bedenken vorgeschlagen und durchgeführt. Wenn hingegen im Vertrag bereits vor Entstehung einer Kontroverse eine Güteklausel vereinbart wurde, dann weckt die Einleitung eines Schlichtungsverfahrens nicht den Anschein des mangelnden Vertrauens in die eigene Rechtsposition. Die rechtliche Zulässigkeit der Aufnahme einer zwingenden Güteklausel in den Vertrag soll daher im folgenden untersucht werden.
Gemäß §§ 305, 397 BGB steht es den Vertragsparteien frei, eine vertraglich begründete Verbindlichkeit, auch durch Absprache, wieder aufzuheben. Dement-

[268] BVerfGE, 60, 165, 214; Münch / Kunig, Grundgesetz, Meyer, Art. 92, Rnd. 7.

[269] ähnlich § 18 Nr. 2 S.3 VOB / B.

[270] Leeb, Entlastung der Justiz - Notwendigkeit, Gefahren, Chancen, BB 1998, Beilage 10, 3, 4.

sprechend sind die Rechtsprechung und die h.L. im Schrifttum der Auffassung, daß die Parteien auch den Ausschluß bzw. die Beschränkung der Klagbarkeit, d.h. die Verpflichtung zur Durchführung eines Schlichtungsverfahrens als ein minus zur Aufhebung, vertraglich vereinbaren können[271].
Die Klagbarkeit ist Prozeßvoraussetzung, die Klage ist bei ihrem Fehlen als unzulässig durch ein Prozeßurteil abzuweisen[272]. Die vertragliche Vereinbarung einer zwingenden Güteklausel wäre danach, unabhängig von der Ausgestaltung des Schlichtungsverfahrens, zulässig.
Prütting[273] hält die Argumentation der h.M. für nicht haltbar. Das argumentum a miore ad minus sei nicht zulässig, weil das „minus" durch seine Ausgestaltung von einer besonderen unverzichtbaren Qualität sei, die auch dann nicht beiseite geschoben werden dürfe, wenn man auf das „maius" verzichten kann. Es könne dann jedermann auf die zwingenden verfassungsrechtlichen Mindestgarantien (wie z.B. rechtliches Gehör, gesetzlicher Richter, Neutralität und Unabhängigkeit des Richters, faires Verfahren) verzichten, denn er könnte nach der h.M. ja auch auf das weitergehende, also den gesamten Prozeß, verzichten. Nach dieser Meinung kann eine zwingende Güteklausel lediglich dann wirksam vereinbart werden, wenn gewährleistet ist, daß im Schlichtungsverfahren die verfahrensrechtlichen Mindestgarantien beachtet werden.
Diese neben Prütting auch von Greger[274] vertretene Auffassung stützt sich auf eine Parallele zum Schiedsvertrag. Die Regelungen des Schiedsverfahrens nach der ZPO sichern verfahrensrechtliche Mindestgarantien, so in den §§ 1034 ff, 1042 I ZPO die Neutralität des Schiedsrichters, die Gleichbehandlung der Parteien und den Anspruch auf rechtliches Gehör.
Bei der Entscheidung dieser Frage ist freilich zu bedenken, daß infolge einer Schiedsvereinbarung die Klagbarkeit auf Dauer ausgeschlossen ist, also das Schiedsgericht anstatt des staatlichen Gerichts tätig wird. Demgegenüber führt eine Güteklausel nur zu einer temporären Beschränkung der Klagbarkeit. Im Gegensatz zum Schiedsverfahren wird im Güteverfahren kein urteilsgleicher Schiedsspruch von einem Dritten gefällt. Es besteht auch kein Zwang und keine Pflicht, sich zu einigen, und das Recht, die staatliche Gerichtsbarkeit anzurufen, bleibt grundsätzlich unberührt. Aufgrund dieser prinzipiellen Unterschiede kann

---

[271] OLG Celle, NJW 1971, 288, 289 mit Nachweisen der Rechtsprechung bis dahin; BGH, ZZP 1986, 90, 92; BGH FamRZ 1982, 784 ff.; BGH NJW 1977, 2263 ff.;Baumbach / Lauterbach / Albers / Hartmann, ZPO, Grundzüge vor § 253 Rnd. 29; Stein / Johnas, Schumann, vor § 253 Rnd. 90.

[272] siehe für alle Baumbach / Lauterbach / Albers / Hartmann, a.a.O., Rnd. 25.

[273] Prütting, Anmerkung zu BGH ZZP 1986, 90 ff., ZZP 1986, 93, 97.

[274] Zöller, ZPO, Greger, vor § 253 Rnd. 19.

die Forderung der Mindermeinung, nach einer besonderen Verfahrensausgestaltung, nicht mit einem Verweis auf die Schiedsvorschriften begründet werden. Andererseits werden Schuldaufhebungs- und Schulderlaßverträge, auf deren Existenz die h.M. ihre Argumentation stützt, erst nach Begründung der Forderung geschlossen. Mit diesen sind daher keine Gütevereinbarungen zu rechtfertigen, die bereits vor Wahrnehmung des Konfliktes geschlossen wurden, so daß die Begründung dieser Meinung ebenfalls nicht gänzlich zu überzeugen vermag.
M.E. ist dennoch kein Grund dafür ersichtlich, Verfahrensgarantien als Bedingung für die Zulässigkeit bindender Schlichtungsvereinbarungen zu fordern. Die Gefahren von Güteverhandlungen[275], z.B. durch Rechtsverlust als Folge von Zeitablauf, sind nicht so erheblich. Schlichtungsverhandlungen führen zwar nach dem geltenden Recht grundsätzlich nicht zu einer Unterbrechung der Verjährung[276], dem Gläubiger wird jedoch bei Verhandlungen bis zu dem Eintritt der Verjährung regelmäßig gegenüber der Verjährungseinrede der Einwand der unzulässigen Rechtsausübung gewährt und eine Nachfrist eingeräumt[277].
Als weiterer Grund inhaltliche Anforderungen an die vereinbarte Güteverhandlung zu stellen, wird die mit dem Zeitablauf verbundene Vergrößerung des Insolvenzrisikos genannt.[278] Mit der Wahl des Schuldners trägt der Gläubiger auch dessen Insolvenzrisiko. Im Hinblick auf die beabsichtigte kurze Dauer von Schlichtungsverfahren ist darin grundsätzlich kein Grund zu sehen, inhaltliche Voraussetzungen an das Schlichtungsverfahren zu stellen. Außerdem kann der Erhöhung des Insolvenrisikos durch verfahrensrechtliche Mindestgarantien nicht begegnet werden.
Die Gefahr von Schlichtungsverfahren liegt vielmehr in der Möglichkeit, erheblichen Verhandlungs- und Einigungsdruck aufzubauen und diesen dann auszunutzen. Dem könnte zwar durch rechtsstaaliche Verfahrensbedingungen entgegengetreten werden, wobei dann aber Prozesse geführt werden müßten, die nur den Zweck haben, die Ausgestaltung von Schlichtungsverfahren zu überprüfen[279]. Falls sich in einem solchen Prozeß herausstellte, daß die vertragliche Schlichtungsvereinbarung wirksam die Klagbarkeit einschränkt, weil das Verfahren den Anforderungen entspricht, das Schlichtungsverfahren aber dann nicht zu einer

---

275 Die Risiken von vorgerichtlichen Güteverfahren werden in dieser Untersuchung unter F. II. ausführlich dargestellt.

276 Die Ausnahme bilden Schlichtungsstellen i.S.d. § 794 I Nr. 1 ZPO.

277 RGZ 57, 372, 376; 64, 220, 222 f.; BGHZ 9, 1, 5; BGH NJW 1991, 974, 975; Erman, BGB,Werner, § 242 Rnd 156; siehe auch die Ausführungen unter F. II. 2. a). Eine Gefahr des Rechtsverlustes besteht lediglich bei obligatorischen Schlichtungsverfahren, die vor einer Gütestelle stattfinden, die nicht durch die jeweilige Landesjustizverwaltung eingerichtet oder anerkannt wurde.

278 Prütting, Anmerkung zu BGH ZZP 1986, 90 ff., ZZP 1986, 93, 97.

279 Beispielsweise BGH NJW 1984, 669 ff. = BGH ZZP 1986, 90 ff.

Einigung führte, könnte anschließend in der Hauptsache wieder der Instanzenzug ausgeschöpft werden. Die Folge wäre eine Mehrbelastung der Gerichte und eine Verzögerung der Rechtsdurchsetzung. Aus diesem Grund sind für die *Zulässigkeit* bindender Schlichtungsvereinbarungen keine besonderen Verfahrensvoraussetzungen zu fordern[280]. Eine ganz andere Frage ist, welcher Verfahrensvoraussetzungen ein erfolgreiches Schlichtungsverfahren bedarf. Darauf wird an späterer Stelle einzugehen sein[281]. Zur Vermeidung des Aufbaus und Ausnutzens von Verhandlungs- und Einigungsdruck ist im Rahmen der Schlichtungsklausel eine Hinweispflicht auf das Recht ausreichend, jederzeit die Verhandlungen abbrechen zu können. Zur Verstärkung des Schutzes ist für die Belehrung die Form von § 361a I S.3, 4 BGB geeignet und ausreichend.

2. In Allgemeinen Geschäftsbedingungen

Die vertragliche Vereinbarung der zeitweiligen Unklagbarkeit zum Zwecke eines Schiedsversuches vor einer Gütestelle ist, wie eben gezeigt, möglich. Bei einem Ausschluß der Klagbarkeit in Allgemeinen Geschäftsbedingungen ist aber weitergehend zu prüfen, ob diese Klausel gegen das Verbot der unangemessenen Benachteiligung im Sinne von § 9 I AGBG verstößt.
Dies ist nach einhelliger Auffassung dann der Fall, wenn Rechtsunkundige durch den Wortlaut der Klausel zu der Auffassung gelangen könnten, daß die Anrufung staatlicher Gerichte nach Abschluß des Verfahrens vor der Schiedsstelle nicht statthaft ist[282]. Die Rechtsverfolgung würde dann dem Vertragspartner des Verwenders im Sinne des § 9 I i.V.m. Abs. 2 Nr. 1 AGBG unangemessen erschwert[283]. Wird hingegen hinreichend deutlich, daß es sich lediglich um eine zeitweilige Unklagbarkeit zum Zwecke der gütlichen Einigung handelt, dann ist -

---

280 Zur Vermeidung völlig unbilliger Schlichtungsergebnisse hat die Schlichtungsperson eine Aufklärungspflicht, siehe F. II. 6.

281 Siehe Abschnitt F..

282 BGHZ 101, 307, 319; Stein / Jonas, ZPO, Schumann, § 253, Rnd. 214.

283 Die Klausel über die der BGH zu entscheiden hatte betraf den Auftraggeber eines Werkvertrages. Kläger war ein Verbraucherverband, der Beklagte der Zentralverband des Kraftfahrzeughandwerks. Der beklagte Zentralverband hatte „Bedingungen für die Ausführung von Arbeiten an Kraftfahrzeugen, Anhängern, Aggregaten und deren Teilen und für Kostenvoranschläge" (Kfz - RB) zur Verwendung auch gegenüber Nichtkaufleuten empfohlen. Diese Bedingungen enthielten unter anderem die hier interessante Klausel:

VIII Nr. 3 Satz 1:

„Bestreitet der Auftragnehmer das Vorliegen eines gewährleistungspflichtigen Mangels, e n t s c h e i d e t die für den Sitz des Auftragnehmers zuständige Schiedsstelle des Kraftfahrzeughandwerks."

weil das Schiedsstellenverfahren für den Verbraucher zu Vorteilen führen kann - die Klausel wirksam.
Die Wirksamkeit der Vereinbarung einer bindenden Schlichtungsklausel in Allgemeinen Geschäftsbedingungen bedarf somit im Einzelfall einer sorgfältigen Prüfung. Als unvereinbar mit dem rechtsstaatlichen Postulat auf freien Zugang zu den Gerichten muß eine formularmäßige Vereinbarung jedenfalls dann angesehen werden, wenn sie *generell* und *ohne Einschränkung* die Klagbarkeit untersagt. Soweit, wie dargestellt, deutlich wird, daß die Klagbarkeit in Verbindung mit einer Schlichtungsklausel lediglich zeitweilig ausgeschlossen ist, stellt dies keine unangemessene Beschränkung des Rechtsweges dar und ist dementsprechend zulässig[284].

E. Chancen und Risiken kooperativer, vorgerichtlicher Konfliktbehandlung

Die Ausführungen unter C. haben aufgezeigt, daß es eine geradezu verwirrende Vielfalt von außergerichtlichen Vorverfahren in der Zivilgerichtsbarkeit gibt. Nachdem im Kapitel D. die Zulässigkeit der zwingend (gesetzlich bzw. vertraglich) vorgesehenen Schlichtungsverfahren untersucht wurde, sollen nachfolgend Chancen und Risiken außergerichtlicher Schlichtungsverfahren analysiert werden.
Es drängt sich die Frage auf, wie es zu dem unter C. dargestellten „Wildwuchs" kommen konnte. Es gilt in diesem Abschnitt einerseits zu klären, welche Beweggründe zur Errichtung der einzelnen Gütestellen führten. Zum anderen ist zu klären, welche Chancen die außergerichtliche Konfliktbehandlung über diese Motivationen noch bietet und welche Gefahren den Streitparteien durch einen Versuch einvernehmlicher Konfliktlösung erwachsen. Mit den somit gewonnenen Erkenntnissen läßt sich dann die Frage beantworten, auf welchen Feldern sich die traditionelle gerichtliche und in welchen Fällen die einverständliche Konfliktlösung als das überlegene Konfliktbehandlungsinstrument erweist.

Der Frage, durch welche Regeln sich die Vorteile sichern und die Nachteile bannen lassen, also der Frage nach den verfahrensmäßigen Bedingungen alternativer Konfliktregelungen, wird im nächsten Abschnitt (F) nachgegangen.

---

[284] Stein / Jonas, ZPO, Schumann, vor § 253 Rnd. 91.

I. Chancen außergerichtlicher Streitbeilegungsmodelle

1. Bewältigung von Komplexität

Die vorhandenen Güteverfahren sind auf sehr verschiedenen Rechtsgebieten entstanden. Es scheint deshalb unmöglich zu sein, Merkmale zu finden, die all diesen Rechtsgebieten gemeinsam sind. Versucht man dies dennoch, läßt sich feststellen, daß die meisten Schlichtungsverfahren für besonders schwierige Sachgebiete eingerichtet wurden, weil dort auch bei größter Verständigungsbereitschaft leicht Meinungsverschiedenheiten entstehen können.

a) Das Vermittlungsverfahren zur Sachenrechtsbereinigung (§§ 87 ff SachenRBerG)

Das trifft zum Beispiel auf das notarielle Vermittlungsverfahren des Sachenrechtsbereinigungsgesetzes zu. Die Schwierigkeit der Rechtsmaterie des Immobiliarsachenrechts ist unbestritten. Hinzu kommt, daß die Sachenrechtsbereinigung spezielle Kenntnisse im Bereich der Vertragsgestaltung voraussetzt[285].

b) Das Schlichtungsverfahren nach dem Arbeitnehmererfindungsgesetz (§§ 28 ff. ArbEG)

Ähnliches gilt für das Arbeitnehmererfindungsrecht. Die Schwierigkeiten dieses Rechtsgebietes ergeben sich aus dem Schnittpunkt zwischen dem Arbeits- und dem Patentrecht. Sie rühren vor allem daher, daß Bewertungsfragen im Vordergrund stehen[286]. Kernfrage des Rechts der Arbeitnehmererfindungen ist nämlich sowohl für den erfindenden Arbeitnehmer, als auch für den Arbeitgeber, die Ermittlung einer angemessenen Vergütung für die Erfindung. Der Gesetzgeber hat sich aus guten Gründen entschieden, die Lösung nicht starren Regeln zu unterwerfen, sondern der Praxis nur unverbindliche Richtlinien[287] an die Hand zu geben[288]. Die Vergütungsrichtlinien lassen aber keine mathematisch exakte Berechnung der Vergütung zu, auch sie kommen nicht ohne eine Fülle allgemein

---

[285] Aumüller, Notarielles Vermittlungsverfahren, S. 2.

[286] Bartenbach / Volz, Gesetz über Arbeitnehmererfindungen, Vorwort S. V, zu den Schwierigkeiten siehe Einleitung zu §§ 9 - 12 Rnd. 1 ff.; zu den Problemen bei der nachträglichen Änderung der Bemessungsgrundlagen für die Vergütungsberechnung, Bartenbach / Volz, Arbeitnehmererfindungsrecht, Rnd. 202.

[287] Richtlinien für die Vergütung von Arbeitnehmererfindungen im privaten und (getrennt davon) öffentlichen Dienst, abgedruckt in Bartenbach / Volz, Arbeitnehmererfindervergütung, S. 1 ff., 25 ff.

[288] Bartenbach / Volz, Arbeitnehmererfindervergütung, Vorwort S. V.

gehaltener Hinweise und im Einzelfall ausfüllungsbedürftiger Begriffe aus. Hier kommt der Schiedsstelle der wesentliche Verdienst zu, in ihrer 41jährigen Praxis[289], richtungsweisende Lösungen aufgezeigt und praxisorientiert fortentwickelt zu haben[290].

c) Das wettbewerbsrechtliche Schlichtungsverfahren nach § 27a UWG

Im Verfahren nach § 27a UWG ist zu entscheiden, ob ein Wettbewerbsverstoß vorliegt[291]. Da es einerseits zu einem funktionierenden wirtschaftlichen Wettbewerb gehört, Kunden zu gewinnen, mit denen der Mitbewerber rechnet, andererseits aber der Kampf nicht zu einer Monopolisierung und damit zur Beseitigung des Wettbewerbs führen darf, beinhaltet die Beurteilung von Standards im Wettlauf der Konkurrenten schwierige Wertungsfragen. Während bei einem sportlichen Wettkampf feste Regeln vorhanden sind, nach denen sich der Wettbewerb vollzieht, ist dies im Wirtschaftsleben nicht der Fall. Gleichwohl muß hier wie dort unfaires Verhalten unterbunden werden. Dies kann im Wettbewerbsrecht lediglich durch eine auslegungsbedürftige Generalklausel (§ 1 UWG) geschehen. Aus der Notwendigkeit des Wettbewerbs einerseits und dem Mangel an normierten „Spielregeln" andererseits ergibt sich die Schwierigkeit der Materie.

d) Vorverfahren zur Aufklärung von Sachverhaltsunklarheiten

Bei einer Reihe weiterer Güteverfahren ergibt sich die Schwierigkeit ihres Gegenstandes aus den zu treffenden Feststellungen.
Das gilt für die Schlichtungsverfahren nach dem BJagdG[292], für die Vorverfahren in Arzthaftpflichtstreitigkeiten, in denen es um die Feststellung des ärztlichen Kunstfehlers geht[293] sowie für Streitigkeiten auf dem Gebiet des privaten Baurechts[294]. Es ist festzustellen, daß sich auf den Gebieten, in denen die Entscheidung regelmäßig von der Erhebung eines Sachverständigenbeweises abhängt, Schlichtungsverfahren gebildet haben[295].

---

289 Die Schiedsstelle wurde mit Inkrafttreten des Arbeitnehmererfindungsgesetzes am 01.10.1957 geschaffen.

290 Die Kommentierung des Arbeitnehmererfindungsrechts ist aus diesem Grund ganz wesentlich von der Praxis der Schiedsstelle geprägt.

291 Baumbach / Hefermehl, Wettbewerbsrecht, § 27a UWG Rnd. 2.

292 Mietschke / Schäfer, BJagdG, § 35 Rnd. 4.

293 Behrens, Außergerichtliche Streitschlichtung in Zivilsachen, Recht und Politik 1997, 73, 75.

294 Behrens, Außergerichtliche Streitschlichtung in Zivilsachen, Recht und Politik 1997, 73, 75.

295 Zum Einfluß komplizierter Tatsachenfeststellung auf die Schlichtungseignung des Konflikts siehe F. I. 2. a) bb).

Schlichtungsverfahren bieten die Möglichkeit, umfassend zu entschleiern, auf welcher Tatsachengrundlage der Streit beruht. In unübersichtlichen, komplexen Rechtsgebieten, in denen für die Parteien die Einschätzung der eigenen Erfolgsaussichten eines Gerichtsverfahrens lediglich unpräzise möglich ist, kann durch diese Aufklärung und den für Güteverfahren kennzeichnenden Informationaustausch die Bereitschaft der Beteiligten sich zu einigen, gefördert werden.

2. *Wahrung der guten Beziehungen zwischen den Parteien*

Das Verhalten der Parteien im Konflikt schließt rational faßbare und rational nicht faßbare Elemente ein.
Als Ausdruck der rational faßbaren Komponente versucht jede Partei, für sich das materiell maximal Mögliche herauszuholen. An dem so Erreichten wird dann der Erfolg oder Mißerfolg gemessen.
Daneben spielen rational nicht faßbare Elemente, also Gefühle[296], wie z.B. Ärger oder Wut eine Rolle. Auch diese müssen artikuliert werden.
Bei informellen Verfahren können Gefühle als untrennbarer und zentraler Bestandteil des Konfliktes aufgegriffen und integriert werden. Diese Verfahren bieten Gelegenheit zur Äußerung von Gefühlen im Gegensatz zu einer Befragung durch den Richter (z.B. bei der Vernehmung einer oder beider Partein i.S.d. §§ 445 ff ZPO zu einem Beweisthema).
Bei vielen Schlichtungsverfahren steht der sozial - psychologische Aspekt, die guten Beziehungen zwischen den Parteien zu wahren, im Vordergrund. Diese Verfahren beruhen auf der Erkenntnis, daß die Ladung zum Gericht vielfach als Eröffnung von Feindseeligkeiten empfunden wird und die Parteien zum Abbruch der Beziehungen veranlaßt. Die Beziehungen werden also zumindest verschlechtert[297].
Dieser Gesichtspunkt hat besondere Bedeutung in Rechtsgebieten mit langfristigen Verträgen. Hierzu zählen Dauerschuldverhältnisse wie Miete[298], Pacht, Ar-

---

[296] Nach Breidenbach, Mediation, S. 58 sind Gefühle Ausdruck der Bedeutung von Wirklichkeit oder Möglichkeit in einem und für einen Menschen.

[297] Von einer „Versöhnungsfunktion" spricht in diesem Zusammenhang Hager, Zur Notwendigkeit einverständlicher Streitschlichtung bei interpersonellen Konflikten, JZ 1998, 1158, 1159.

[298] Hinter Nachbarschaftskonflikten steckt oft hoher Leidensdruck, obwohl sie nicht selten banale Anlässe und niedrige Streitwerte haben. Anders als Eheleute haben Nachbarn sich in der Regel nicht bewußt füreinander entschieden, müssen aber doch in der Enge der Wohnsiedlungen mit den „Macken" der anderen Seite leben. So kommt es, daß 51 % aller Bundesbürger sich von ihren Nachbarn gestört fühlen, wie eine Untersuchung des Meinungsforschungsinstituts GFM - GETA (Repräsentative Umfrage zum Nachbarschaftsstreit im Auftrag der Zeitschrift Flora) ergab. Zumeist handelt es sich um Ärger über Lärm: 22,4 % aller Befragten fühlen sich gestört durch Hämmern und Bohren, 16,7 % durch Stereoanlage, 14,6 % durch Hundegebell usw.. Andere allgemeine Störungsquellen: 15,9 % Dreck im Treppenhaus, 8,4 % Essensgerüche u.s.w.. In

beits- und Gesellschaftsverträge, Dauerlieferungsverträge über Waren und Energie, komplexe Langzeitverträge über den Bau von Industrieanlagen oder die Entwicklung komplexer technischer Systeme, wie Flugzeuge[299] oder Software[300]. Bei diesen auf längeren Kontakt angelegten Beziehungen entwickeln sich Gefühle und Beziehungsgeflechte, die der rational nicht faßbaren Komponente Bedeutung verleihen.
Die Schlichtungsverfahren auf dem Gebiet des Arbeitsrechts wurden daher eingeführt, um den Arbeitsfrieden und das Vertrauensverhältnis zwischen Arbeitgeber und Arbeitnehmer aufrechtzuerhalten[301] [302].
Besonders deutlich wird diese Zielstellung bei dem Güteverfahren nach § 111 II ArbGG. Es wurde eingeführt[303], um das besondere Erziehungs- und Vertrauensverhältnis zwischen Ausbilder und Auszubildendem zu schützen[304]. Dieses Verhältnis soll nach Möglichkeit nicht durch gerichtliche Auseinandersetzungen gestört werden[305].

---

der Gartennutzung fühlten sich gestört: 20, 3 % durch fremde Hunde und Katzen 13, 9 % durch ungepflegte Gärten des Nachbarn, 11,6 % durch unangenehme Gerüche, 9,5 % durch überhängende Äste, usw., zitiert nach Metzger, Mediation im Nachbar-, Miet- und Verbraucherrecht, S. 183, 185, in: Breidenbach / Henssler (Hrsg.), Mediation für Juristen.

299 Das Beispiel des Flugzeugbaus wurde aus aktuellem Anlass bewußt gewählt. Die Schweizer Fluggesellschaft Crossair will ihren Flugzeugbestand ersetzen. Die Erneuerung der Flotte wird das Unternehmen neun Milliarden Mark kosten. Den entsprechenden Großauftrag hat der brasilianische Hersteller Embraer erhalten. Der Auftrag besteht aus 75 fest bestellten Flugzeugen für vier Milliarden Mark und dazu Optionen für das restliche Auftragsvolumen. Bezüglich der 75 fest bestellten Flugzeuge soll der Auftrag bis zum Jahre 2006 abgewickelt sein. Unter den 75 fest bestellten Maschinen sind 60 Flugzeuge, die im Laufe dieser Zeit erst noch entwickelt werden müssen. Im Falle des Konfliktes ist für beide Parteien dieses sehr komplexen Vertrages wichtig, daß das „Vertragsklima" durch die Auseinandersetzung nicht beschädigt wird. Badische Zeitung, 16.06.1999, S. 18.

300 Nelle, Mediation bei Neuverhandlungen im Privatrecht, in: Breidenbach / Henssler (Hrsg.), Mediation für Juristen, S. 195.

301 Dieses Ziel verfolgt der Gesetzgeber auch mit den §§ 104, 105 SGB VII (früher §§ 636, 637 I RVO). Der Unternehmer und Arbeitskollegen (untereinander) haften danach nicht für fahrlässig verursachte Personenschäden, die durch betrieblich veranlaßte Tätigkeiten verursacht werden. Ein Forderungsübergang auf den Versicherungsträger nach § 116 SGB X ist ausdrücklich ausgeschlossen. Es werden so Prozesse vermieden, die das Betriebsklima belasten, Schmitt, SGB VII, § 104 Rnd. 2, § 105 Rnd. 2; Gitter, Die Gesetzliche Unfallversicherung nach der Einordnung in das Sozialgesetzbuch - ein Versicherungszweig ohne Reformbedarf ?, BB 1998, Beilage 6, 1, 3.

302 für das Verfahren nach § 54 ArbGG siehe: Germelmann / Matthes / Prütting, Arbeitsgerichtsgesetz, § 54 Rnd. 2.

303 zur geschichtlichen Entwicklung siehe Germelmann / Matthes / Prütting, Arbeitsgerichtsgesetz, § 111 Rnd. 6 ff.

304 Stein / Jonas, ZPO, Schumann, § 253 Rnd. 231.

305 BAG NJW 1976, 904, 910.

Auch das Güteverfahren nach §§ 28 ff. ArbEG bezweckt, das Verhältnis zwischen Arbeitgeber und Arbeitnehmer nicht durch Prozeße zu belasten[306]. Es dient damit dem Interesse an der Erhaltung der Harmonie im Arbeitsalltag[307].

Die Erhaltung der persönlichen Beziehungen der Parteien kann somit als rechtspolitische Chance der einverständlichen Streitschlichtung festgehalten werden[308].

3. Schnelle Klärung von Streitigkeiten

Die außergerichtlichen Konfliktlösungsmodelle bieten weiterhin die Möglichkeit, eine schnelle Bereinigung von Streitigkeiten zu erreichen. Sie können langwierige gerichtliche Auseinandersetzungen vermeiden[309] und damit Zeit, Mühe und auch Kosten[310] sparen[311]. Andererseits ist bei außergerichtlichen Schlichtungsversuchen im Gegensatz zum streitigen Verfahren ungewiß, ob der Streit wirklich beigelegt wird. Die mangelnde Erfolgsgarantie, also das Risiko des Scheiterns der Verhandlungen, wird als Hauptschwäche der Güteverfahren bezeichnet[312]. Es ist in diesem Zusammenhang zu prüfen, wie sich die Schlichtungsverfahren auf die Dauer des Rechtsschutzverfahrens auswirken. Der durchschnittlichen Verfahrensdauer eines gerichtlichen Verfahrens (a) sind die unter (b) – (d) formulierten Fragen gegenüberzustellen:

a) Wie lange dauern Prozesse im deutschen Zivilverfahren ?
b) Wie lange dauern die Schlichtungsverfahren selbst ?
c) Wie erfolgreich sind die Schlichtungsverfahren ?
d) Wie wirken sich die Vorverfahren auf die Dauer der anschließenden Prozesse aus ?

---

306 siehe die amtliche Begründung BT - Drucks. 2, 1648, S. 42.

307 Der Gesetzgeber hat dabei aber auch den Umstand berücksichtigt, daß ein Arbeitnehmer sich wegen seiner persönlich und wirtschaftlich abhängigen Lage lediglich schwer entscheiden kann, gerichtlich gegen seinen Arbeitgeber vorzugehen, Bartenbach / Volz, ArbEG, vor § 28, Rnd. 2.

308 so auch Hager, Zur Notwendigkeit einverständlicher Streitschlichtung bei interpersonellen Konflikten, JZ 1998, 1158, 1159.

309 zu der damit verbundenen Gerichtsentlastung siehe unten unter E. I. 7.

310 siehe dazu sogleich unter E. I. 4.

311 Prütting, Schlichten statt Richten, JZ 1985, 261, 267.

312 so z.B. Herrmann, Die UNCITRAL - Vergleichsordnung - Nützliche Regeln für selbständige Schlichtungsverfahren, ZZP 1984, 445, 448.

a) Dauer der Prozesse im deutschen Zivilverfahren

aa) Verfahrensdauer am Amtsgericht

Nach der Justizstatistik für das Jahr 1997 dauerten die amtsgerichtlichen Verfahren - ohne Einbeziehung der Familiengerichte - in Deutschland im Schnitt 4,6 Monate. Die kürzeste Verfahrensdauer wiesen Bayern und Baden - Württemberg mit 3,7 bzw. 3,8 Monaten auf; am längsten dauerten amtsgerichtliche Verfahren in Sachsen - Anhalt, nämlich 6,1 Monate[313].

bb) Verfahrensdauer am Landgericht

Für die Verfahren vor dem Landgericht in erster Instanz wurden durch das Statistische Bundesamt für 1997 folgende Zahlen veröffentlicht: Deutschlandweit dauerten die Verfahren im Durchschnitt 6,6 Monate[314], wobei Baden - Württemberg mit 5,2 Monaten die kürzeste Verfahrensdauer aufwies[315] und im Saarland mit 10,4 Monaten die längste Verfahrensdauer verzeichnet wurde[316].

b) Die Dauer der Güteverfahren

Die Attraktivität eines Schlichtungsverfahrens nimmt zu, je geringer der Zeitaufwand für die Beteiligten zu veranschlagen ist. Der Gesetzgeber hat aus diesem Grund jeweils eine Zeitvorgabe für die maximale Verfahrensdauer vorgegeben. Das Risiko der Verfahrensverlängerung durch das Scheitern der Schlichtungsbemühungen wird somit kalkulierbar.
Die Neuregelung des § 15a EGZPO sieht vor, daß der Kläger nach Ablauf von drei Monaten in das Klageverfahren übergehen darf, wenn „das von ihm beantragte Einigungsverfahren nicht durchgeführt worden ist“. Auch der Fall, daß es zu keiner gütlichen Einigung kommt, ist von dieser Formulierung erfaßt[317]. Das Verfahren verlängert sich somit im schlechtesten Fall um drei Monate, was einer Verlängerung von 60 % bis nahezu 100 % entspricht. Es ist aber zu erwarten, daß die meisten der Schlichtungsverfahren in einem einzigen Termin abgeschlossen werden. Die Anberaumung dieses Termins wird zeitnah erfolgen, so

---

313 Statistisches Bundesamt, Rechtspflege, Fachserie 10, Reihe 2, 1997, S. 24 ff.

314 Statistisches Bundesamt, a.a.O., S. 38.

315 Im OLG Bezirk Stuttgart betrug die durchschnittliche Dauer je Verfahren, nach den Veröffentlichungen des Statistischen Bundesamtes lediglich 4,4 Monate.

316 Statistisches Bundesamt, a.a.O.,S. 41.

daß diese Zeitspanne lediglich im Fall der Überlastung der Schiedsstelle relevant werden dürfte[318].
Die Durchführung eines Einigungsstellenverfahrens nach § 27a UWG benötigt zwischen einer und sieben Wochen; in Einzelfällen können auch mehrere Monate bis zu einem Verfahrensabschluß vergehen[319]. Eine von Köhler[320], bezüglich dieses Verfahrens durchgeführte Untersuchung ergab eine durchschnittliche Verfahrensdauer von 5 Wochen.
Nach § 37 II Nr.2 ArbEG darf der Kläger seine Rechte im Wege der Klage geltend machen, wenn seit der Anrufung der Schiedsstelle sechs Monate verstrichen sind. Der maximale Zeitverlust beträgt bei der Schlichtungsstelle für Arbeitnehmererfindungen somit sechs Monate. Um die Dauer des Schiedsstellenverfahrens möglichst kurz zu halten, setzt die Schiedsstelle den Beteiligten relativ kurze Fristen. Das Verfahren ist in der Regel nach ein bis zwei Monaten beendet[321].
Im Schlichtungsverfahren nach § 18 Nr. 2 VOB / B soll die zur Streitbeilegung berufene Behörde den Auftragnehmer möglichst innerhalb von zwei Monaten schriftlich bescheiden. Demnach besteht auch in diesem Anrufungsverfahren die Aussicht, Meinungsverschiedenheiten möglichst kurzfristig zu klären.
Über die Verfahrensdauer der Gutachter- und Schlichtungsstellen im Bereich der Arzthaftung gibt es sehr unterschiedliche Angaben. Das beruht auf dem jeweils unterschiedlichen Aufwand zur Sachverhaltsermittlung. Matthies[322] nennt Fälle, die wegen langwieriger Begutachtung erst nach zwei Jahren beendet wurden. Günstigenfalls sei das Schlichtungsverfahren in drei Monaten beendet. Es seien jedoch 70 % der Fälle innerhalb von sechs Monaten beschieden, lediglich 3,5 % nähmen länger als 12 Monate in Anspruch.
Auch von Zivilprozessen im Arzthaftungsrecht ist bekannt, daß sie erheblich länger dauern als andere, vom Streitwert vergleichbare, Prozesse[323]. Das liegt schon daran, daß auch das Gericht auf die zeitaufwendigen Sachverständigengutachten angewiesen ist. Eine Bescheidung durch die Schlichtungsstelle innerhalb weniger Wochen kann daher nicht erwartet werden. Die Schlichtungsstelle sollte aber, wegen ihrer flexiblen Verfahrensordnung und der Sachkunde der

---

317 Begründung des § 15 E - EGZPO, BR - Drucks. 605 / 96 Teil 2, I S. 67; Stadler, Außergerichtliche obligatorische Streitschlichtung - Chance oder Illusion?, NJW 1998, 2479, 2484.

318 siehe dazu beispielhaft §§ 4 I, 7 I des Baden - Württembergischen Gesetzes zur obligatorischen außergerichtlichen Schlichtung.

319 Probandt, Die Einigungsstelle nach § 27a UWG, S. 126.

320 Köhler, Das Einigungsverfahren nach § 27a UWG: Rechtstatsachen, Rechtsfragen, Rechtspolitik, WRP 1991, 617.

321 Bartenbach / Volz, ArbEG, § 33 Rnd. 19.

322 Matthies, Schiedsinstanzen im Bereich der Arzthaftung: Soll und Haben, S. 192 f..

323 Matthies, Schiedsinstanzen im Bereich der Arzthaftung: Soll und Haben, S. 194.

Schlichtungspersonen, in der Lage sein, das Verfahren schneller abzuwickeln als eine Spezialkammer bei einem Landgericht.
Die Schlichtungsverfahren sind demnach im allgemeinen wesentlich schneller beendet als Gerichtsprozesse. Die Kürze der Güteverfahren dürfte vor allem darauf zurückzuführen sein, daß die außergerichtlichen Gutachter- und Schlichtungsstellen, aufgrund ihrer vertieften Kenntnis von der Materie und / oder der durch Verfahrensordnungen eingeräumten Flexibilität, in der Lage sind, die Verfahren auf die jeweiligen Beteiligten abzustimmen.

c) Erfolgsquoten der Schlichtungsverfahren

Die Beurteilung der Zweckmäßigkeit obligatorischer Schlichtungsverfahren hängt zu einem wesentlichen Teil davon ab, wie häufig es den Schlichtern gelingt, die ihnen übermittelten Streitigkeiten *endgültig* beizulegen. Denn das Güteverfahren soll die Rechtsverfolgung nicht um eine weitere Instanz verlängern. Es gilt daher festzustellen, wie erfolgreich die außergerichtlichen Schlichtungsinstitutionen bei der Streitbeilegung sind.

aa) Schlichtungserfolg der ärztlichen Schlichtungsstellen

Von den durch die Gutachterkommission für ärztliche Behandlungsfehler bei der Ärztekammer Nordrhein im Jahre 1990 bearbeiteten 665 Fällen wurden 86 % außergerichtlich abschließend erledigt. Lediglich 97 Fälle wurden nach erfolglosem Schlichtungsversuch an die Zivilgerichte herangetragen[324]. Diese Zahlen bestätigt die Untersuchung von Matthies[325], der eine Prozeßquote von 15 % feststellte.

bb) Schlichtungsrate von Schiedspersonen

1989 hat der Bundesminister der Justiz eine Große Anfrage der SPD zur Haltung der Bundesregierung bezüglich des Ausbaus der Streiterledigung durch Schiedspersonen zur Entlastung der Justiz beantwortet[326]. Es wurden dort die Statistiken der Länder für die Jahre 1980 - 1987 veröffentlicht. Die Zahl der durch Vergleich endgültig erledigten Fälle lag in den gesamten acht Jahren zwischen 53,3 % und 58,1 %. Diese Zahlen wurden 1995 von Gottwald und Strempel als „rechtstatsächliches Material" erneut mit dem Hinweis veröffentlicht, daß es

[324] Behrens, Außergerichtliche Streitschlichtung in Zivilsachen, Recht und Politik 1997, 73.

[325] Matthies, Schiedsinstanzen im Bereich der Arzthaftung: Soll und Haben, S.158.

[326] BT - Drucks. 11 / 3967, S. 4. ff.

nach wie vor in circa der Hälfte aller Fälle gelingt, Verfahren vor dem Schiedsmann endgültig zu erledigen[327].

cc) Schlichtungserfolg des Einigungsstellenverfahrens in wettbewerbsrechtlichen Streitigkeiten (§ 27a UWG)

Die Erledigungsquote der Gütestellen nach § 27a UWG ist seit 1945 nahezu gleich geblieben. Der Anteil der Einigungen liegt bei rund 50 % und erhöht sich um 20 % bis 25 % wenn man die Antragsrücknahmen hinzurechnet[328 329].

dd) Erledigungsquote des Gütetermins im arbeitsgerichtlichen Verfahren erster Instanz

Im Arbeitsgerichtsverfahren werden über 50 % aller Verfahren durch Prozeßvergleich erledigt. Die Hälfte aller erzielten Vergleiche wird im Gütetermin erzielt, der im Durchschnitt 10 Minuten dauert[330].

ee) Erledigungszahl der Schlichtungsstelle im Arbeitnehmererfindungsrecht

Die Schlichtungsstelle nach §§ 28 ff. ArbEG veröffentlicht in der jeweiligen Märzausgabe der Zeitschrift „Blatt für Patent-, Muster-, und Zeichenwesen" die Jahresstatistiken[331]. Aus der Auswertung der letzten 15 Jahre wird deutlich, daß die Annahmequote der bisher ergangenen Einigungsvorschläge bei rund 70 % liegt.

Diese Zahlen zeigen, daß ein großer Teil der Streitigkeiten in einem (außergerichtlichen) Güteverfahren seine endgültige Erledigung findet[332]. Die Quoten sind im Verhältnis der Zahl der Vergleiche vor den Landgerichten in der ersten Instanz, die konstant zwischen 15 % und 20 % liegt[333], außerordentlich hoch. Be-

---

[327] Gottwald / Strempel, Streitschlichtung, S. 277.

[328] Probandt, Die Einigungsstelle nach § 27a UWG, S. 125.

[329] Genaue Zahlen, für die Jahre 1986 - 1990, finden sich bei Köhler, Das Einigungsverfahren nach § 27a UWG: Rechtstatsachen, Rechtsfragen, Rechtspolitik, WRP 1991, 617, 618.

[330] Siegfried Schönholz, Alternativen im Gerichtsverfahren - Zur Konfliktlösung vor dem Arbeitsgericht unter besonderer Berücksichtigung des Prozeßvergleichs, 162 ff.

[331] zuletzt Blatt für PMZ, 2000, 85 ff..

[332] Sie entsprechen in etwa denen, die für das verwaltungsgerichtliche Widerspruchsverfahren genannt werden, vgl. Oppermann, Die Funktionen des verwaltungsgerichtlichen Vorverfahrens aus rechtlicher und rechtstatsächlicher Sicht, S. 337 f.

[333] Gottwald / Hutmacher / Röhl / Strempel (Hrsg.), Der Prozeßvergleich, Tabelle 2c, S. 284.

denkt man jedoch, daß bei den Gerichten in jedem Fall eine *endgültige* Entscheidung herbeigeführt wird (nicht nur wenn die Parteien sich einigen), relativiert sich dieses positive Ergebnis.

d) Auswirkungen eines Schlichtungsverfahrens auf den nachfolgenden Prozeß

Es liegen keine Untersuchungen darüber vor, wie sich Güteverfahren auf die Dauer eines ihnen (bei Erfolglosigkeit) nachfolgenden Prozesses auswirken[334]. Es gibt aber mehrere Indizien für die Annahme, daß Schlichtungsverfahren einen günstigen Einfluß auf die Verfahrensdauer haben. Die Durchführung eines Güteverfahrens beseitigt einige der Ursachen für die Verzögerung eines Prozesses bereits im Vorfeld.

aa) Unvollständiger Parteivortrag

Eine der Ursachen für die lange Prozeßdauer ist, daß die Parteien dem Gericht den Sachverhalt nur schleppend und unvollständig vortragen[335]. Dies geschieht einerseits, weil die Parteien (auch anwaltlich vertretene) erst im Laufe des Prozesses erkennen, welche Tatsachen für die rechtliche Beurteilung des Konflikts wesentlich sind. Zum anderen ist dies darauf zurückzuführen, daß Parteien nicht in der Lage sind, den Sachverhalt zweifelsfrei aufzuklären und daher Dinge behaupten, über die sie im ungewissen sind, um ihr Vorbringen schlüssig zu machen. Das Schlichtungsverfahren bewirkt die gegenseitige Information der Beteiligten. Sachverhalt und Streitstand werden bereits erörtert. Der Kläger weis bereits nach Abschluß des Schlichtungsverfahrens was streitig ist und worauf es für die Entscheidung des Rechtsstreits im einzelnen ankommt. Beide Parteien hatten bereits Gelegenheit ihr Vorbringen zu vervollständigen. Im Vorverfahren konnten Widersprüche geklärt werden.
Ein Schlichtungsverfahren kann somit diese prozeßverzögernde Unzulänglichkeit weitgehend beseitigen und trägt daher zur Beschleunigung des Nachfolgeprozesses bei.

---

334 Lediglich die Auswirkungen von Vorverfahren der Verwaltungs- und Finanzgerichtsbarkeit auf die Prozeßdauer wurden bereits untersucht, Ule, Rechtstatsachen zur Dauer des Verwaltungs- (Finanz-) Prozesses, S. 116 f.; Ule kommt zu dem Ergebnis; daß Vorverfahren den Verwaltungsprozeß verkürzen (11,2 Monate ohne Vorverfahren 10,4 Monate mit vorausgegangenem Vorverfahren aber den Finanzprozeß verlängern (Es trete eine Verlängerung von 24,6 Monaten auf 35,6 Monate ein.).

335 Bernhard, Die Aufklärung des Sachverhalts im Zivilprozeß, Festschrift für Rosenberg, S. 9, 25; (An dieser von Bernhard 1949 festgestellten Tatsache hat sich, nach dem Ergebnis einer Richterbefragung, welche der Verfasser am Amtsgericht St. Blasien und am Landgericht Waldshut - Tiengen im September 2000 durchführte, nichts geändert.)

bb) Verwertung von Sachverständigengutachten

Viele Gerichtsverfahren verzögern sich wesentlich, weil die entscheidungserhebliche Sachverhaltsaufklärung von einem Sachverständigengutachten abhängt.
Es wird im Rahmen der Untersuchung der Mittel zur Sachverhaltsaufklärung, welche den Schlichtungsstellen zur Verfügung stehen[336], gezeigt, daß es den Gerichten nicht verboten ist, Sachverständigengutachten eines unabhängigen Gutachters zu verwerten, die im Rahmen der Güteverhandlung eingeholt wurden. Eine zeitverzögernde Zweitbegutachtung ist somit nicht erforderlich. In den Fällen, in denen die Schlichtungsverfahren vor sachverständigen Gremien stattfinden, liegt dem Gericht bereits vor Prozeßbeginn eine qualifizierte, fachkundige Stellungnahme (als Anlage zu einem Parteischriftsatz) vor. Es wird in vielen Prozessen möglich sein, auf die Einholung eines weiteren Gutachtens zu verzichten.

cc) Die Wirkung von im Schlichtungsverfahren abgelegten Geständnissen

Gibt eine Partei im Schlichtungsverfahren die Erklärung ab, daß eine von der anderen Partei behauptete Tatsache wahr ist (Geständnis), so stellt sich die Frage, ob diese Aussage im Prozeß verwertet werden kann.
§ 288 I ZPO, wonach zugestandene Tatsachen keines Beweises bedürfen, gilt nicht. Eine unmittelbare Anwendung scheidet aus, da diese Vorschrift ein gerichtliches Geständnis voraussetzt[337]. Eine Analogie widerspräche dem Zweck des Vorverfahrens, eine freie Aussprache zu ermöglichen[338]. Ob ein im Güteverfahren abgelegtes Geständnis ebenso wie ein außergerichtliches Eingeständnis im Rahmen der freien Beweiswürdigung Berücksichtigung finden kann wird unter dem Gliederungspunkt F.II.8. untersucht.

Die Durchführung eines Schlichtungsverfahrens wirkt sich demnach günstig auf die Dauer des Nachfolgeprozesses aus. Eine Verkürzung des gerichtlichen Verfahrens in der Art, daß die gesamte Dauer des Schlichtungsverfahrens dort eingespart würde, ist freilich nicht zu erwarten.

---

[336] Siehe unter F. II. 4. d).

[337] Musielak, Huber, ZPO, § 288 Rnd. 2.

[338] Die Sicherung strikter Vertraulichkeit im Hinblick auf ein eventuell sich anschließendes Gerichtsverfahren wird, als verfahrenmäßige Bedingung alternativer Konflikterledigungsmodelle, unter F. II. 8. betrachtet.

4. Kostenersparnis für die Streitparteien

Im folgenden soll der weit verbreiteten[339] These, daß Konflikte mittels Schlichtung kostengünstiger (für die Parteien) erledigt werden als dies bei einer gerichtlichen Austragung des Konflikts der Fall wäre, nachgegangen werden. Es wird an dieser Stelle der Untersuchung davon ausgegangen, daß der Konflikt durch das Schlichtungsverfahren endgültig beigelegt wird[340].
Es soll dazu das System der gerichtlichen Kosten kurz vorgestellt werden, um im Anschluß daran einen Vergleich mit den Kosten außergerichtlicher Rechtsverfolgung vornehmen zu können.

a) Kosten der gerichtlichen Rechtsdurchsetzung

aa) Pekuniäre Kosten

Im Zivilprozeß wurden die Gerichts- und Anwaltsgebühren bekanntlich vom Gesetzgeber nach genau fixierten Stufen festgesetzt. Diese richten sich lediglich nach dem Streitwert (§ 11 II S.1 GKG, § 8 I S.1 BRAGO) und lassen sich aus den Gebührentabellen des GKG und der BRAGO ablesen. (Dies gilt nach § 8 I S.2 BRAGO auch für außergerichtliche anwaltliche Tätigkeiten, wenn ihre Thematik zu einem Zivilprozeß hätte führen können.)
Die Gerichts- und Anwaltsgebühren fallen in jeder Instanz nur einmal an (§§ 27 GKG, 13 II BRAGO). Dies ist unabhängig davon, wie lange der Prozeß dauert, wie schwierig er ist und wieviele Verhandlungs- und Beweistermine stattfinden[341], soweit es sich um „dieselbe Angelegenheit" handelt[342]. Einziger Maßstab ist der Gebührenstreitwert.
Dieses Gebührensystem ist relativ übersichtlich und handlich. Wenn der Streitwert feststeht, können die Parteien die Höhe ihres Kostenrisikos exakt ausrechnen.

Im Normalprozeß mit streitigem Urteil entstehen 3 Gerichtsgebühren, die der Kläger nach § 65 I GKG bevorschussen muß. Sie ermäßigen sich nach rechtzeitiger Klagerücknahme, nach Anerkenntnis, Klageverzicht oder Prozeßvergleich.

---

339 Enders, Der Anwalt als Mediator und sein Vergütungsanspruch, in Gottwald / Strempel / Beckedorff / Linke (Hrsg.), Handbuch zur außergerichtlichen Konfliktregelung, 2. 1. 4. S. 15; Proppe / Krapp, Außergerichtliche Verfahren - Alternative zur Ziviljustiz, JA 1990, 65, 71; Haft, Intuitives und rationales Verhandeln, BB 1998, Beilage 10, 15.

340 Zu den sich infolge der mangelnden Erfolgsgarantie ergebenden Problemen siehe E. II..

341 Schellhammer, Die Arbeitsmethode des Zivilrichters, Rnd. 331.

342 Vgl. zum Begriff der Angelegenheit BGH NJW 1984, 1188; Riedel / Sußbauer, BRAGO, § 13 Rnd. 5 ff..

Die seltene Verzögerungsgebühr des § 34 GKG ist eine Sanktion für Prozeßverschleppung[343].
Die Anwaltsgebühren sind die vertragliche Vergütung für die Dienste des Anwalts (§§ 611, 612 BGB). Eine höhere, als die gesetzlich festgelegte Vergütung steht dem Anwalt nur zu, wenn sie der Mandant schriftlich verspricht oder freiwillig und vorbehaltlos zahlt (§ 3 BRAGO). Die Honorarvereinbarung wirkt lediglich zwischen Anwalt und Mandant. Der kostenpflichtige Prozeßgegner muß nach § 91 ZPO lediglich die notwendigen Auslagen erstatten;wobei notwendig nur die gesetzlichen Gebühren sind[344]. Sittenwidrig und nichtig ist (grundsätzlich) die Vereinbarung eines Erfolgshonorars[345].
Im Normalprozeß mit streitiger Verhandlung, Beweisaufnahme und Urteil verdient der Anwalt je eine Prozeß-, Verhandlungs-, und Beweisgebühr (§ 31 I Nr. 1 - 3 BRAGO).
Wenn die Parteien statt streitig zu verhandeln, die Sache lediglich erörtern und sich dann vergleichen, entstehen je eine Prozeß-, Erörterungs-, und Vergleichsgebühr (§ 31 I Nr. 1, 4, § 23 BRAGO).

Die Gerichts- und Anwaltsgebühren betragen danach bei einer Instanz unter Beteiligung von zwei Rechtsanwälten:

343 OLG Koblenz, JurBüro 1984, 1063; Hartmann, Kostengesetze, § 34 Rnd. 2.

344 OLG Hamm, AnwBl. 1974, 274.

345 BGH NJW 1987, 2451, 2452; Die von der Bundesrechtsanwaltskammer gem. § 177 II Nr.2 BRAO erlassenen Grundsätze des anwaltlichen Standesrechts lassen Erfolgshonorare lediglich in Ausnahmefällen zu, BGHSt 34, 85, 88.

Streitwert		
500,- DM	1000,- DM	10.000,- DM
Gerichtskosten (§ 65 I GKG)		
3 x 50,- DM = 150,- DM	3 x 70,- DM = 210,- DM	3 x 235,- DM = 705,- DM
Anwaltsgebühren (§ 31 Nr. 1 - 3 BRAGO)		
6 x 50,- DM = 300,- DM	6 x 90,- DM = 540,- DM	6 x 595,- DM = 3.570,- DM
Mehrwertsteuer (§ 25 II BRAGO)		
48,- DM	86,- DM	571,- DM
Auslagenpauschale (§ 26 BRAGO)		
40,- DM	40,- DM	40,- DM
SUMME		
538,- DM	876,40 DM	4886,- DM

In dieser Beispielrechnung sind eventuell erforderliche Kosten für Zeugen und / oder Sachverständige nicht berücksichtigt[346]. Es wird deutlich, daß die Rechtsverfolgungskosten, zumindest bei geringeren Streitwerten, leicht die Höhe der in Streit stehenden Forderung erreichen, wenn nicht gar übersteigen können[347] [348].

bb) Nichtmonetäre Kosten

Zusätzlich zu den eben dargestellten Kosten der gerichtlichen Rechtsdurchsetzung kommen nichtmonetäre Faktoren, wie z.B. der Zeitaufwand der Verfah-

[346] Es wurde die kostengünstigste Prozeßvariante dargestellt. Vergleichen sich die Parteien bei einem Streitwert von 10.000,- DM nach streitiger Verhandlung und der Vernehmung eines Zeugen, so reduziert sich zwar die Gerichtsgebühr auf eine Gebühr (KV 1202), die Anwälte erhalten in diesem Fall jedoch je eine Prozeß-, Verhandlungs-, Beweis- *und* Vergleichsgebühr. Die Kosten des Rechtsstreits betragen in diesem Fall 5.796,60 DM.

[347] BT - Drucks. 13 / 6398 S. 19.

[348] Die Tatsache der möglichen Abwälzung dieser Kosten auf Rechtsschutzversicherungen bleibt an dieser Stelle unberücksichtigt.

rensbeteiligten[349]. Zu diesen Kosten werden auch psychische (emotionale) Beanspruchungen gerechnet[350]. Diese Art der Belastung kann sich weitaus mehr auf das „Wohlbefinden“ einer Partei auswirken, als es die finanzielle Belastung könnte[351].
Die „nicht - pekuniären“ Kosten werden wesentlich von der Stufe beeinflußt, in welcher sich der Konflikt befindet. Steigender Zeitaufwand und erhöhte emotionale Belastung potenzieren diese Kosten in jedem Verfahrensabschnitt[352]. Sie sind somit bei einer Entscheidung durch das Gericht am umfangreichsten.

b) Die Kosten der außergerichtlichen Konflikterledigung

So vielseitig wie die Angebote außergerichtlicher Streitschlichtung in Deutschland[353] sind auch die Kostentabellen der Schlichtungsstellen. Es sollen hier nicht die einzelnen Kostenordnungen dargestellt werden, weil dies zur Beantwortung der Frage nach der für die Parteien kostengünstigeren Streitbehandlungsvariante nicht erforderlich ist.

aa) Gebührenfreie Schlichtungsverfahren

Das erklärte Ziel, den Parteien zu ermöglichen ihren Streit ohne hohe Kosten beizulegen, wird selbstverständlich am ehesten bei den Schlichtungsverfahren erreicht, die gebührenfrei sind. Dazu zählen die Güteverfahren des § 111 II ArbGG[354], des Arbeitnehmererfindungsrechtes[355] und das Verfahren nach

---

349 Rölike / Schäfer, Kosten - Nutzen - Analyse der Rechtsprechung, in: Gottwald / Strempel / Beckedorff / Linke (Hrsg.), Handbuch zur außergerichtlichen Konfliktregelung, 2. 1. 3. S. 3.

350 Breidenbach, Mediation, S. 107.

351 Breidenbach zitiert in diesem Zusammenhang den amerikanischen Richter Learned Hand: „As a litigant I should dread a lawsuit beyond almost anything else short of sickness and death.“, Mediation, S. 108.

352 Strempel, Außergerichtliche Konfliktlösung, ZRP 1998, 319, 322; Rölike / Schäfer, Kosten - Nutzen - Analyse der Rechtsprechung, in: Gottwald / Strempel / Beckedorff / Linke (Hrsg.), Handbuch zur außergerichtlichen Konfliktregelung, 2. 1. 3. S. 3; Beide beziehen sich auf eine amerikanische Studie von Williams / Williams, wonach bei einer außergerichtlichen Einigung diese Kosten lediglich ein viertel derjenigen betragen, die entstehen, wenn es zu einer Entscheidung durch das Gericht kommt, Williams / Williams, The Cost of Civil Litigation: An Empirical Study, International Review of Law and Economics, 1994, 73 ff.

353 Siehe Abschnitt C..

354 Wenn das Tätigwerden des Ausschusses Kosten bzw. Auslagen verursacht, sind diese von den Parteien lediglich dann zu tragen, wenn eine Verfahrensordnung des Ausschusses dies vorsieht; auch die Erhebung von Vorschüssen kann geregelt werden (für die Handwerksinnungen § 73 II Handwerksordnung, für die IHK § 3 VI IHK - Gesetz), Im übrigen ist das Verfahren gebührenfrei, Hauck, ArbGG, § 111 Rnd. 13; Germelmann / Matthes / Prütting, ArbGG, § 111 Rnd. 64 ff.

§ 27a UWG[356]. Regelmäßig kostenfrei sind auch die Verfahren vor den Handwerkskammern[357], den Industrie- und Handelskammern sowie die Verfahren vor den Schiedsstellen des Kfz. - Handwerks[358] und den Schiedsinstanzen im Bereich der Arzthaftung[359].
Auch in diesen Verfahren ist es jedoch nicht ausgeschlossen, daß den Parteien durch die Schlichtung Kosten entstehen. Die Parteien haben die ihnen entstehenden Auslagen, einschließlich der Kosten ihres Rechtsanwaltes (dessen Inanspruchnahme vorausgesetzt), selbst zu tragen[360] [361]. Die Gebühren des Anwalts bestimmen sich bei Verfahren vor den gesetzlich eingerichteten Einigungsstellen nach § 65 BRAGO[362].

Der Rechtsanwalt erhält für die Tätigkeit im Güteverfahren eine Verfahrenspauschalgebühr in Höhe einer vollen Gebühr[363]. Diese eine Gebühr entlohnt seine gesamte Tätigkeit (Information, Stellung des Antrages, Wahrnehmung der Termine, Schriftwechsel, Beweiserhebungen usw.) mit Ausnahme der Mitwirkung bei einer erzielten Einigung. Diese Gebühr wird ihm, seit Inkrafttreten des Gesetzes zur Förderung der außergerichtlichen Streitbeilegung[364] am 01. Januar 2000, auf die Prozeßgebühr eines sich eventuell anschließenden Rechtsstreits

---

355 § 36 ArbEG, weder Gebühren noch Auslagen werden von der Schiedsstelle erhoben, so daß Kostenträger das Deutsche Patentamt ist, Volmer / Gaul, Arbeitnehmererfindungsgesetz, § 36 Rnd. 3; Bartenbach / Volz, ArbEG, Einl. vor § 28, Rnd. 4.

356 Das Verfahren ist, außer in Bremen (§ 11 I, II Bremer VO), gebührenfrei. Die durch Zeugen oder Sachverständige entstandenen Kosten sind der IHK zu ersetzen, Baumbach / Hefermehl, Wettbewerbsrecht, § 27a UWG Rnd. 15.

357 Musielak / Detterbeck, Das Recht des Handwerks, § 91 Rnd. 42; Nach § 113 HandwO können die Handwerkskammern zwar mit Genehmigung der obersten Landesbehörde eine Gebühr erheben, diese würde aber dem Sinn der Vorschrift des § 91 I Nr. 11 HandwO zuwiderlaufen, eine für die Beteiligten kostensparende Möglichkeit der Streitbeilegung zu schaffen.

358 Rothweiler / Sauer, Schlichtungsstellen - eine Alternative ?, NJW 1978, 797, 798; Honig, Die Wirkung der Kfz - Schiedsstellen, DAR 1994, 148.

359 Matthies, Schiedsinstanzen im Bereich der Arzthaftung: Soll und Haben, S.115.

360 Im Verfahren nach § 27a UWG soll über die Kostenerstattung unter den Parteien gütliche Einigung angestrebt werden, mißlingt sie, so entscheidet die Einigungsstelle nach billigem Ermessen, Baumbach / Hefermehl, Wettbewerbsrecht, § 27a UWG Rnd. 16.

361 Ein prozessualer Kostenerstattungsanspruch für Kosten, die durch Zuziehung eines Prozeßbevollmächtigten oder Beistands entstehen, ist gesetzlich nicht vorgesehen. Der Partei kann aber ein materieller Kostenerstattungsanspruch als Teil eines Schadensersatzanspruchs zustehen, für den Schlichtungsausschuß nach § 111 II ArbGG, Germelmann / Matthes / Prütting, ArbGG, § 111 Rnd. 65.

362 Vgl. zum sachlichen Geltungsbereich dieser Norm, Riedel / Sußbauer, BRAGO, § 65 Rnd. 4 ff..

363 Nicht etwa die drei Gebühren des § 31 BRAGO.

364 Gesetz zur Förderung der außergerichtlichen Streitbeilegung vom 15.12.1999 BGBl. I S. 2400.

angerechnet, wenn es sich um ein Schlichtungsverfahren nach § 15a EGZPO handelte[365]. Nach § 65 II BRAGO erhält der Rechtsanwalt für eine im Verfahren erzielte Einigung eine weitere Gebühr in Höhe von nunmehr[366] fünfzehn Zehnteln[367]. Durch die Erhöhung der Einigungsgebühr auf fünfzehn Zehntel wird diese an die Gebühr für einen außergerichtlichen Vergleich angepaßt. Dies ist schon deshalb gerechtfertigt, weil in beiden Fällen die Einigung ohne Mitwirkung des Gerichts zustande gekommen ist.

Bei anderen außergerichtlichen Schlichtungseinrichtungen erhält der Anwalt eine Rahmengebühr von 5/10 bis 10/10 nach § 118 I - III BRAGO[368] sowie (im Falle eines Vergleiches) die Vergleichsgebühr des § 23 BRAGO in Höhe von 15/10, da über den Gegenstand, über den sich die Parteien einigen, ein gerichtliches Verfahren nicht anhängig sein wird.

Die Kosten der Streiterledigung betragen danach bei einem Streitwert von 500,- DM 100,- DM, bei einem Streitwert von 1000,- DM 180,- DM und bei einer Streitforderung von 10.000,- DM 1.190,- DM, jeweils zuzüglich Mehrwertsteuer. Berücksichtigt man dazu die geringeren „nicht - pekuniären" Kosten[369], ist eine deutliche Kostenersparnis festzustellen.

bb) Gebührenpflichtige Schlichtungsverfahren

Bei den kostenpflichtigen Schlichtungsverfahren kann zwischen Schlichtungsverfahren, deren Kosten von einer Partei getragen werden[370], Verfahren, bei denen die Kosten von beiden Parteien, unabhängig vom Ausgang des Verfahrens, getragen werden und denen bei welchen die Kostentragungspflicht der „unterlegenen" Partei zukommt[371], unterschieden werden. Teilweise bestimmen die Ver-

---

365 BT - Drucks. 14 / 980, S. 3 f.

366 Neufassung des § 65 II BRAGO durch das Gesetz zur Förderung der außergerichtlichen Streitbeilegung.

367 Diese erhält er auch dann, wenn kein Vergleich i.S.d. § 779 BGB geschlossen wurde, weil es am gegenseitigen Nachgeben mangelt, der Antragsgegner den erhobenen Anspruch also anerkennt oder der Antragsteller auf den Anspruch verzichtet, Riedel / Sußbauer, BRAGO, § 65 Rnd. 2.

368 Es können mehrere der Gebührentatbestände des § 118 I - III BRAGO verwirklicht sein.

369 Vgl. E. I. 4. a) bb).

370 Z.B. die Verfahren des § 76 BetrVG, bei welchen die Kosten nach § 76a BetrVG stets dem Arbeitgeber zur Last fallen. Der Arbeitgeber hat dabei auch die notwendigen Anwaltskosten der Gegenseite zu tragen, obwohl diese nicht als Kosten der Einigungsstelle i.S.d. § 76a BetrVG anzusehen sind. Diese Kosten muß der Arbeitgeber nach § 40 I BetrVG ersetzen, Fitting / Kaiser / Heither / Engels, BetrVG, § 76 Rnd. 8; Richardi, BetrVG, § 76, Rnd. 10, § 40 Rnd. 22 ff..

371 So z.B. das jagdrechtliche Güteverfahren, Mitschke / Schäfer, Bundesjagdgesetz, § 35 Rnd. 30.

fahrensordnungen nicht ausdrücklich welche Partei die Kosten trägt. Sie ordnen vielmehr an, daß die Schlichtungsstelle die Kosten nach billigem Ermessen verteilt[372].

Der finanzielle Vorteil dieser Schlichtungsinstanzen liegt darin, daß die anfallenden Kosten regelmäßig unter denen eines Prozesses liegen[373] (sowohl die Verfahrensgebühren liegen unter denen des Gerichtskostengesetzes als auch die anfallenden Rechtsanwaltsgebühren sind geringer).

Nach niedersächsischem[374], nordrhein - westfälischem, schleswig - holsteinischem, saarländischem und hessischem Recht[375] entsteht im Verfahren vor dem Schiedsmann eine Gebühr von 5,- DM für die Sühneverhandlung, die sich im Vergleichsfalle auf 10,- DM erhöht. Der Schiedsmann kann die Gebühr unter Berücksichtigung der Verhältnisse der Parteien und der Schwierigkeit des Falles auf höchstens 60,- DM erhöhen. Für die Bescheinigung der Erfolglosigkeit entsteht eine Gebühr in Höhe von 6,- DM.

Für das Güteverfahren vor der ÖRA - Hamburg wird grundsätzlich eine Gebühr von ¾ der Gebühr nach dem GKG verlangt[376].

Bei der Frankfurter Mietschlichtungsstelle hat der Antragsteller zunächst die Gebühr zu zahlen. Diese errechnet sich bei Streitigkeiten über eine Mieterhöhung aus der Hälfte der bisherigen Monatsmiete und 10 % des Jahresdifferenzbetrages zwischen dem bisher entrichteten und neu geforderten Mietzins. Ist der Antragsgegner zur Verhandlung vor der Schlichtungsstelle nicht bereit, so wird der erhobene Betrag bis auf 40,- DM zurückbezahlt. Vergleichen sich die Parteien vor der Schlichtungsstelle, so enthält der Vergleich auch eine Kostenregelung. Wenn keine Einigung erzielt wird, erhält der Antragsteller die vorausgezahlte Gebühr bis auf 100,- DM zurück[377].

Bei den in Bayern durch Bekanntmachung des Staatsministeriums der Justiz vom 31.07.1984 zunächst beim Amtsgericht München, später auch bei den Amtsgerichten Würzburg, Traunstein[378] und Regensburg[379] eingerichteten Gütestellen, ist

---

372 Es ist jedoch anerkannt, daß die Gütestellen dabei in erster Linie auf den Ausgang des Verfahrens abzustellen haben, Mitschke / Schäfer, Bundesjagdgesetz, § 35 Rnd. 30.

373 Rothweiler / Sauer, Schlichtungsstellen - eine Alternative, NJW 1978, 797, 798; Proppe / Krapp, Außergerichtliche Verfahren - Alternative zur Ziviljustiz, JA 1990, 65, 71.

374 § 43 I Niedersächsische Schiedsmannsordnung.

375 § 43 I der jeweiligen Schiedsmannsordnungen ist jeweils wortgleich, Gain, Die Schiedsmannsordnung der Länder Nordrhein - Westfalen, Niedersachsen, Schleswig - Holstein, Saarland, das Hessische und das Berliner Schiedsmannsgesetz, S. 162.

376 § 2 Nr. 2 der Gebührenordnung für die ÖRA Hamburg.

377 Rothweiler / Sauer, Schlichtungsstellen - eine Alternative, NJW 1978, 797, 798.

378 Die Schlichtungsstelle in Traunstein wurde 1992 eingerichtet, Bethke, Das Schlichtungsverfahren in Bayern - eine Möglichkeit der außergerichtlichen Beilegung von bürgerlichrechtlichen Streitigkeiten, DRiZ 1994, 16.

die Antragstellung für den Antragsteller - bei Versagung der erforderlichen Einverständniserklärung durch den Antragsgegner - völlig frei von einem Kostenrisiko, da die Gebühr erst für den Schlichtungstermin und nicht schon für den Schlichtungsantrag fällig wird[380]. Die Gebühr beträgt ca. ½ bis 2/3 der für Zivilprozesse mit gleichem Streitwert zu entrichtenden erstinstanzlichen Gebühren[381]. Etwas höher als die Kosten nach dem Gerichtskostengesetz sind die Gebühren nach der Kostenordnung der Architektenkammer Nordrhein - Westfalens[382]. Die

---

379 Leeb, Entlastung der Justiz - Notwendigkeit, Gefahren, Chancen, BB 1998, Beilage 10, 3.

380 Bethke, Das Schlichtungsverfahren in Bayern - eine Möglichkeit der außergerichtlichen Beilegung von bürgerlichrechtlichen Streitigkeiten, DRiZ 1994, 16, 18.

381 Im einzelnen beläuft sich der Unkostenbeitrag bei einem Streitwert

bis 200,- DM auf	30,- DM
bis 350,- DM auf	40,- DM
bis 500,- DM auf	50,- DM
bis 700,- DM auf	60,- DM
bis 900,- DM auf	70,- DM
bis 1200,- DM auf	80,- DM
bis 1500,- DM auf	90,- DM
bis 2000,- DM auf	110,- DM
bis 2500,- DM auf	130,- DM
bis 3000,- DM auf	150,- DM

von dem Mehrbetrag bis 100.000,- DM je für 1.000,- DM auf 25,- DM.

382 http://www.aknw.de/service/Architektenrecht/kostenordnung_schlichtungsfahren. htm.

Kostenordnung für das Schlichtungsverfahren:

1. Nichtvermögensrechtliche Streitigkeiten entsprechend Umfang, Schwierigkeit und Bedeutung der Sache nach Festsetzung des Vorsitzenden der Schlichtungsstelle:

100,- DM bis 200,- DM

2. Vermögensrechtliche Streitigkeiten, Mindestgebühr	100,- DM
bei einem Wert des Streitgegenstandes bis zu 10.00 DM	5 %
von dem 10.000,- DM übersteigenden Wert des Streitgegenstandes	4 %
von dem 20.000,- DM übersteigenden Wert des Streitgegenstandes	2 %
von dem 50.000,- DM übersteigenden Wert des Streitgegenstandes	1 %
von dem 100.000,- DM übersteigenden Wert des Streitgegenstandes	0,5 %

des nach Anhörung der Parteien von dem Vorsitzenden der Schlichtungsstelle festzusetzenden Streitwertes.

3. Der Vorsitzende der Schlichtungsstelle kann nach Umfang, Schwierigkeit und Bedeutung der Sache die Gebühr bis zu dem doppelten Betrag erhöhen oder bis zur Hälfte des Betrages vermindern.

Kosten der Streiterledigung sind hier - für den Fall, daß ein Rechtsanwalt in Anspruch genommen wird - höher als bei einer gerichtlichen Geltendmachung[383]. Zwar erhält der Rechtsanwalt aus § 118 BRAGO maximal 2 10/10 Gebühren[384], hinzu kommt jedoch die Vergleichsgebühr des § 23 BRAGO.

Die Frage nach der kostengünstigeren Variante der Rechtsdurchsetzung kann nicht allgemein beantwortet werden. Es sind die jeweils konkreten Kostentabellen zu berücksichtigen. Die Gütestellen von Unternehmen und Verbänden können in der Regel kostenlos in Anspruch genommen werden und sind daher in jedem Fall billiger als der gerichtliche Weg[385]. Die staatlichen Schlichtungsstellen arbeiten gegen eine geringe Gebühr, die deutlich niedriger ist als die des Gerichtskostengesetzes für die erste Instanz. Hinzu kommt, daß bei diesen Schlichtungsstellen die Rechtsanwaltsgebühren nach § 65 BRAGO ebenfalls unter denen eines Gerichtsprozesses liegen.
Andere gebührenpflichtige Güteverfahren sind lediglich dann günstiger für die Parteien, wenn kein Rechtsanwalt in Anspruch genommen wird, was in vielen Fällen lediglich zur Erstberatung notwendig ist[386].

5. Erleichterter Zugang zum Recht

Im Folgenden soll untersucht werden, ob außergerichtliche Schlichtungsverfahren eine Möglichkeit für schwächere und über kleinere Machtressourcen verfügende Parteien bieten, diesen Nachteil zu überwinden und ihren Konflikt statt vor das kostenintensivere und abschreckendere Gerichtssystem vor ein dieses ergänzendes, leichter zugängliches Forum zu tragen.
Gerade bei Verbraucherbeschwerden liegt häufig die besondere Situation vor, daß es sich bei dem Streitgegenstand bzw. der Höhe des Streitwertes nicht lohnt, einen Zivilprozeß anzustrengen. Hier können informelle und damit leicht erreichbare, kostengünstigere Schlichtungseinrichtungen verhindern, daß der Zugang zum Recht aus ökonomischen Gründen faktisch abgeschnitten bliebe und damit die Justiz ergänzen.

---

383 Es wurden lediglich die Kosten der ersten Instanz berücksichtigt (ohne Sachverständigengutachten o.ä.).

384 Die Beweisgebühr des § 118 I Nr. 3 BRAGO kann lediglich entstehen, wenn ein gerichtliches oder behördliches Verfahren durchgeführt wird, weil das Gericht oder die Behörde die Beweisaufnahme anordnen muß.

385 Sie werden nicht selten beargwöhnt, weil man annimmt, sie seien ein Ausdruck des wirtschaftlichen Kalküls der Unternehmen und dienten letztlich dem Zweck, Konsumentenrechte zu beschneiden, vgl. dazu E. I. 5..

386 Die Frage nach der Beteiligung von Bevollmächtigten und Beiständen wird ausführlich unter F. II. 2. behandelt.

a) Verbesserung des Rechtsschutzes als „Verkaufsargument"

Es ist auffällig, daß im Dienstleistungsbereich[387] zahlreiche Schlichtungsstellen geschaffen wurden, welche nicht gebührenpflichtig für den Verbraucher sind[388]. Der Vorteil für den Verbraucher liegt dabei zunächst darin, daß Justizverfahren für die Konflikte zwischen Anbietern von Waren und Dienstleistungen und privaten Verbrauchern oftmals zu teuer und zu aufwendig sind[389].
Aus unternehmerischer Sicht läßt sich die Einrichtung dieser Schieds- und Schlichtungsstellen damit erklären, daß sich die Unternehmen Wettbewerbsvorteile versprechen, wenn sie dem Verbraucher die Rechtsdurchsetzung erleichtern[390]. Der einzelne Verbraucher verfügt meist nicht über wirksame marktmäßige Sanktionen, um die Einhaltung vertraglicher Versprechen zu erzwingen. So ist die Drohung, zu Konkurrenten abzuwandern, wenig wirksam, wenn ein Kunde bestimmte Dienste oder Waren, gemessen am Umsatz eines Unternehmens, verschwindend gering nachfragt. Mit einem Prozeß können Verbraucher nur glaubhaft drohen, wenn sie bereit sind, die damit verbundenen Kosten und Risiken zu tragen und den erforderlichen Arbeits- und Zeitaufwand zu investieren[391]. Aus diesem Grund können Unternehmen den Wert von Gewährleistungsansprüchen erhöhen, wenn sie ein Verfahren schaffen, daß insbesondere im Vergleich mit Prozessen vor staatlichen Gerichten für die Verbraucher mit geringeren Kosten und Risiken und / oder mit einem geringeren Arbeits- und Zeitaufwand verbunden ist und somit die Rechtsdurchsetzung erleichtert. Die Unternehmen sichern sich dadurch einen Vorteil gegenüber unseriösen Marktanbietern wie „Schwarzarbeitern", denn in der „Schattenwirtschaft" sind die Ansprüche in der Regel nicht auf diesem Wege durchsetzbar[392].

---

387 Z.B. Kfz-Handwerk, Textilreinigungen.

388 Vgl. auch Nr. 5 II VerfOBO nachdem der Bund deutscher Banken die Kosten des Verfahrens vor dem Bankombusmann trägt.

389 Hegenbarth, Neue Köpfe für die alte Hydra ? Die Entgerichtlichung von Verbraucherstreitigkeiten, in: Jahrbuch für Rechtssoziologie IX, 152; siehe auch E. I. 4..

390 Kotzorek, Schieds- und Schlichtungsstellen für Verbraucher - Konditionenkartell oder verbesserter Konsumentenschutz ?, ZRP 1986, 282, 283.

391 Breidenbach, Mediation, S. 107 f.

392 Kotzorek, Schieds- und Schlichtungsstellen für Verbraucher - Konditionenkartell oder verbesserter Konsumentenschutz ?, ZRP 1986, 282, 284.

b) Einschränkung des Rechtsschutzes zur Gewinnmaximierung

Kritiker dieser Entwicklung sehen in den Schlichtungsangeboten einen Versuch, den „konfliktfähigen" Konsumenten vom Rechtsweg fernzuhalten. Die Entgerichtlichung von Verbraucherstreitigkeiten diene vor allem dazu, Konflikte mit Konsumenten zu „privatisieren", um eine Rechtsfortbildung zugunsten der Verbraucher zu verhindern[393]. Es wird vermutet, daß sich Unternehmen zu einem Kartell zusammenschließen, um im Interesse der eigenen Gewinnsteigerung die Chancen der Rechtsdurchsetzung, die bei der Anrufung staatlicher Gerichte für die Verbraucher bestehen, einzuschränken[394].
Diese theoretische Gefahr ist jedoch in der Praxis nicht gegeben. Es geht in den hier beschriebenen Fallkonstellationen nicht um Fälle, in denen die Schlichtungseinrichtung die Konsumenten daran hindert, eigentlich notwendige, bessere Maßnahmen zur Durchsetzung ihrer Rechte zu ergreifen. Es wird durch die Gütestellen überhaupt erst ein Forum der Konfliktbehandlung geschaffen[395], die Rechtsfortbildung zugunsten der Verbraucher soll damit nicht beschnitten werden. Ein Schlichtungsverfahren kann zwar nicht die Rechtsposition des Verbrauchers durch Grundsatzentscheidungen ausbauen[396], dieses Defizit wird aber ohne jegliche Konfliktbehandlung erst recht nicht beseitigt.
Möglichkeiten, die vorhandene Einbuße an Rechtsfortbildung für die Verbraucher zu beseitigen, sind der Ausschluß rechtsgrundsätzlicher Fragen[397] und die Veröffentlichung der Schlichtungsergebnisse. Letzteres würde jedoch im Einzelfall eine negative Auswirkung auf die Schlichtungsbereitschaft erzielen[398].

Als Fazit ist festzustellen: Es gibt keinen stichhaltigen Grund dafür, daß die bestehenden Schlichtungsstellen von ihren Trägern zum Nachteil der Verbraucher geschaffen wurden. Vielmehr verbessern diese Einrichtungen die Chancen der Verbraucher, Ansprüche durchzusetzen.

---

[393] Hegenbarth, Neue Köpfe für die alte Hydra ? Die Entgerichtlichung von Verbraucherstreitigkeiten, in: Jahrbuch für Rechtssoziologie IX, 152.

[394] Kotzorek, Schieds- und Schlichtungsstellen für Verbraucher - Konditionenkartell oder verbesserter Konsumentenschutz ?, ZRP 1986, 282, 283.

[395] Breidenbach, Mediation, S. 236 f..

[396] siehe dazu E. II.3..

[397] wie z.B. nach Nr. 3 II VerfOBO beim Ombusmann deutscher Banken, vgl auch F. I. 2. a).

[398] siehe dazu nachfolgend E. I. 6..

6. Nichtöffentlichkeit der außergerichtlichen Verfahren

Einer der wichtigsten Unterschiede zum gerichtlichen Verfahren liegt in der Nichtöffentlichkeit außergerichtlicher Konfliktbehandlung. Unbestritten wirkt sich diese Tatsache günstig auf die Schlichtungsbereitschaft der Parteien aus[399]. Einige öffentlichkeitswirksame Konfliktstoffe erregen über die unmittelbar am Konflikt beteiligten Personen hinaus Interesse und verursachen im Fall ihres Bekanntwerdens Reaktionen bei einem breiten Publikum. Mit diesen Reaktionen können die Parteien rechnen und sie auch strategisch einsetzen[400], was sich günstig auf die Einigungsbereitschaft auswirkt. Große Wirtschaftsunternehmen nutzen den Vorteil der Nichtöffentlichkeit stillschweigend schon lange. Bei ihnen wirken Aufsichtsräte als Schlichter, ohne daß sie so genannt werden. Konflikte werden diskret in den Vorstandszimmern von Banken oder Versicherungen, die in den Aufsichtsgremien beider streitenden Unternehmen sitzen, besprochen und nicht selten gelöst[401]. Ein Streit auf offener Bühne, wie z.B. zwischen General Motors / Opel und Volkswagen vor dankbar staunendem Publikum ist die Ausnahme[402].

a) Druck zum Vergleichsabschluß

Wenn eine der Streitparteien auf die Realisierung eigener Ansprüche dringend angewiesen ist, etwa wenn bei zu langsamer Realisierung Zahlungsunfähigkeit droht, kann sich diese Partei gezwungen sehen, eine nachteilige außergerichtliche Einigung schon aus diesem Grund zu akzeptieren. Dieses Problem tritt jedoch auch ohne außergerichtliche Einigungsversuche auf, wenn der gerichtliche Rechtsschutz zu lange dauert[403]. Die Praxis, der Gegenpartei einen niedrigeren Preis als den vertraglich vereinbarten zur Tilgung einer Forderung anzubieten mit der Drohung, bei Beharren auf der ursprünglichen Forderung werde zunächst gar nicht gezahlt werden, greift auch bei (als seriös) bekannten Unternehmen um sich[404]. Die fehlende Öffentlichkeit begünstigt, von derartigen Abweichungen

---

[399] Prütting, Schlichten statt Richten, JZ 1985, 261,263.

[400] Ein Haftungsprozeß kann für einen Hersteller einen Imageverlust bedeuten. Die Partei, die durch die Beteiligung der Öffentlichkeit negative Konsequenzen befürchten muß, wird in Verhandlungen bereit sein nachzugeben, Breidenbach, Mediation, S. 109.

[401] Schmidt, Wirtschaftsmediation - die nicht gesehene Chance, BB 1998, Beilage 10, 6, 8.

[402] Und auch dieser Streit wurde schließlich unter Ausschluß der Öffentlichkeit durch einvernehmliche Lösung beigelegt.

[403] Fiss, Against Settlement, Yale L.J. 1984, 1073, 1076.

[404] Zu dem Anspruch der Übereinstimmung der Einigung mit der wirklichen Rechtslage vgl. E. II. 1. a), c); F. II. 6.

vom normalen Rechtsverkehr einmal abgesehen, die Einflußnahme auf die finanzschwächere Partei, sich „gütlich“ zu einigen, um einen langwierigen Prozeß zu vermeiden[405]. Aber auch innerhalb gerichtlicher Verfahren ist die schwächere Partei beim „Kampf ums Recht“ benachteiligt[406]. Der unbestrittenen Begünstigung dieser Benachteiligung durch die Nichtöffentlichkeit außergerichtlicher Schlichtungsverfahren muß durch die Schlichtungsperson begegnet werden[407].

b) Unmöglichkeit der Nachahmung

Von einigen Verbraucherschützern wird betont, daß es Aspekte in der Konfliktbehandlung gibt, die über die Interessen der Parteien im konkreten Konflikt hinausgehen, aber dennoch berücksichtigt werden sollten[408]. Gemeint ist die mangelnde Rechtsfortbildung durch Schlichtungsverfahren[409] und die Unmöglichkeit, einen vorherigen Fall, der durch Kulanz erledigt wurde, für nachfolgende ähnliche Fälle als Argument zu nutzen. Der Vorteil eines solchen „Nachahmers“ ist jedoch nicht schützenswert. Die Argumentation der Verbraucherschützer übersieht, daß im Falle direkter Verhandlungen eines Verbrauchers mit einem Wirschaftsunternehmen keinerlei Anspruch auf Wiederholung der Entscheidung des Unternehmens in einem ähnlichen Fall besteht. Die anderen Kunden des Unternehmens werden bei direkten Gesprächen zwischen Unternehmen und Verbraucher weder von der Existenz einer Auseinandersetzung noch von der Lösung des Konfliktes erfahren[410]. Dies mag für die „Nachfolgenden“ bedauerlich sein, ist aber Folge der Privatautonomie[411].

Die besseren Einigungschancen, die sich aus der Nichtöffentlichkeit außergerichtlicher Schlichtungsverfahren ergeben, können somit als Chance dieser Konflikterledigungseinrichtungen angesehen werden.

---

405 Fiss, Against Settlement, Yale L.J. 1984, 1073, 1086.

406 Gegen die Annahme, daß die Justiz den Verbraucher schützt, spricht bereits die Beobachtung, daß die Konsumenten vorwiegend die Beklagtenrolle einnehmen, Frommel, Entlastung der Gerichte durch Alternativen zum zivilen Justizverfahren ?, ZRP 1983, 31, 32; Die „stärkere“ Partei gewinnt auch deutlich öfter den Prozeß. Eine Auswertung von Verbraucherprozeßen ergab, daß lediglich 18 % der Konsumenten einen vollen Sieg erreichten, während 64 % voll unterlagen, Hegenbarth, Neue Köpfe für die alte Hydra ? Die Entgerichtlichung von Verbraucherstreitigkeiten, in: Jahrbuch für Rechtssoziolgie IX, 152, 154.

407 Zu den diesbezüglichen Aufklärungspflichten des Schlichters siehe F. II. 6.

408 Breidenbach, Mediation, S. 118.

409 vgl F. II. 1. d.

410 Die Vertraulichkeit der getroffenen Regelung wird häufig sogar Bestandteil der Vereinbarung sein.

411 Breidenbach, Mediation, S. 118 f..

7. Justizentlastung durch außergerichtliche Streitschlichtung

Sowohl der Bundesrat[412], als auch die Bundesregierung[413] erhoffen sich von der obligatorischen vorgerichtlichen Streitschlichtung eine Entlastung der Gerichte und damit auch der Staatshaushalte.
Ob durch eine Förderung der außergerichtlichen Konfliktlösungsangebote die Ziviljustiz nennenswert entlastet werden kann, soll im Folgenden untersucht werden.

a) Notwendigkeit der Entlastung der Ziviljustiz

Zunächst ist zu ermitteln, ob die Justiz tatsächlich überlastet ist. Kirchhof[414] kommt, in seinem teilweise recht unsachlichen Beitrag zu dem Ergebnis, daß „von einer allgemeinen Überlastung der ordentlichen Gerichtsbarkeit innerhalb der Justiz beim besten Willen nicht gesprochen werden kann“ und, „daß Märchen immer leichter als Tatsachen geglaubt werden“. Er stützt seine Auffassung auf die Beobachtung, daß es Richter gibt, die am Nachmittag Tennis oder Golf spielen sowie ihre Zeit mit der Herausgabe von Kommentaren und Lehrbüchern, der Besetzung von Schiedsgerichten, der Abhaltung von Vorträgen oder auf Fortbildungsveranstaltungen verbringen. Er begründet seine Meinung weiterhin mit statistischen Zahlen, welche eine Abnahme des Geschäftsanfalls[415] zeigen, über die eigentliche Frage nach der Überlastung der Ziviljustiz jedoch nichts aussagen.
Kirchhof beruft sich auf die folgenden Angaben zur Geschäftsentwicklung:
Das Justizministerium Nordrhein - Westfalens in Düsseldorf gibt regelmäßig die Zahlen bekannt, die als Grundlage der Überprüfung des Belastungszustands der ordentlichen Gerichtsbarkeit im Land Nordrhein - Westfalen dienen sollen.
Der Höhepunkt der Eingänge bei den Amtsgerichten in Zivilsachen lag danach[416] im Jahr 1993. Es wurden 451.303 Eingänge verzeichnet[417]. In den Folgejahren sank diese Zahl kontinuierlich auf 420.013 Eingänge im Jahr 1996 ab. Es ist demnach eine Abnahme von 7 % festzustellen.

---

412 BT - Drucks. 13 / 6398 S. 12, 14, 17f., 35.

413 BT - Drucks. 13 / 7992 S. 2, 7f.; BT - Drucks. 14, 980 S. 1.

414 Kirchhof, Ist die ordentliche Gerichtsbarkeit überlastet?, BRAK - Mitt. 1998, 68 f.

415 Kirchhof beschränkt seine Ausführungen auf Nordrhein - Westfalen.

416 Kirchhof, Ist die ordentliche Gerichtsbarkeit überlastet?, BRAK - Mitt. 1998, 68, 69.

417 Diese hohe Zahl erklärt sich *auch* aus der Erweiterung der Zuständigkeit ab 01.03.1993 von 6.000,- DM auf 10.000,- DM durch das Gesetz zur Entlastung der Rechtspflege vom 11.01.1993, BGBl. I, 50.

Bei den erstinstanzlichen Zivilsachen der Landgerichte sind die Eingänge von 106.581 im Jahr 1992 auf 86.985 im Jahr 1996 zurückgegangen[418]. Diese Verminderung beträgt 18,4 %.
Die Oberlandesgerichte des Landes Nordrhein - Westfalen hatten im Jahr 1988, mit 17.754 Sachen, die meisten Neuzugänge zu verzeichnen. Diese Zahl verminderte sich im Jahr 1996 auf 14.931 Eingänge, so daß eine Abnahme von 16 % festzustellen ist.
Die Zahl der Richter ist demgegenüber in dem gleichen Zeitraum in Nordrhein - Westfalen beinahe konstant geblieben. Es liegt lediglich eine Verringerung von 3.633 Richtern im Jahr 1991 auf 3.611 Richter im Jahr 1996 vor[419]. Dies entspricht einer Abnahme von 0,6 %. Nach diesem Ergebnis scheint es für Kirchhof unmöglich, daß die Justiz überlastet ist.

Betrachtet man den gleichen Zeitraum auf Bundesebene, so läßt sich feststellen, daß in den alten Ländern die Zahl der Neueingänge bei den Amtsgerichten zwischen 1992 und 1995 von 1.261.405 auf 1.434.600, also um 13,7 %, angestiegen ist[420]. 1993 gingen dort 1.455.094 Verfahren, 1994 1.456.459 Verfahren neu ein. Die Zahl der Neueingänge bei den Amtsgerichten in den alten Ländern sank somit erst 1995 geringfügig. Diese Entwicklung der Eingangszahlen bei den Amtsgerichten, ist entgegen der Ansicht Kirchhofs, nicht allein auf die Anhebung der Wertgrenze in § 23 Nr. 1 GVG von 6.000,- DM auf 10.000,- DM, durch das Gesetz zur Entlastung der Rechtspflege[421], zurückzuführen, sie ist auch bedingt durch den deutlichen Anstieg der erstinstanzlichen Zivilverfahren im Jahr 1993[422]. Zwar gehen die Neueingänge seit 1994 bei den erstinstanzlichen Zivilgerichten wieder zurück, ihre Anzahl ist dennoch weiterhin deutlich höher als 1992[423] [424].

---

418 Dieser Rückgang der Neuzugänge ist ebenfalls *zum Teil* auf die Änderung der Wertgrenze für die Zuständigkeit der Amtsgerichte ab dem 01.03.1993 zurückzuführen.

419 Kirchhof, Ist die ordentliche Gerichtsbarkeit überlastet?, BRAK - Mitt. 1998, 68, 69.

420 BT - Drucks. 13 / 7992 S. 2.

421 BGBl. 1993, I, 50.

422 Die Zahl der erstinstanzlichen Zivilverfahren nahm von 1.648.292 im Jahr 1992 auf 1.821.114 im Jahr 1993 um 9,9 % zu.

423 BT - Drucks. 13 / 7992 S.2.

424 Geschäftsentwicklung der Neuzugänge im Bundesgebiet (alle erstinstanzlichen Zivilverfahren - ohne Familiensachen, Statistisches Bundesamt Fachserie 10, Reihe 2, 1997, S. 14 f. (Amtsgericht), 29 f. (Landgericht), seit dem 03. Oktober 1990 einschließlich Berlin Ost, ab 1995 gesamte Bundesrepublik.

1984	**1985**	**1986**	**1987**
AG: 1.216.576	AG: 1.275.442	AG: 1.319.212	AG: 1.300.941
LG: 330.978 LG: 351.523	LG: 361.589	LG: 359.026	

Für alle Rechtsstreitigkeiten, die bei den Gerichten anhängig gemacht werden, ist der für die Justiz entstehende Arbeitsaufwand, aufgrund des Justizgewährungsanspruchs des Rechtsuchenden und der rechtsstaatlichen Garantien des Grundgesetzes, lediglich in Grenzen steuerbar[425]. Der Geschäftsanfall der Zivilgerichte ist, seit der Einführung der bundeseinheitlichen Geschäftsübersichten im Jahre 1957, angestiegen. Während zwischen 1957 und 1980 dieser steigende Geschäftsanfall durch eine ebenso starke Erhöhung der Richterzahl ausgeglichen wurde[426], stieg der Geschäftsanfall zwischen 1980 und 1986 um 33 %[427], wohingegen das Justizpersonal lediglich einen Anstieg von 1,3 % verzeichnete[428]. Auch der deutliche Anstieg des Geschäftsanfalls 1993 hatte keine Erhöhung der Richterzahl zur Folge[429]. Der leichte Rückgang der Neueingänge seit 1994 bei den erstinstanzlichen Zivilgerichten kann die darausfolgende Überlastung der Zivilgerichtsbarkeit nicht beseitigen, zumal die Anzahl der Neuzugänge weiterhin deutlich höher

---

Summe: 1.547.554	Summe: 1.626.965	Summe: 1.680.801	Summe: 1.659.967
1988 AG: 1.273.274 LG: 357.219 LG: 351.448 Summe: 1.630.493	**1989** AG: 1.235.310 LG: 359.102 Summe: 1.586.758	**1990** AG: 1.198.782 LG: 306.426 Summe: 1.557.884	**1991** AG: 1.196.881 Summe: 1.503.307
1992 AG: 1.261.405 LG: 386.887 LG: 357.020 Summe: 1.648.292	**1993** AG: 1.455.094 LG: 339.283 Summe: 1.812.114	**1994** AG: 1.456.460 LG: 418.807 Summe: 1.795.743	**1995** AG: 1.751.448 Summe: 2.170.225
1996 AG: 1.686.960 LG: 422.995 Summe: 2.109.955	**1997** AG: 1.686.884 LG: 422.407 Summe: 2.109.251		

425 BT - Drucks. 13 / 6398, S. 18; LT - Drucks. BW 12 / 5033, S.17.

426 Renk, Entlastung der Zivilgerichte, DRiZ 1996, 69.

427 von 1,3 Mill. Verfahren 1980 auf 1,68 Mill. 1986.

428 Renk, Entlastung der Zivilgerichte, DRiZ 1996, 69.

429 Hoffmann - Riem, Konfliktbewältigung in einer angebotsorientierten Rechtsschutzordnung, ZRP 1997, 190.

als 1992 ist und, ohne staatliche Gegensteuerung, mit einem weiteren Anstieg des Geschäftsanfalls zu rechnen ist[430].
Es sind somit gesetzgeberische Maßnahmen zur Justizentlastung erforderlich[431], weil die Überlastung der Gerichte nicht durch eine verstärkte Richtereinstellung gelöst werden kann. Eine weitere Vermehrung des Justizpersonals als Mittel der Kapazitätssteigerung ist zum einen gesellschaftspolitisch nicht erwünscht[432] und zum anderen fehlen angesichts der Situation der Justizkasse die nötigen finanziellen Mittel[433].

b) Gründe des gestiegenen Geschäftsanfalls

Ob die Förderung der außergerichtlichen Streitschlichtung eine spürbare Entlastungswirkung für die Ziviljustiz haben wird, läßt sich erst replizieren, wenn die Gründe der Prozeßhäufigkeit analysiert wurden.
aa) Prozeßfreudigkeit der Bundesbürger

Viele glauben, den Grund für den gestiegenen Geschäftsanfall an den Zivilgerichten in der Prozeßfreude der Deutschen gefunden zu haben[434]. Prozeßfreude ist ein unglückliches, wenn nicht sogar unzutreffendes Wort. Prozesse zu führen, bereitet dem Bürger keine Freude, sondern ist für ihn mit einer Fülle von Ärger und Unannehmlichkeiten verbunden. Was gemeint ist, wenn von Prozeßfreude gesprochen wird, läßt sich dahingehend umschreiben, daß den Deutschen nachgesagt wird, rechthaberisch zu sein und zu versuchen, selbst aus geringfügigen Anlässen ihr vermeintliches Recht, mit Hilfe von Anwälten und Gerichten, durchzusetzen[435].

---

430 Blankenburg, Mögliche Entwicklungen im Zusammenspiel von außer- und innergerichtlichen Konfliktregelungen, S. 82.

431 Über diese Tatsache besteht ein breiter Konsens siehe z.B. Leutheusser - Schnarrenberger, Wege zur Justizentlastung, NJW 1995, 2441; Hoffmann - Riem, Konfliktbewältigung in einer angebotsorientierten Rechtsschutzordnung, ZRP 1997, 190; Wassermann, Zur „Prozeßfreude" der Bundesbürger, NJW 1995, 1943; Diskussion über den Inhalt und Umfang eines zweiten Rechtspflegeentlastungsgesetzes einer von der Justizministerkonferenz eingesetzten Bund - Länder - Arbeitsgruppe unter Vorsitz des sächsischen Justizministeriums, DRiZ 1996, 69.

432 Leutheusser - Schnarrenberger, Wege zur Justizentlastung, NJW 1995, 2441, 24421 weist darauf hin, daß es, bezogen auf die Einwohnerzahl, in Deutschland wesentlich mehr Richter gibt als in vergleichbaren europäischen Staaten: Deutschland 28, Österreich 20, Belgien 20, Frankreich 10, Niederlande 6 Richter auf 100.000 Einwohner (Zahlen nach Blankenburg, Droht die Überforderung der Rechtspflege, ZRP 1992, 96, 99 ff.).

433 Hoffmann - Riem, Konfliktbewältigung in einer angebotsorientierten Rechtsschutzordnung, ZRP 1997, 190.

434 Wassermann, Zur „Prozeßfreude" der Bundesbürger, NJW 1995, 1943.

435 Zur Streitkultur siehe unter E. I. 9..

Die Beispiele für die angebliche Prozeßfreude der Deutschen werden vor allem zwei Materien entnommen[436], dem Reiserecht und dem Mietrecht.
Es steht außer Frage, daß es Querulanten gibt, die mit ihrer Uneinsichtigkeit und Hartnäckigkeit Nerven und Zeit der Richter oft über das erträgliche Maß hinaus strapazieren. Ebensowenig ist zu bestreiten, daß bei vielen Prozessen Anlaß und Inhalt des Streits in keinem Verhältnis zu den Kosten und zum Zeitaufwand stehen, den sie verursachen[437]. Es hat z.B. einen Rechtsstreit gegeben, in dem der Kläger mit seiner Klage, die er durch einen Anwalt einreichen ließ, vom Beklagten die Zahlung von 41 Pfennigen forderte. Der Beklagte hatte auf eine berechtigte Forderung des Klägers in Höhe von 294,41 DM lediglich 294,00 DM überwiesen. Das Amtsgericht hat die Klage wegen fehlendem Rechtsschutzbedürfnis abgewiesen, da es sich bei einem Betrag von 41 Pfennigen um einen wirtschaftlich so geringen Wert handele, daß es nicht gerechtfertigt erscheine, die Gerichte anzurufen[438].
Es verbieten sich dennoch Verallgemeinerungen. Die kuriosen Fälle sind lediglich ein kleiner Teil einer ernsten sozialen Problematik.
Statt den deutschen Nationalcharakter zu bemühen und ihm das Attribut „Prozeßfreudigkeit" oder „Streitlust" anzuheften[439], empfiehlt es sich, den tieferen Gründen nachzugehen, die für die Verfahrensflut verantwortlich sind. Es muß gefragt werden, ob nicht daß Rechts- und Justizsystem eben die Wirkungen hervorruft, die jetzt beklagt werden[440].

bb) Verstärkte gesellschaftliche Steuerung durch den Staat

Ein Grund für die Zunahme der Prozeßzahl in Deutschland ist die zunehmende Verrechtlichung der Lebenswelt[441].

---

436 Wassermann, Zur „Prozeßfreude" der Bundesbürger, NJW 1995, 1943, welcher sich auf einen Beitrag von Rollin vom 04.11.1994 in der Zeitschrift „Woche" beruft.

437 Vgl. auch E. I. 10.

438 AG Stuttgart, NJW 1990, 1054; dagegen, Buß, De minimis non curat lex, NJW 1998, 337, 338; Auch das OVG Münster, JZ 1962, 67, hat entschieden, daß für eine Anfechtungsklage gegen eine Postgebühr in Höhe von 20 Pfennigen das Rechtsschutzbedürfnis nicht wegen der Geringfügigkeit des streitigen Betrages verneint werden kann.

439 Vgl. dazu die Ausführungen zur Streitkultur der Deutschen (E. I. 10.). Erst durch die Erziehung der Bürger zur Rechtsdurchsetzung und die Übernahme des römischrechtlichen Aktionendenkens ist ein kämpferisches Element als Mittel zur Rechtswahrung entstanden.

440 Wassermann, Zur „Prozeßfreude" der Bundesbürger, NJW 1995, 1943.

441 Hoffmann - Riem, Konfliktbewältigung in einer angebotsorientierten Rechtsschutzordnung, ZRP 1997, 190,191.

Diese Verrechtlichung erkennt man zum einen bei einer Betrachtung der immer umfangreicheren juristischen Bibliotheken. Der rechtliche Veröffentlichungsstoff hat sich in überschaubarer Zeit verzehnfacht[442].
Solche Band- und Seitenzählungen sind, trotz aller Vorbehalte gegen ihre Aussagekraft, ein gewisses Indiz für die Zunahme des Rechtsstoffs, welche zu weniger Durchschaubarkeit, wachsender Dichte und zunehmender Kompliziertheit des Rechts geführt hat.
Aber auch die nüchterne Statistik läßt Schlagwörter wie „Normenflut“, „Paragraphendickicht“ oder „Gesetzesinflation“ gerechtfertigt erscheinen[443].
Die Folgen dieser Regelungsdichte sind zum einen abnehmende Rechtssicherheit und Rechtsbeständigkeit[444], aber auch der Wegfall traditioneller Schlichtungsinstanzen wie Pfarrer, Lehrer, Ratsmitglieder oder Bürgermeister. Diese örtlichen Autoritäten werden nicht mehr in nennenswerter Weise zur Konfliktlösung in Anspruch genommen. Auch wenn ihr Potential lediglich in der Schlichtung von Streitigkeiten des täglichen Lebens liegt, hatte ihr Wegfall dennoch Auswirkungen auf den steigenden Geschäftsanfall an den Zivilgerichten[445].

cc) Attraktivität der Justiz

Ein weiterer Grund der Justizüberlastung ist ihre Qualität. Offenbar ist die Einschaltung staatlicher Gerichte aus der Sicht der Betroffenen meist der beste Weg[446]. Wäre die staatliche Justiz im Vergleich zu den vorhandenen Alternativen deutlich schlechter, d.h. wesentlich langsamer oder teurer, dann gäbe es das Problem der Gerichtsüberlastung nicht.
So werden bei einem Abzahlungskauf oder Versandhandelsgeschäft die Gerichte von vornherein als effizientes Durchsetzungsmittel der Geldforderungen einkalkuliert, das Vorleistungsrisiko der Kaufleute wird also durch die Gerichte abgefedert[447].

---

442 Engelhard, in: Strempel (Hrsg.), Mehr Recht durch weniger Gesetz, S.11.

443 Herzog, Gesetzgebung und Einzelfallgerechtigkeit, NJW 1999, 25; Zahlen und Schaubilder bei Raiser, Das lebende Recht, Rechtssoziologie in Deutschland, S. 320 ff.

444 Mann, Die Gefahren der Normenflut für die soziale Marktwirtschaft, in: Strempel (Hrsg.), Mehr Recht durch weniger Gesetz, S. 44, 45.

445 Kemper, Vortrag auf einer Tagung zum Thema „Die Vorteile einer pragmatischen Rechtskultur“ am 17.04.1998 in Amsterdam.

446 Stock, in Gottwald / Strempel (Hrsg.), Streitschlichtung - rechtsvergleichende Beiträge zur außergerichtlichen Streitbeilegung, S.122 f..

447 Hoffmann - Riem, Konfliktbewältigung in einer angebotsorientierten Rechtsschutzordnung, ZRP 1997, 190, 192.

dd) Expansion einer gerichtsannexen Infrastruktur

Ein weiterer wichtiger Faktor ist die Expansion einer professionellen Infrastruktur, die die Wirkungsweise der bisher genannten Faktoren (insbesondere die Attraktivität der Justiz) verstärkt. Dazu zählen die Berufsstände, die davon leben und dafür geschaffen worden sind, gerichtliche Prozesse unterstützend zu begleiten (hauptsächlich die Anwaltschaft, aber auch Steuerberater und Notare).
Zu dieser Infrastruktur zählen auch die Rechtsschutzversicherer[448]. Zwar sind, nach neueren wissenschaftlichen Untersuchungen[449], Zweifel an der verbreiteten These angebracht, daß Rechtsschutzversicherungen als solche die Motivation zur Prozeßführung forcieren. In bestimmten Bereichen, etwa in Verkehrssachen, ist dies dennoch sehr deutlich der Fall[450].

c) Entlastungspotential außergerichtlicher Streitschlichtung

Durch den Ausbau der außergerichtlichen Streiterledigung können überflüssige Prozesse vermieden und damit die Gerichte entlastet werden.

Das Entlastungspotential der Güteverfahren wird insbesondere dort deutlich, wo eine Rechtsverletzung auf einem Versehen oder auf gutem Glauben beruht[451]. In diesen Fällen genügt es regelmäßig, wenn der rechtswidrig Handelnde durch eine unparteiische Schlichtungsstelle auf die Rechtslage hingewiesen wird, um den Streit aus der Welt zu schaffen. Die Anrufung des Richters wird dadurch überflüssig.
Das Schlichtungsverfahren kann aber auch aussichtslose Prozesse vermeiden helfen, wenn bei offensichtlich unbegründeten Ansprüchen dem Anspruchsteller vor Augen geführt wird, daß sein Begehren keine Aussicht auf Erfolg hat. Bisherige Untersuchungen über Entscheidungsverhalten und Abschätzung von Wahrscheinlichkeiten im Prozeß zeigen, daß Individuen ihr eigenes Urteilsvermögen überschätzen[452]. Die Parteien halten in einer Auseinandersetzung tendenziell lediglich ihre eigene Wirklichkeit für die „richtige", nur ihre eigene Sichtweise für adäquat[453]. Bei der Austragung des Konfliktes führt dies dazu, daß jede Partei

---

448 Blankenburg, Mobilisierung des Rechts, S.55; Blankenburg / Fiedler, Die Rechtsschutzversicherung und der steigende Geschäftsanfall der Gerichte, S. 56.

449 Jagodzinski / Raiser / Riehl, Rechtsschutzversicherung und Rechtsverfolgung, S. 40 f.

450 Blankenburg, Mobilisierung des Rechts, S. 56.

451 z.B. viele Wettbewerbsverstöße.

452 Wagner, Obligatorische Streitschlichtung im Zivilprozeß: Kosten, Nutzen, Alternativen, JZ 1998, 836, 842.

453 Breidenbach, Mediation, S. 92.

eine zu optimistische Sicht von der eventuellen Entscheidung eines neutralen Dritten (Richter) hat. Konsequent tendieren beide Parteien somit dazu, in die Durchsetzung ihrer Position übermäßig zu vertrauen. Bei komplexen Konfliktgegenständen kommt hinzu, daß es beiden Seiten gelingen wird Sachverständigengutachten zu finden, die ihre jeweilige Ansicht unterstützen. Die Schlichtungsperson kann durch eine Bewertung der rechtlichen Positionen eine Vorhersage der wahrscheinlichen richterlichen Entscheidung liefern[454] [455]. Der Schlichter fungiert als „agent of reality" und hilft den Parteien damit, die Aussichten eines Prozesses richtig einzuschätzen. Er bewirkt, daß so mancher Prozeß unterbleibt, der wenig oder keine Aussicht auf Erfolg hätte. Der Erfolg des Schlichters als „agent of reality" hängt maßgeblich von der Persönlichkeit des Schlichters, seiner Ausbildung, Erfahrung und nicht zuletzt seiner konsequenten Neutralität ab[456].

Aber auch wenn die objektive Rechtslage zweifelhaft ist, erscheint eine Justizentlastung durch endgültige Erledigung der Konflikte im Schlichtungsverfahren denkbar.
Soweit kooperative Interessenverwirklichung[457] möglich ist, wird eine (frühe) Einigung beiden Parteien am ehesten entsprechen. Jede Partei hat (gemessen an ihren Prioritäten) zumindest etwas gewonnen. Läßt der Konflikt aus Sicht der Parteien keinen Kooperationsgewinn[458] zu, erweist er sich also als Nullsummenspiel[459], droht eine gerichtliche Auseinandersetzung. Da nunmehr eine, die Interessen der Parteien voll befriedigende Lösung nicht mehr zur Verfügung steht, bietet sich eine frühe Einigung, die das (voraussichtliche) Ergebnis einer gerichtlichen Auseinandersetzung vorwegnimmt, als sachgerechte Lösung an. Zum einen können die Kosten eines Prozesses vermieden werden und zum anderen wird keine Machtposition einer Partei mit der Folge der „Niederlage" der Gegenseite durchgesetzt.

---

[454] Breidenbach, a.a.O., spricht in diesem Zusammenhang von „rights based mediation".

[455] In den USA haben sich verschiedene Verfahrenstypen entwickelt, die trotz unterschiedlicher Namensgebung das Ziel haben, durch die rechtliche Bewertung der jeweiligen Position eine gerichtliche Auseinandersetzung zu vermeiden: Court - annexed - arbitration, summary jury trial, early neutral evaluation sowie bestimmte Mediationsprogramme.

[456] siehe dazu B. III.

[457] siehe dazu sogleich E. I. 9.

[458] Kooperationsgewinn ist eine Wertschöpfung, die durch interessengerichtetes Zusammenwirken beider Parteien bei der Behandlung des Konflikts erzielt wird, Breidenbach, Mediation, S. 72.

[459] Von einem Nullsummenspiel spricht man, wenn der Verhandlungsgewinn einer Partei gleichzeitig für die andere Seite einen Verlust bedeutet, Breidenbach, Mediation, S. 71.

Es kann somit davon ausgegangen werden, daß eine größere Anzahl von Streitigkeiten bereits im Schlichtungsverfahren endgültig erledigt werden können. Dies ist vor allem bei Konflikten, bei denen Tatsachen streitig sind, deren Aufklärung Sachverständigengutachten erfordern[460], der Fall. In diesen Fällen ist die rechtliche Beurteilung unstreitig. Nachdem die Sachverhaltsunklarheit beseitigt wurde, kann die gerichtliche Entscheidung vorweggenommen werden und damit ein kostenintensiver, langwieriger Prozeß vermieden werden.

Die Förderung außergerichtlicher Streitschlichtung wird aus diesen Gründen zu einer Justizentlastung führen.

8. Einsparungen im Staatshaushalt durch außergerichtliche Streitschlichtung

Eng mit dem eben dargelegten zu erwartenden Justizentlastungseffekt durch verstärkte außergerichtliche Konfliktlösung hängt die Frage nach der Entlastung der Haushaltskassen durch verminderten Geschäftsanfall zusammen. Die Notwendigkeit staatlichen Sparens ist nicht zu bestreiten. Sie ergibt sich zum einen aus den Folgen der Wiedervereinigung Deutschlands und zum anderen aus strukturellen Fehlentwicklungen bei den öffentlichen Finanzen, die besonders im sozialen Sicherungssystem und bei den öffentlichen Subventionen und Transferleistungen aufgetreten sind[461].
In Frage zu stellen ist jedoch die „Rasenmähermethode“ des Sparens, bei der jedes Ressort, also auch die Justiz, Einsparungen erzielen muß[462].
Betrachtet man die Gesamtvolumen der Haushalte des Bundes und der Länder, so wird deutlich, daß der Anteil des Justizhaushaltes (verglichen mit anderen Haushalten) stets sehr gering war und es - von marginalen Steigerungen abgesehen - heute noch ist. Die Kosten der Rechtspflege[463] betrugen im Jahr 1991 für den Bund und die Länder zusammen[464] 11 Mrd. DM, im Jahr 1995 16 Mrd. DM[465] und im Jahre 1996 17 Mrd. DM[466]. Das Gesamthaushaltsvolumen für Bund und

---

[460] Von den unter C. vorgestellten Verfahren gilt dies beispielsweise für die Verfahren im Arbeitnehmererfindungsrecht, Jagdrecht, Arzthaftpflichtrecht oder Architektenrecht, siehe ferner F. I. 2. a) bb).

[461] Schäfer, Kein Geld für die Justiz - Was ist uns der Rechtsfrieden wert ?, DRiZ 1995, 461.

[462] Schäfer, Kein Geld für die Justiz - Was ist uns der Rechtsfrieden wert ?, DRiZ 1995, 461.

[463] Tabelle mit den Zahlen für die Jahre 1991, 1994, 1995, 1996 bei Vultejus, Unterschiedliche Leistungen der Justizminister, ZRP 1997, 433, 434.

[464] Die Zahlen des Gesamtvolumens aller Haushalte von Bund und Ländern (absolute Zahlen) sind deutlicher.

[465] Leutheusser - Schnarrenberger, Wege zur Justizentlastung, NJW 1995, 2441, 2442.

[466] Strempel, Außergerichtliche Konfliktlösung, ZRP 1998, 319.

Länder betrug 1996 956 Mrd. DM. Berücksichtigt man weiterhin den hohen Deckungsgrad der Justizausgaben durch Gebühren und Geldstrafen (beinahe 50 %)[467], so „kostet" der Rechtsstaat rund 8,5 Mrd. DM. Das entspricht nicht einmal einem Prozent der öffentlichen Ausgaben[468]. Der potentielle Sparbeitrag der Justiz ist somit marginal. Würde es gelingen (natürlich eine Illusion), durch tief in das Leben der Justiz eingreifende Spargesetze[469] in der nahen Zukunft die Ausgaben der Justiz um ein Viertel zu senken, würden Bundeshaushalt und Länderhaushalte insgesamt um knapp ein halbes Prozent entlastet. Der (auch bei größtem Optimismus) zu erhoffende Effekt ist jedoch deutlich geringer[470].

Die Funktion der Justiz verlangt eine angemessene finanzielle Ausstattung. Der Grundsatz der Rechtsstaatlichkeit enthält als wesentlichen Bestandteil die Idee der Gerechtigkeit und verlangt die Aufrechterhaltung einer funktionstüchtigen Rechtspflege, ohne die der Gerechtigkeit nicht zum Durchbruch verholfen werden kann[471]. Ein diesem Rechtsstaat angemessener, wirkungsvoller Rechtsschutz muß die grundsätzlich umfassende tatsächliche und rechtliche Prüfung des Streitgegenstandes durch einen Richter ermöglichen[472].

Angesichts des geringen potentiellen Sparbeitrages der Justiz, der wichtigen Funktionen der Rechtspflege und der, noch darzulegenden[473], Schaffung öffentlicher Güter durch die Gerichte ist die Entlastung der Staatshaushalte durch außergerichtliche Streitschlichtungsmodelle nicht als wesentliches Motiv[474] zu betrachten. Entgegen der Auffassung von Bundesregierung[475] und Bundesrat[476] ist eine Haushaltsentlastung auch nicht nennenswert zu erwarten.

---

467 Strempel, Außergerichtliche Konfliktlösung, ZRP 1998, 319.

468 Die wirtschaftspolitisch höchst umstrittenen Subventionen für den Kohlebergbau waren in den genannten Jahren fast ebenso hoch wie die Kosten der Rechtspflege, Schäfer, Kein Geld für die Justiz - was ist uns der Rechtsfrieden wert ?, DRiZ, 1995, 461, 462.

469 bzw. durch den Ausbau der außergerichtlichen Streitschlichtung.

470 Vultejus, Unterschiedliche Leistungen der Justizminister, ZRP 1997, 433.

471 BVerfGE 33, 376, 383.

472 BVerfGE 54, 277, 291; Ein verfassungsrechtlich garantierter Anspruch auf einen Instanzenzug besteht indes nicht, BVerfGE 4, 74, 94f.; 54, 277, 291; BVerfG NJW - RR 1993, 253; Der Zugang zu einem Instanzenzug darf jedoch, im Falle der Einrichtung eines solchen, nicht unzumutbar erschwert werden, BVerfGE 41, 23, 26; 74, 228, 234; 78, 88, 99.

473 siehe unter E. II. 1. b), d).

474 so auch Flotho, Empfehlen sich im Interesse eines effektiven Rechtsschutzes Maßnahmen zur Vereinfachung, Vereinheitlichung und Beschränkung der Rechtsmittel und Rechtsbehelfe des Zivilverfahrens?, DRiZ 1996, 353; Strempel, Außergerichtliche Konfliktlösung, ZRP 1998, 319, 322.

475 BT - Drucks. 13 / 7992, S. 2, 7 f.

476 BT - Drucks. 13 / 6398 S. 12 ff., 14, 17ff., 35.

9. Interessenausgleich im vorgerichtlichen Schlichtungsverfahren

Eine weitere Chance außergerichtlicher Schlichtungsverfahren liegt in der höheren Wahrscheinlichkeit der Interessenverwirklichung.

a) Interessen sind nicht identisch mit Positionen

Man muß sich zunächst darüber klar werden, daß die im Prozeß vertretenen Positionen oft nicht identisch sind mit den dahinterstehenden Interessen. Positionen können dabei zu den Interessen geradezu im Widerspruch stehen. Positionen sind mögliche Ergebnisse. Interessen sind dagegen Bedürfnisse, Wünsche, Hoffnungen, Erwartungen[477]. Es gibt unzählige Lehrbuchbeispiele und Darstellungen aus der täglichen gerichtlichen Praxis[478], welche diesen Unterschied verdeutlichen. Ich möchte hier lediglich zwei einfache, aber sehr anschauliche Beispiele wiedergeben:

1. Beispiel[479]:
A und B streiten sich um eine Apfelsine. Sie haben unterschiedliche Interessen. A hat Schnupfen und braucht Vitamin C. Er will daher den Saft der Apfelsine. B möchte Orangenplätzchen backen und hierfür die Schale abreiben.
Wird der Streit, dem materiellen Recht entsprechend, danach entschieden, wer einen Anspruch (z.B. aus Kaufvertrag) auf die Apfelsine hat, muß das Gericht zu dem Ergebnis kommen A oder B. Eine Interessenlösung könnte jedoch beiden gerecht werden: B erhält die Schale, A die saftspendende Frucht.
Dieses Beispiel lässt sich auch etwas realitätsnäher bilden[480]:
Die Parteien streiten um das Eigentum an einem gebrauchten Computer. Der Kläger verlangt, unter Berufung auf sein Eigentum, die Herausgabe des Rechners. Der Beklagte meint, er sei Eigentümer und verweigert deshalb die Herausgabe. Der Richter kann nach rechtlicher Würdigung nur einer Partei den Computer zusprechen. Diese Entscheidung des Gerichts entspricht jedoch nicht der wahren Interessenlage der Kontrahenten, wenn es der einen Partei beispielsweise

---

477 Haft, Intuitives und rationales Verhandeln, BB 1998, Beilage 10, 15, 17, er teilt die Interessen weiter in elementare, luxuriöse, materielle und immaterielle, bewußte und unbewußte ein.

478 Nach Breidenbach, Mediation, S. 49 f. geht es im Kündigungsschutzprozeß im Arbeitsrecht 51 % der Arbeitnehmer überwiegend darum, dem Arbeitgeber zu zeigen, „daß er nicht machen kann, was er will", und damit im Grunde um einen Beziehungskonflikt. Dagegen ist das rechtlich verfolgte Ziel der Erhaltung des Arbeitsplatzes nur für etwa ein Drittel der Kläger entscheidend.

479 Bsp. nach Hoffmann - Riem, Konfliktbewältigung in einer angebotsorientierten Rechtsschutzordnung, ZRP, 1997, 190,194 f.

480 Bsp. nach Behrens, Außergerichtliche Streitschlichtung in Zivilsachen, Recht und Politik, 1997, 73, 75.

lediglich um die Hardware geht, während die andere Partei lediglich die von ihr angelegte Datenbank benötigt.

2. Beispiel[481]:
Das Interesse eines durch einen Verkehrsunfall Verletzten geht fraglos dahin, wieder gesund zu werden. Gesundheit aber kann er vom Schädiger nicht fordern. Statt dessen fordert er Geld. Je kränker er ist, desto mehr Geld kann er fordern. Also läßt er sich von einem Arzt die Berufsunfähigkeit bescheinigen und fordert eine lebenslange Rente. Natürlich darf er jetzt keinesfalls wieder gesund werden. Position und Interesse[482] stehen im völligen Gegensatz[483].

b) Positionen und juristische Ansprüche

Die Interessen spielen, wegen ihrer rechtlichen Bedeutungslosigkeit im Prozeß, keine Rolle und werden daher dort im Zweifel auch nicht erörtert werden. Es ist sehr wahrscheinlich, daß in den ersten beiden Beispielen, in denen es um die Eigentumsfrage geht, jeder die Position einnehmen wird: „Ich bin Eigentümer und will die ganze Apfelsine (den vollständigen Computer)". In einem Gerichtsverfahren gilt es diese Positionen unverrückbar zu behaupten und auf den Erfolg zu hoffen[484]. Die Fixiertheit des gerichtlichen Verfahrens auf die vorgetragenen rechtlichen Gesichtspunkte läßt sich damit begründen, daß die Geschichte des Rechts eine Geschichte der Verstärkung von Positionen ist[485].
Schon im 5. Jahrhundert v. Chr. wurde in Sizilien als Höhepunkt der Gerichtsrede der juristische Antrag erfunden[486]. Die Römer übernahmen dies in ihrem Aktionensystem. Grundlage der römischen Rechtsdogmatik war die actio. Die römischen Juristen hatten die Klage, deren Aufbau und ihren genauen Wortlaut bis ins einzelne mit minuziösen Formulierungen festgelegt[487].
Dies ist auch Grundlage der deutschen Zivilrechtsordnung geworden, was durch die Erfindung des Anspruchs, so wie er heute in § 194 BGB definiert ist (als das „Recht von einem anderen ein Tun oder ein Unterlassen zu verlangen"), deutlich

---

481 Bsp. nach Haft, Intuitives und rationales Verhandeln, BB 1998, Heft 10, 15, 18.

482 Hier ist das wahre Interesse eines Verletzten an seiner Gesundung und nicht das „Interesse" an der maximalen Ausnutzung der eigentlich unerwünschten Situation gemeint.

483 Rentenneurose.

484 Hoffmann - Riem, Konfliktbewältigung in einer angebotsorientierten Rechtsschutzordnung, ZRP 1997, 190, 195; Zur Verengung des Blickwinkels durch die Verrechtlichung im Gerichtsverfahren vgl. Raiser, Das lebende Recht, S. 315 f.

485 Haft, Intuitives und rationales Verhandeln, BB 1998, Beilage 10, 15, 18.

486 Haft, Intuitives und rationales Verhandeln, BB 1998, Beilage 10, 15, 18.

487 Wesel, Geschichte des Rechts, Rnd. 135.

zum Ausdruck kommt[488]. Niemand kann mit einem Problem vor Gericht ziehen, er muß vielmehr einen zulässigen Antrag stellen und damit eine Position einnehmen. Der Antrag dient den Anwälten und dem Gericht, aber nicht den Parteien[489]. Der angehende Jurist lernt im Studium als erstes, daß er nach Anspruchsgrundlagen suchen muß[490], von den Interessen der Parteien hingegen ist kaum die Rede.

c) Interessen als Verhandlungsbasis

Der Anspruch ist lediglich eine Übersetzung der Interessen in die rechtliche Perspektive, die nur eine bestimmte Anzahl möglicher Streitgegenstände kennt und daher notwendig eine Verengung und Verkürzung dieser Interessen bedeutet[491]. Der Anspruch (die eingenommene Position) ist freilich nicht das eigentliche Ziel. In außergerichtlichen Schlichtungsverfahren wird der Horizont des Rechts überschritten, indem nicht nur nach gerichtlich durchsetzbaren oder abzuwehrenden Anspruchsgrundlagen gesucht wird, sondern auch und vor allem die Interessen herausgearbeitet und Lösungen erarbeitet werden, die diesen Interessen möglichst gerecht werden[492].

aa) Fundamentalkonflikte

Verhandlungslösungen setzen jedoch voraus, daß es jeder Partei möglich ist, einen Teil ihrer Position aufzugeben. Dies ist praktisch ausgeschlossen, wenn es um Fundamentalkonflikte geht, bei denen zwischen den Parteien ein Dissens in Grundsatzfragen besteht[493]. So wird sich ein überzeugter Kernkraftgegner nicht mit einem statt geplanter vier Kernkraftwerke zufrieden geben, ein Tierschutzaktivist kann auch die stärkste Beschränkung des Walfanges nicht als akzeptabel innehmen.

---

488 Die Grundlage schaffte Bernhard Winscheid in seinem Buch „Die Actio des römischen Civilrechts vom Standpunkte des heutigen Rechts" 1856, Wesel, Geschichte des Rechts, Rnd. 282.

489 Haft, Intuitives und rationales Verhandeln, BB 1998, Beilage 10, 15, 18.

490 Vgl. Schellhammer, Zivilrecht nach Anspruchsgrundlagen, In diesem Buch werden dem Anfänger (vgl. Einleitung) alle zivilrechtlichen Probleme aus der Sicht der Ansprüche, also der Positionen der Anspruchssteller, vermittelt.

491 Breidenbach, Mediation, S. 69.

492 Prütting, Schlichten statt Richten ?, JZ 1985, 261, 262.

493 Hager, Zur Notwendigkeit einverständlicher Streitschlichtung bei interpersonellen Konflikten, JZ 1998, 1158, 1161.

Hier sind weltanschauliche Grundpositionen berührt, die einer Verhandlungslösung unzugänglich sind[494].

bb) Kooperationsgewinn

Handelt es sich aber nicht um einen solchen (sehr seltenen) Fundamentalkonflikt, so kann durch die gegenseitige Aufgabe eines Teils der Position ein Gewinn für beide Parteien erzielt werden. Eine solche Situation ist erreicht, wenn sich jede Partei nach der Einigung in einer besseren Situation als ohne die Einigung befindet. Die Situation gleicht derer eines privat ausgehandelten Austauschvertrages, der deshalb keinerlei autoritativer, vorgeordneter Instanz bedarf, weil letztlich beide Parteien gewinnen[495].

In der Praxis ergibt sich jedoch das Problem, daß jede Partei behaupten wird, im Falle des völligen gerichtlichen Obsiegens keineswegs von der jeweiligen Position abrücken zu müssen und anschließend vom „Übergewinn" profitieren zu können.

Im ersten Beispiel, in welchem sich zwei Personen um eine Apfelsine stritten, könnte A behaupten, er sei der Eigentümer und wolle den Saft trinken und die Schale verkaufen. B könnte im Fall des Prozesserfolges den Saft als „Übergewinn" seiner Schwester schenken.

Diese Sichtweise ist jedoch zu eng. Man darf Gewinn und Verlust hier nicht im Sinne von Geldwert oder anderen für die jeweilige Partei formulierbaren Rechengrößen verstehen[496]. Erstens wurde durch die „friedliche" Einigung ein Prozeß mit einem Gewinner und einem Verlierer vermieden, was sich günstig auf die zukünftigen Beziehungen der Parteien auswirkt[497] und zweitens wurden die Prozeßkosten (Gerichtskosten, Anwaltskosten sowie nichtmonetäre Kosten) vermieden[498]. Zu dem sind emotionelle Werte[499] mindestens ebenso wichtig für die persönliche Gewinn- und Verlustrechnung der Parteien[500]. So kann etwa der Schlüssel zu einer Konfliktlösung, eines sehr emotionalen Konflikts, mit *beider-*

---

494 Hier sind nicht die Fälle gemeint, in denen die Werte lediglich vorgeschoben werden, um die eigene Position als unverrückbar darzustellen und versucht wird, auf diese Weise Interessen durchzusetzen.

495 Hager, Zur Notwendigkeit einverständlicher Streitschlichtung bei interpersonellen Konflikten, JZ 1998, 1158.

496 Breidenbach, Mediation, S. 75.

497 vgl. oben unter E.. I. 2..

498 vgl. oben unter E. I. 4..

499 Gemeint ist die rational nicht faßbare Komponente des Verhaltens der Parteien im Konflikt.

500 Breidenbach, Mediation, S. 75.

seitigem Gewinn in einer einfachen Entschuldigung liegen[501].
Als Ergebnis kann festgehalten werden, daß im Rahmen vorgerichtlicher Streitschlichtung bessere Chancen für die Parteien bestehen ihre (wahren) Interessen zu verwirklichen, als bei einem Zivilprozeß, in welchem diese Interessen im Zweifel nie angesprochen werden.

10. Streitkultur

Eine weitere Chance der außergerichtlichen Streitschlichtung könnte in einer Veränderung der Streitkultur der deutschen Bürger liegen.

a) „Kampf" um Rechtsverwirklichung

Das deutsche Zivilprozeßrecht ist geprägt von der Vorstellung eines Zweikampfes. Diese Vorstellung beruht einerseits auf dem materiellrechtlichen Anspruchsdenken in Fortsetzung des römischen Aktionendenkens. Andererseits ist diese Polarisation auch auf die germanische Rechtstradition zurückzuführen, die in der ritualisierten öffentlich ausgetragenen Auseinandersetzung, bis hin zum Zweikampf, ein Mittel der Rechtsfindung sah[502]. In Abkehr dieser Traditionen führte die preußische Gerichtsordnung an die Stelle der Verhandlungs- und Eventualmaxime ein Amtsermittlungsverfahren ein, wonach der Prozeßrichter das zwischen den Parteien bestehende Recht zu erforschen hatte. Diese Regelung stellte sich aber in der Praxis als verfehlt dar[503]. Als dann in den 70er Jahren des 19.

---

501 Before you Sue, in Goldberg / Sander / Rogers, Dispute Resolution, Negotiation, Mediation and other Processes, S. 116, 137:

„The first lesson of dispute resolution that many of us learn as children is the importance of apologizing. This is, however, a lesson that is soon forgotten..... . Many mediators have had one or more experiences in which an apology was the key to a settlement that might otherwise not have been attainable."

Breidenbach berichtet von einer Anfänger - Lehrveranstaltung über Leistungsstörungen bei Verträgen. Professor Hegland (USA) stellte einen Übungsfall zur Diskussion, in dem ein Verkäufer, durch eine kleinere Lieferung als vereinbart, den Käufer so erbost hatte, daß dieser weitere Lieferungen und Zahlungen einfach ablehnte. Hegland wollte von seinen Studenten einige Theorien zu den Rechten des Verkäufers hören, Breidenbach, Mediation, S. 70:

„As is so often the case with first year students, I found that they were all either writing in their notebooks or inspecting their shoes. There was, however, one eager face, that of an eight year old son of one of my students. If seems that he was suffering through Contracts due to his mother´s sin of failing to find a sitter. Suddenly he raised his hand. Such behaviour, even from an eight year old, must rewarded. „O.K." I said „What would you say if you were the seller ?" „I´d say, „I´m sorry.""".

502 Mitteis / Lieberich, Deutsche Rechtsgeschichte, S. 44 ff.

503 Hahn / Mugdan, Band 2 Abt. 1, S. 114.

Jahrhunderts die Zivilprozeßordnung geschaffen wurde, war diese wieder von den traditionellen Vorstellungen und der liberalistisch - individualistischen Geisteshaltung geprägt[504]. Sie verstand sich als die Kampfregel[505] für die sich vor dem Gericht im freien Kräftespiel messenden Parteien[506]; im "Kampf ums Recht"[507]. Diese streitige Konfliktaustragung wird in Deutschland seit Generationen als „das" System der Konfliktbewältigung akzeptiert[508]. Die Folge dieser Tradition[509] ist eine tief verwurzelte deutsche Grundsätzlichkeit. Gemeint ist damit nicht, daß die Bürger oftmals aus geringfügigen Anlässen gerichtlichen Rechtsschutz in Anspruch nehmen, sondern die *Verhaltensweise* der Parteien, wenn ein Streit ausgetragen wird. Es ist festzustellen, daß mit allen Mitteln versucht wird um das Recht zu kämpfen und Recht zu behalten, auch wenn daraus wenig Nutzen verbleibt[510].

b) Veränderungen durch Etablierung des Gütegedankens im Zivilprozeß

Zweifellos ist es ein Zeichen von Rechtskultur und Sozialmoral, wenn Streitigkeiten nicht auf eigene Faust, sondern in einem formalisierten Verfahren vor einer neutralen und gegebenenfalls verbindlich entscheidenden Instanz ausgetragen werden[511]. Gerechtigkeit kann es lediglich geben, wenn jedermann als Kläger seine Rechte geltend machen kann[512]. Fraglich ist jedoch, ob dies, während sonst allenthalben auf Selbstregulierung und Eigenverantwortung gepocht wird, nicht häufig verfrüht geschieht.

Wenn sich die außergerichtliche Streitschlichtung als erfolgreich erweist, dann wird allmählich die Erkenntnis in das Bewußtsein der Bürger dringen, daß es zwischen der Aufgabe einer Rechtesposition durch Verzicht und dem Kampf

504 Bettermann, Hundert Jahre Zivilprozeßordnung - das Schicksal einer liberalen Kodifikation, ZZP 1978, 365, 368;

505 Konzeption und Sprachgebrauch der ZPO legen die Vorstellung von einem Zweikampf nahe. Es treten zwei „Parteien" gegeneinander an und tragen einen „Rechtsstreit" aus. Sie haben möglicherweise „Streitgenossen" oder können anderen „den Streit verkünden". Sie machen „Angriffs- und Verteidigungsmittel" gegeneinander geltend, bis eine Partei „obsiegt" und die andere „unterliegt", Greger, Vom „Kampf ums Recht" zum Zivilprozeß der Zukunft, JZ 1997, 1077.

506 Gaul, Zur Frage nach dem Zweck des Zivilprozesses, AcP 1968, 27, 47.

507 So der Titel der Abschiedsvorlesung von Rudolph von Jehring im Jahre 1872 in Wien, hier verwendet: 3. Auflage, Wien 1877.

508 Proppe / Krapp, Außergerichtliche Verfahren - Alternative zur Ziviljustiz?, JA 1990, 65, 73.

509 Die Wirkungen wurden durch eine staatliche „Erziehung" zum „Kampf ums Recht" gefördert.

510 Herzog, Gesetzgebung und Einzelfallgerechtigkeit, NJW 1999, 25, 28.

511 Greger, Diversion statt Flaschenhals, ZRP 1998, 183.

512 Herzog, Gesetzgebung und Einzelfallgerechtigkeit, NJW 1999, 25, 28.

durch Anrufung eines Gerichtes auch andere Möglichkeiten der Konfliktbewältigung gibt. Weiterhin werden die Bürger erkennen, daß in bestimmten Fällen Kooperation weiterführt als Kompetion[513]. Eine Klage ohne vorherige Schlichtungsversuche[514] wird dann als Mangel an Sozialkompetenz gewertet und deutet fehlende Kooperations- und Verständigungsbereitschaft an[515].
Wenn die außergerichtliche Konflikterledigung verfahrensmäßig so ausgestaltet wird, daß sie von den „Nutzern" positiv erfahren wird, dann wird die Anrufung der Gerichte als ultima ratio empfunden werden und eine Reprivatisierung der Konflikte stattfinden. Damit wäre ein begrüßenswerter Beitrag zur Streitkultur geleistet.

II. Risiken alternativer Streitbeilegungsmodelle

1. Vergleich außergerichtlicher Streitschlichtung mit dem Zivilprozeß am Maßstab der den Zivilprozeß leitenden Zwecke und den ihn prägenden Funktionen

Welche Risiken in einem Ausbau alternativer Streitbeilegungsmodelle liegen können, läßt sich nur erkennen, wenn man den Zweck des Zivilprozesses analysiert. Es soll daher im Folgenden jeweils eine anerkannte[516] Zweckbestimmung dargestellt werden, welche dann dahingehend überprüft wird, ob das verfolgte Ziel auch durch alternative Streiterledigungsverfahren zu erreichen ist.

a) Durchsetzung subjektiver Rechte

An herausragender Stelle unter den zivilprozessualen Zweckprojektionen steht - dies ist in allen Lehr- und Erläuterungswerken zum Zivilprozeßrecht unbestritten - die Feststellung und Durchsetzung subjektiver Rechte[517]. Dies erklärt sich aus unserer Privatrechtsordnung, die vornehmlich an privater Güterzuordnung, -produktion und -verteilung orientiert ist, in der das subjektive Recht also im Mittelpunkt steht[518]. Ohne die Möglichkeit der Rechtsverwirklichung mit Hilfe staatlicher Gerichte ist das subjektive Recht wertlos. Dem Prozeßzweck individueller Rechtsverfolgung wird aber nicht lediglich dann genügt, wenn eine streitige Entscheidung am Ende des Verfahrens steht, sondern ebenfalls bei einer Konfliktbeendigung durch Vertrag. Dies folgt aus dem Grundsatz der Privatautonomie, welche letztlich als Selbstgesetzgebung der Parteien in den eigenen Angelegenheiten verstanden werden kann[519]. Die von Röhl[520] vertretene Auffas-

---

513 Breidenbach, Mediation, S. 246.

514 Dies gilt lediglich für schlichtungsgeeignete Fälle (vgl. dazu F. I. 2. a)), nicht für die Klage gegen einen säumigen Schuldner.

515 Prütting, Schlichten statt Richten, JZ 1985, 261, 263.

sung, wonach im Falle einer gütlichen Einigung alle Prozeßziele - also auch das Ziel der Durchsetzung subjektiver Rechte - verdrängt werden, verkennt, daß das gütliche Arrangement eben aus der Dispositionskompetenz über eigene Rechte folgt, die Rechtspositionen vorprozessual und in jeder Phase des Verfahrens begründen, ändern oder aufheben kann[521].
Der Hauptzweck des Zivilprozesses, die Durchsetzung subjektiver Rechte, kann somit in gleichem Maße durch einen Zivilprozeß nach den Regeln der ZPO, wie auch durch ein außergerichtliches Schlichtungsverfahren erfüllt werden[522]. Voraussetzung ist lediglich, daß das Schlichtungsverfahren mit einer verbindlichen Anspruchsfeststellung - auf die sich in diesem Fall die Parteien geeinigt haben - endet[523].

b) Sicherung übergreifender (öffentlicher) Interessen

Ein weiterer Prozeßzweck hat sich seit der Zulassung der Verbandsklage im Zivilrecht[524] etabliert. In diesen Fällen geht es nicht um die Durchsetzung subjektiver Rechte, sondern um die Gewährleistung eines geordneten Wirtschaftsablaufs. So soll der Unterlassungs- und Widerrufsanspruch der §§ 13 ff. AGBG gewährleisten, daß der Rechtsverkehr von unwirksamen AGB freigehalten wird[525]. Die Verbandsklage dient der Verfolgung eines allgemeinen (öffentli-

---

516 Es werden lediglich die wesentlichsten und anerkannten Zweckbestimmungen aus der Fülle der vertretenen Ansichten betrachtet, einen ausführlichen Überblick gibt Gaul, Zur Frage nach dem Zweck des Zivilprozesses, AcP 1968, 27 ff..

517 statt aller, MüKo ZPO, Lücke, Einleitung, Rnd. 7; Alternativkommentar zur ZPO, Schmidt, Einleitung, Rnd. 10; Gaul, Zur Frage nach dem Zweck des Zivilprozesses, AcP 1968, 27, 46ff.

518 MüKo ZPO, Lücke, Einleitung, Rnd. 7; Alternativkommentar zur ZPO, Schmidt, Einleitung, Rnd. 10.

519 Hager, Zur Notwendigkeit einverständlicher Streitschlichtung bei interpersonellen Konflikten, JZ 1998, 1158, der drauf verweist, daß in Art. 1134 Code civil geregelt ist, daß der Vertrag das Gesetz der Parteien ist.

520 Röhl, Der Vergleich im Zivilprozeß - eine Alternative zum Urteil?, in: Jahrbuch für Rechtssoziologie VI, 279, 282.

521 Alternativkommentar zur ZPO, Schmidt, Einleitung, Rnd. 11.

522 Zur Gewährleistung von Gerechtigkeit und Fairneß im Schlichtungsverfahren siehe F. II. 6.

523 Der Frage, ob dazu noch eine Titulierung erforderlich ist, wird unter F. II. 7. nachgegangen.

524 Bisher wurde die Verbandsklage im Zivilrecht vom Gesetzgeber in vier Fällen vorgesehen (§ 13 AGBG, § 13 UWG, § 35 II GWB, § 12 RabattG; Das Rabattgesetz wird als Folge der EG - Richtlinie über den elektronischen Geschäftsverkehr aufgehoben. Einen entsprechenden Gesetzesentwurf hat die Bundesregierung am 13.12.2000 beschlossen).

525 BGHZ 92, 26; BGH NJW 83, 1853; Palandt, Heinrichs, vor § 13 AGBG Rnd. 2.

chen) Interesses an der Einhaltung gewisser Standards auf den Gebieten des Vertrags- und Wettbewerbsrechts[526] [527].

Das Verbandsklageverfahren unterscheidet sich somit grundlegend vom Individualprozeß der ZPO. Im Verbandsklageverfahren geht es (wie dargelegt) nicht vorrangig um die Durchsetzung privater subjektiver Rechte, sondern um die Durchsetzung des öffentlichen Interesses, z.B. an einem geordneten Wirtschaftsablauf[528].

aa) Dispositions- und Verhandlungsmaxime in der Verbandsklage

Die ganz überwiegende Meinung nimmt an, es handele sich bei den in den §§ 13 AGBG, 13 UWG geregelten Befugnissen um materielle Ansprüche gemäß § 194 I BGB[529] oder gar § 241 BGB[530] [531] und gelangt von daher problemlos zur Geltung der Dispositions- und Verhandlungsmaxime für die Verbandsklage[532].
Die Gegenmeinung[533] betont, daß diese Grundsätze im Erkenntnisverfahren der ZPO auf dem Umstand beruhen, daß der Zivilprozeß vornehmlich der Durchsetzung privater Rechte diene, was ein Ausdruck der Privatautonomie sei[534]. Der Untersuchungsgrundsatz gelte demgegenüber in den Verfahrensarten, deren Gegenstand das öffentliche Interesse bewege, wie z.B. im Rahmen der ZPO in Kindschaftssachen, Entmündigungsverfahren, Aufgebotsverfahren und Rechtsstreitigkeiten über die Nichtigkeit einer Ehe[535]. Er müsse folgerichtig auch im

---

[526] Baumbach / Hefermehl, Wettbewerbsrecht, § 13 Rnd. 1.

[527] Göbel, Prozeßzweck der AGB - Klage und herkömmlicher Zivilprozeß, S.106 spricht von „übergreifenden, besonderen Sorge- und Ordnungsinteressen“ und von „übergeordneten, von Einzelinteressen losgelösten Gesichtspunkten“.

[528] Alternativkommentar zur ZPO, Schmidt, Einleitung, Rnd. 12; Göbel, Prozeßzweck der AGB - Klage und herkömmlicher Zivilprozeß, S. 146.

[529] Ulmer / Brandner / Hensen, AGBG, § 13 Rnd. 23.

[530] Paland, Heinrichs, BGB, vor § 13 AGBG Rnd. 2, BGH NJW - RR 1990, 886, 887.

[531] Nicht differenziert, aber als materiellen Anspruch bei Wolf / Horn / Lindacher, AGBG, § 13 Rnd. 3.

[532] so ausdrücklich Palandt, Heinrichs, BGB, § 15 AGBG Rnd. 1.

[533] am weitesten geht Göbel, Prozeßzweck der AGB - Klage und herkömmlicher Zivilprozeß, S. 131 f.

[534] Rosenberg / Schwab / Gottwald, Zivilprozeßrecht, S. 422.

[535] Der Untersuchungsgrundsatz bedeutet, daß in diesen Fällen das Gericht von Amts wegen Tatsachen, die von den Parteien nicht vorgebracht wurden, berücksichtigen und Beweise aufnehmen darf und muß, und daß die Feststellungsbedürftigkeit und die Feststellung der Tatsachen vom Parteiverhalten unabhängig sind, Rosenberg / Schwab / Gottwald, Zivilprozeßrecht, S. 433.

Rahmen der - öffentlichen Interessen dienenden - Verbandsklage gelten[536]. Die Möglichkeit der Parteien, durch Klagerücknahme, Erledigungserklärung, Anerkenntnis, Klageverzicht oder Vergleich auf die gerichtliche Entscheidung zu verzichten (Dispositionsmaxime), soll nach Auffassung der Mindermeinung[537] nicht uneingeschränkt zulässig sein. Lediglich dann, wenn dem öffentlichen Interesse durch eine Handlung des Anspruchsgegners, die einem vorprozessualem Anerkenntnis entspricht, genüge getan ist, soll Parteidisposition möglich sein. Diese Auffassung stützt sich auf eine frühe Entscheidung des BVerfG zum Charakter der abstrakten Normenkontrolle[538], wonach die Dispositionsfreiheit der Parteien dann zurückzutreten hat, wenn das öffentliche Interesse an einem Verfahren dominiert.

M.E. ist der h.M.[539] zuzustimmen. Zwar fehlt den klagenden Verbänden die Rechtsmacht, die Anspruchsgegner von ihrer gegenüber der Allgemeinheit bestehenden Verpflichtung[540] zu entbinden, andererseits kann der Staat einem Verein, der im Interesse der Allgemeinheit mit einer Initiativbefugnis ausgestattet ist, nicht das Kostenrisiko eines „Zwangsverfahrens“ aufbürden, indem er den Rückzug aus dem einmal eingeleiteten Verfahren versagt oder zumindest erschwert. Es muß dem Verein jederzeit möglich sein, zu einem möglichst raschem, kostengünstigen Prozeßende zu kommen, um einer Kostenlast durch eine mögliche Niederlage zu entgehen[541].

Die Dispositionsbefugnis der Parteien ist somit auch im Verbandsklageprozeß zu bejahen.

bb) Schlichtung im Verbandsklageverfahren

Kommt es im Schlichtungsverfahren zu einer einverständlichen Regelung, in welcher der Verband seine materiellen Beanstandungen wieder fallenläßt, wird eine Sicherung öffentlicher Interessen oftmals nicht erreicht. Aus den genannten Kostengründen muß dies dem Verein dennoch gestattet sein. Die gütliche Einigung in Form eines Kompromisses erfüllt lediglich dann den Prozeßzweck der Verbandsklage, wenn die Übereinkunft den gesetzlichen Voraussetzungen genügt[542]. Da eine gerichtliche Überprüfung des Einigungsergebnisses aber nicht erfolgt, wird der Prozeßzweck der Verbandsklage nicht sicher erreicht.

Es ist somit nicht möglich, im Rahmen außergerichtlicher Streitschlichtung, übergreifende öffentliche Interessen zu sichern. Die gerichtliche Verfolgung der Ansprüche erweist sich in diesen Fällen als das überlegene Instrument. Eine Einigung der Parteien trägt die Gefahr der Vorteilsnahme des Interventionsbefugten zu Lasten der Allgemeinheit in sich. Vor allem dort, wo Branchengenossen zu Lasten der Marktgegenseite einheitlich ein zu mißbilligendes Verhalten

---

536 Göbel, Prozeßzweck der AGB - Klage und herkömmlicher Zivilprozeß, S. 134.

üben, ist anzunehmen, daß den betroffenen Verbraucherverbänden ein finanzielles „Güteangebot" unterbreitet wird.
Da die Dispositionsbefugnis m.E. mit der herrschenden Auffassung auch im Verbandsklageverfahren gilt, können allerdings auch durch Gerichtsverfahren die Interessen der Allgemeinheit nicht ohne Einbußen durchgesetzt werden.

c) Bewährung der objektiven Rechtsordnung

Die Verwirklichung des sachlichen Rechts auf der Grundlage der Wahrheit[543], also die Bewährung der objektiven Rechtsordnung[544] ist nach h.M. ein weiterer Zweck des Zivilprozesses[545] [546]. Durch den Zivilprozeß soll der Konflikt einer gerechten, d.h. der Rechtsordnung entsprechenden Lösung zugeführt werden. Dies soll zu einer „Rechtsvergewisserung" der Bürger und damit zur Ausprägung eines stärkeren Rechtsbewußtseins führen[547]. Diesem Prozeßzweck liegt der Gedanke zugrunde, die Rechtsordnung als Ganzes sei Gut staatlichen Rechtsschutzes, der Zivilprozeß habe der Privatrechtsordnung, dem objektiven Privatrecht zur vollen Bewährung und Durchführung zu verhelfen[548].

---

537 Reinel, Die Verbandsklage nach dem AGBG, S. 138; Göbel, Prozeßzweck der AGB - Klage und herkömmlicher Zivilprozeß, S. 140.

538 BVerfGE 1, 396, 414.

539 Ermann, Werner, BGB, § 15 AGBG Rnd. 1, Palandt, Heinrichs, BGB, § 15 AGBG Rnd. 1.

540 Dies ist im Falle der Verbandsklage nach dem AGBG die Pflicht die gesetzlichen Mindeststandards einzuhalten.

541 so auch Lindacher, Zur „Sonderprozeßrechtsnatur" der lauterkeitsrechtlichen Verbands- und Konkurrentenklage sowie der Verbandsklage nach dem AGB - Gesetz, ZZP, 1990, 397, 406.

542 Dies ist im Fall der AGB - Verbandsklage dann der Fall, wenn die „Kompromißformel" den Standards der §§ 9 - 11 AGBG entspricht.

543 Gaul, Zur Frage nach dem Zweck des Zivilprozesses, AcP 1968, 27, 53.

544 Leeb, Entlastung der Justiz - Notwendigkeit, Gefahren, Chancen, BB 1998, Beilage 10, 3, 6; Mnookin / Kornhauser, Bargaining in the Shadow of the Law: The Case of Divorce, Yale L.Y. 1979, 950, 995; Fiss, Against Settlement, Yale L.Y. 1984, 1073, 1085.

545 Eine andere Ansicht vertritt Lücke, MüKo ZPO, Einleitung, Rnd. 7, der sich, zu unrecht, auf Gaul, Zur Frage nach dem Zweck des Zivilprozesses, AcP 1968, 27, 46 ff. beruft.

546 Der umstrittenen Frage, ob die Bewährung der objektiven Rechtsordnung ein selbständiger Prozeßzweck neben dem Schutz subjektiver Rechte darstellt, soll hier nicht nachgegangen werden, da aus einer Prozeßzweckbestimmung keine Schlüsse für die Anwendung bestimmter Normen gezogen werden können, dieser Streit somit ohnehin keine praktische Bedeutung hat, siehe dazu m.w.N. Rosenberg / Schwab / Gottwald, Zivilprozeßrecht, S. 3.

547 Pawlowski, Aufgabe des Zivilprozesses, ZZP 1967, 345, 346.

548 Bülow, Die neue Prozeßrechtswissenschaft und das System des des Civilprozeßrechts, ZZP 1900, 201, 221 f..

Die Streitparteien haben jedoch, wie dargestellt, die Möglichkeit, ihren eigenen Konflikt privatautonom zu erledigen. Die Verwirklichung des objektiven Rechts spielt dabei keine Rolle[549]. Das Bundesverfassungsgericht hat in einer neueren Entscheidung[550] deutlich gemacht, daß der Staat die im Rahmen der Privatautonomie getroffenen Regeln grundsätzlich zu respektieren hat. Das Selbstbestimmungsrecht der Parteien besteht jedoch nur im Rahmen der geltenden Gesetze und diese sind ihrerseits an Grundrechte gebunden[551] [552].
Es ist nicht gewährleistet, daß die einvernehmlichen Konfliktlösungen in jedem Fall dem objektiven Recht entsprechen. Die Parteien werden versuchen, ihre jeweiligen Interessen zu verwirklichen[553] und lediglich im Falle des Scheiterns der Interessenlösung nach einer „Näherungslösung" an das objektive Recht suchen. Dabei ist zu berücksichtigen, daß die Parteien den Sachverhalt, die Beweisrisiken und die Rechtslage unterschiedlich einschätzen werden, was ebenfalls zu einer Abweichung des Ergebnisses von der objektiven Rechtslage führen kann, weil die risikobereitere Partei in Schlichtungsverhandlungen ihre Risikobereitschaft stärker „belohnt" bekommt als im gerichtlichen Verfahren.
Der Prozeßzweck der Durchsetzung des objektiven Rechts kann somit durch vorgerichtliche Schlichtungsverfahren ebenfalls nicht erreicht werden. Das Schlichtungsergebnis wird entweder eine Interessenlösung oder einen durch Verhandlungsgeschick und Risikobereitschaft erzielte „Näherungslösung" an das objektive Recht sein. Es obliegt der Schlichtungsperson, durch Aufklärungsarbeit, jeder Partei die Chance zum gerechten Interessenausgleich zu bieten[554].

d) Weiterentwicklung des objektiven Rechts

Die Wirkung der richterlichen Tätigkeit geht über den einzelnen Prozeß hinaus. Durch die Entscheidung neuer Rechtsfragen, die dem Richter in Gestalt von Sachverhalten unterbreitet werden, an die der Gesetzgeber nicht denken konnte[555], trägt er zur Weiterentwicklung des objektiven Rechts bei[556]. Das gilt nicht nur für den großen Senat des BGH, dessen Entscheidung herbeigeführt werden

---

549 Breidenbach, Mediation, S. 81 f..

550 BVerfG NJW 1990, 1469, 1470.

551 BVerfG NJW 1990, 1469, 1470.

552 Diese Grenzen der Privatautonomie werden unter E II. 6. näher betrachtet.

553 vgl. E. I. 9..

554 siehe dazu F. II. 6..

555 Teilweise fehlt eine eindeutige Aussage des Gesetzgebers von vornherein, teilweise ergeben sich im Laufe der Zeit neue Regelungsbedürfnisse, die vom Gesetzgeber noch nicht wahrgenommen oder noch nicht umgesetzt wurden.

556 Alternativkommentar zur ZPO, Schmidt, Einleitung, Rnd. 14.

kann, wenn dies zur Fortbildung des Rechts oder zur Sicherung einer einheitlichen Rechtsprechung erforderlich ist (§ 132 IV GVG)[557]. In der verfassungsrechtlichen Bindung an Gesetz und Recht (Art. 20 III GG) wird enger Gesetzespositivismus abgelehnt[558], es wird vielmehr zwischen gesetzesimmanenter Rechtsfortbildung und gesetzesübersteigender Rechtsfortbildung unterschieden[559].
Der im Schlichtungsverfahren angestrebten Einigung kann über den Einzelfall hinaus keine normativ bindende Wirkung zukommen[560], so daß die Vermutung naheliegt, das auf einen Interessenausgleich zielende Schlichtungsverfahren entziehe den Gerichten die für die Rechtsfortbildung notwendigen Fälle.
Diese Gefahr ist vor allem in Streitigkeiten gegeben, bei deren gerichtlicher Entscheidung ein Musterprozeß geführt würde. Man spricht dann von einem Musterprozeß, wenn in einem Verfahren eine zweifelhafte Rechtsfrage auch im Hinblick auf weitere Fälle geklärt werden soll[561]. Bei einem Musterurteil ist insoweit die Rechtsfortbildungswirkung beabsichtigt - an der Entscheidung dieses Prozesses besteht ein gesellschaftliches Interesse[562].
Im Mittelpunkt der Konfliktbehandlung stehen jedoch die Parteien. Zwar ist Rechtsfortbildung ein im gesellschaftlichen Interesse stehender Zweck des Zivilprozesses, es besteht jedoch kein Zweifel daran, daß der Zivilprozeß lediglich auf die Lösung konkreter Einzelfälle und nicht die Klärung bestimmter Rechtsfragen zugeschnitten ist[563]. Der Rechtsfortbildungszweck fordert somit kein Urteil gegen den Willen der Parteien. Das öffentliche Interesse an der Rechtsfortbildung mag noch so groß sein, eine Entscheidung mit normativer Bindung über den Einzelfall hinaus kann nicht gegen den Willen der Parteien ergehen.
Es ist dennoch ein Risiko außergerichtlicher Schlichtungsverhandlungen darin zu sehen, daß die Möglichkeit einer Einigung auch bei ungeklärten, aber klärungsbedürftigen Rechtsfragen besteht. Es wäre mit Blick auf die Allgemeinheit z.B. nicht effizient über die Frage, zu welchen Bedingungen eine Bank einen Kunden aus dem Kreditvertrag über ein langjährig festverzinsliches Darlehen entlassen

---

557 MüKo ZPO, Lücke, Einleitung, Rnd. 9.

558 BVerfGE 34, 269, 286.

559 MüKo ZPO, Wolf, § 132 GVG, Rnd. 25.

560 So die Definition der Rechtsfortbildung nach Lames, Rechtsfortbildung als Prozeßzweck, S. 27.

561 Lames, Rechtsfortbildung als Prozeßzweck, S. 123.

562 Zur Sicherung dieses öffentlichen Interesses an der Entscheidung des Falls werden Regeln diskutiert, die die Dispositionsfreiheit der Parteien einschränken (Verzicht und Anerkenntnis (§§ 306, 307 ZPO) sollen lediglich eingeschränkt gelten, um dem Prozeß seine „Breitenwirkung" nicht zu nehmen).

563 BGHZ 10, 333, 336.

muß[564], außergerichtlich zu verhandeln, bevor diese Rechtsfrage nicht höchstrichterlich geklärt ist[565].
Die durch die Rechtsfortbildung festgelegten Regeln und Verhaltensmaßstäbe bieten oft vielen potentiellen Streitparteien, aufgrund der fehlenden Notwendigkeit selbst zu prozessieren, einen kostenlosen Vorteil[566]. Schwierige und wirtschaftlich bedeutsame Fragen werden von der öffentlichen Diskussion begleitet, die von den Gerichten wahrgenommen wird und so eine „interessengerechte"[567] Lösung fördert. Kollegialbesetzung und Begründungszwang stehen schlecht durchdachten Entscheidungen entgegen[568]. Die dadurch hervorgerufenen Wirkungen z.B. in Form effizienterer Verträge[569] oder verminderter Unfallgefahren[570] sind öffentliche Güter der Gesellschaft[571], welche im Falle der Streitschlichtung nicht „hervorgebracht" werden können.

2. *Negative Auswirkungen auf die materielle Rechtsdurchsetzung*

a) Faktischer Rechtsverlust durch Zeitablauf

Weiterhin muß die Frage gestellt werden, ob durch Schlichtungsbemühungen nicht eine spätere (materiellrechtliche) Rechtsdurchsetzung wegen des zwischenzeitlichen Ablaufs von Verjährungs- und anderen Ausschluß-[572] [573]oder Klagefristen unmöglich gemacht wird.

---

[564] BGHZ 136, 161; Guttenberg, Vorzeitige Darlehensablösung bei Festzinskredit, JuS 1999, 1058 ff.

[565] Gottwald, Verfahrensmäßige Bedingungen alternativer Konfliktregelung, in: Vögele (Hrsg.), Mediation, - vermitteln - verhandeln - schlichten, Rechtspolitische Chancen kooperativer, vorgerichtlicher Konfliktbearbeitung, 24, 31.

[566] Schäfer, Kein Geld für die Justiz - Was ist uns der Rechtsfrieden wert?, DRiZ 1995, 461, 463.

[567] Hier sind nicht die Interessen der konkreten Parteien, sondern die der Allgemeinheit gemeint.

[568] Lames, Rechtsfortbildung als Prozeßzweck, S. 136.

[569] Wolf / Horn / Lindacher, AGB - Gesetz, Vorwort zur 4. Auflage, S. V.

[570] Produzentenhaftung - Rechtsprechung, Rechtsprechung zur Richtgeschwindigkeit z.B. OLG Hamm NJW 1994, 1807 (Mithaftung bei erheblicher Überschreitung der Richtgeschwindigkeit).

[571] Schäfer, Kein Geld für die Justiz - Was ist uns der Rechtsfrieden wert?, DRiZ 1995, 261, 263.

[572] Zur Abgrenzung zwischen Verjährungsfristen und Ausschlußfristen siehe Erman, Hefermehl, Vor § 194 Rnd. 6 ff..

[573] Die Grundsätze der unzulässigen Rechtsausübung (vgl. unten E. II. 2. a) bb) (5)) gelten auch für die Ausschlußfristen, h.M., Palandt, Heinrichs, vor § 194 Rnd. 9, es wird daher im Folgenden ausschließlich von Verjährung gesprochen, um inhaltsgleiche Wiederholungen zu vermeiden.

aa) Gesetzlich vorgesehene Unterbrechung bzw. Hemmung der Verjährung

Grundsätzlich wird der Lauf der Verjährungsfrist lediglich durch Klageerhebung vor einem staatlichen Gericht, unterbrochen (§ 209 I BGB).
Weiterhin wird der Lauf der Fristen unterbrochen im Fall eines echten Schiedsverfahrens nach §§ 1025 ff ZPO (§ 220 BGB). Diese Norm kann jedoch nach der Rechtsprechung des Bundesgerichtshofs nicht für Güte- oder Schlichtungsstellen analog angewandt werden[574]. Nach § 209 II Nr. 1a BGB steht der Erhebung der Klage die Anbringung eines Güteantrags bei einer durch das Landesrecht anerkannten Gütestelle i.S.d. § 794 I S.1 ZPO gleich[575].
Bei deliktischen Ansprüchen führt gemäß § 852 II BGB die Verhandlung mit der Gegenseite zu einer Hemmung[576] der Verjährungsfrist[577]. Auch im Werkvertragsrecht ist nach § 639 II BGB [578] die Verjährung gehemmt, solange der Unternehmer prüft, ob ein von ihm zu beseitigender Mangel vorliegt.
Für „private" Schlichtungsverhandlungen, die nicht vor einer Gütestelle der in § 794 I Nr. 1 ZPO bezeichneten Art stattfinden, fehlte bis 01.01.2002 eine gesetzliche Normierung. Die Regelung des § 209 II Nr. 1a BGB konnte auf diese Gütestellen nach der Rechtsprechung ebenfalls nicht analog angewandt werden[579]. Es bestand daher die Gefahr, daß die vor die Schlichtungsstelle gebrachten Ansprüche nach Abschluß des Schlichtungsverfahrens verjährt waren[580].

574 BGH NJW - RR 1993, 1059, 1060; Jauernig, Bürgerliches Gesetzbuch, § 220 Rnd. 1; Der BGH führt in dem angesprochenem Urteil, in dem es um ein Schlichtungsverfahren vor der Internationalen Handelskammer in Paris ging, aus, daß „der Rechtsverkehr klare Verhältnisse erfordert", was zur Folge habe, daß die Auslegung der Verjährungsvorschriften streng nach dem Wortlaut vorzunehmen sei.

575 Diese Regelung wurde als Ergänzung zu der Einführung des obligatorischen Güteverfahrens 1924 (siehe oben unter B I. 2. c) eingefügt und sollte den Gläubiger vor einer Benachteiligung schützen, BGHZ, 123, 337, 340.

576 Hemmung und Unterbrechung der Verjährung sind scharf zu unterscheiden. Beide hindern den Lauf der Verjährung, jedoch mit unterschiedlicher Wirkung. Nach dem Ende einer Unterbrechung muß die vollständige Verjährungsfrist noch einmal laufen, nach dem Ende der Hemmung lediglich der bei Unterbrechungseintritt Eintritt noch nicht abgelaufene Teil der Frist (§§ 205, 217 BGB).

577 § 852 II BGB hat insbesondere in Arzthaftungsfällen eine große Bedeutung.

578 Diese Norm wird analog bei Werklieferungsverträgen über vertretbare Sachen und Kaufvertragsrecht (wenn die Parteien vorrangig ein Nachbesserungsrecht vereinbart haben oder sich der Verkäufer ohne eine solche Vereinbarung mit Einverständnis des Käufers um Mängelbeseitigung bemüht) angewandt, BGH NJW 1984, 1525; Palandt, Thomas, BGB § 639 Rnd. 6.

579 Auch die Ablehnung dieser Analogie begründet der BGH mit den strengen Voraussetzungen einer analogen Anwendung der Vorschriften des Verjährungsrechts, BGH NJW - RR, 1993, 1059, 1060.

580 Wagner, Prozeßverträge, S. 428; ders., Alternative Streitbeilegung und Verjährung, NJW 2001, 182; Prütting, Schlichten statt Richten, JZ 1985, 261, 269.

Am 01.01.2002 ist das Gesetz zur Modernisierung des Schuldrechts[581] in Kraft getreten. Es setzte insbesondere die EG – Richtlinie über den Verbrauchsgüterkauf um und brachte grundlegende Veränderungen in zentralen Teilen des Rechts der Verjährung und der Leistungsstörungen. Der Gesetzgeber hat neben einer völligen Neuordnung der Verjährungsfristen einen neuen Tatbestand der Verjährungshemmung geschaffen (§ 203 BGB n.F.)[582]. § 203 BGB n.F. verallgemeinert den bisher in §§ 852 II, 639 II BGB speziell geregelten Gedanken, wonach Verhandlungen die Verjährung hemmen. Da dieser Rechtsgedanke als allgemeine Regelung übernommen wurde ist, die Gefahr des Rechtsverlustes durch den mit einem Schlichtungsverfahren verbundenen Zeitverlust weitgehend gebannt.

Zur Auslegung des § 203 BGB n.F. kann auf die bisherige Rechtsprechung zu den §§ 852 II, 639 II BGB zurückgegriffen werden. Der Begriff der Verhandlung ist danach weit auszulegen[583]. Es genügt jeder Meinungsaustausch über den Anspruch zwischen dem Berechtigten und dem Verpflichteten, wenn nicht sofort erkennbar die Verhandlung über die Leistungspflicht oder jede Ersatzleistung abgelehnt wird.

Diese Neuregelung stößt auf Schwierigkeiten bei der Bestimmung des Endes der Verhandlungen wenn die Verhandlungsgespräche „einschlafen“[584]. Sie ist aber geeignet, die bisherigen „Ausweichlösungen“ entbehrlich zu machen.

Im Folgenden soll dennoch kurz der bisherige Diskussionsstand dargestellt werden um zu zeigen mit welch vielfältigen Möglichkeiten der Rechtsverlust durch Zeitablauf vermieden werden sollte.

bb) Möglichkeiten der Verhinderung des Verjährungseintritts in den Fällen ohne gesetzliche Regelung

Es wurden in der Literatur verschiedene Lösungen erwogen, wie die - unerwünschte - Folge des Rechtsverlustes[585] durch Verjährungseintritt im Laufe einer Vergleichsverhandlung vermieden werden kann:

---

[581] BGBl. I 2001, 3138.

[582] Vgl. zum neuen Verjährungsrecht Mansel, Die Neuregelung des Verjährungsrechts, NJW 2002, 89 ff..

[583] BGH NJW 1983, 2075.

[584] Vgl. dazu Mansel, Die Neuregelung des Verjährungsrechts, NJW 2002, 89, 98.

[585] Die Verjährung begründet nach § 222 BGB ein Leistungsverweigerungsrecht des Schuldners. Dieses kommt jedoch faktisch in den meisten Fällen einem Rechtsverlust gleich.

(1) Verjährungserschwerende Abreden

Nach § 225 S.1 BGB konnte die Verjährung grundsätzlich[586] durch Rechtsgeschäft weder ausgeschlossen noch erschwert werden. Damit zog der Gesetzgeber eine Folgerung aus der Tatsache, daß dem Rechtsinstitut der Verjährung nicht nur der Schutz des Schuldners, sondern auch erhebliches öffentliches Interesse zugrundeliegt[587]. Die Vorschrift verhinderte sämtliche privatautonome, verjährungserschwerende Abreden[588], um dem Gerechtigkeitsgehalt[589] der Verjährungsregeln zum Durchbruch zu verhelfen und zugleich Rechtsfrieden und Rechtssicherheit nach Vertragsabwicklungen herzustellen[590]. Aus diesem Grunde war eine Verjährungsklausel in einer Schlichtungsordnung[591] ebenso unwirksam[592] wie der Verjährungsverzicht einer Partei[593]. Seit 01.01.2002 kann nach § 202 II BGB n.F. die Verjährung durch Parteiabreden bis zu einer Höchstfrist von 30 Jahren ab dem gesetzlichen Verjährungsbeginn verlängert werden. Die Parteien können daher nach der heutigen Rechtslage zunächst den Ausgang eines Musterprozesses abwarten und dafür den Eintritt der Verjährung hinausschieben.

(2) Klageerhebung zum Zweck der Verjährungsunterbrechung

Teilweise[594] wurde vertreten, die Verjährung könne durch eine gleichsam vorsorgliche Klageerhebung, zum Zwecke der Verjährungsunterbrechung, verhin-

---

586 Es gibt gesetzlich vorgesehene Ausnahmen z.B. für Gewährleistungsansprüche im Kaufrecht (vgl. § 477 I S.2 BGB; Erman, Grundwald, BGB, § 477 Rnd. 17; zur Unzulässigkeit der Verjährungsverlängerung in AGB´s im Kaufrecht BGHZ 110, 88, 92), Gewährleistungsansprüche im Werkvertragsrecht (vgl. § 638 II BGB, Erman, Seiler, § 638 Rnd. 8), Gewährleistungsansprüche bei Vorliegen eines Viehmangels (§ 486 I BGB - Ausschlußfrist), sowie bei Ansprüchen gegen den Spediteur (§ 414 I S. II HGB).

587 MüKo BGB, von Feldmann, § 225 Rnd. 1; Erman, Hefermehl, BGB, vor § 194 Rnd. 4.

588 Wagner, Prozeßverträge, S. 428; MüKo BGB, von Feldmann, § 225 Rnd. 2.

589 BGHZ 92, 88, 92.

590 Der BGH hält es für eine wesentliche Funktion der Verjährung im Kaufrecht, daß der Verkäufer nach einer Frist nicht mehr mit einer „....Inanspruchnahme aus Vertragshaftung rechnen muß, so daß er ohne Risiko über den Kaufpreis disponieren und sich neuen Geschäften zuwenden kann.“, BGHZ 92, 88, 92.

591 Wie z.B. in Nr. 5 I der Verfahrensordnung für die Schlichtung von Kundenbeschwerden im deutschen Bankgewerbe (diese Schlichtungsordnung wird vorgestellt von Hoeren, Das neue Verfahren für die Schlichtung von Kundenbeschwerden im deutschen Bankgewerbe, NJW 1992, 2727 ff).

592 Wagner, Prozeßverträge, S. 428.

593 Der Verzicht auf die Einrede der Verjährung ist lediglich dann zulässig, wenn er nach Ablauf der Verjährung ausgesprochen wird, MüKo BGB, von Feldmann, § 225 Rnd. 3.

594 Walter, Dogmatik der unterschiedlichen Verfahren zur Streitbeilegung, ZZP 1990, 141, 162 f.

dert werden. Nach § 211 II S.1 BGB begann die Verjährung jedoch erneut zu laufen, wenn der Prozeß nicht betrieben wurde. Diese Regelung wurde bei der Neuregelung des Verjährungsrechts übernommen (§ 204 II S.2 BGB n.F.). Dabei bedarf es keiner förmlichen Ruhensanordnung, sondern es genügt, daß die Parteien vereinbarungsgemäß nicht zum Termin erscheinen und das Gericht das Verfahren stillschweigend ruhen läßt[595]. Bestand für das Untätigbleiben des Berechtigten jedoch ein vernünftiger[596] und für die Gegenpartei erkennbarer Grund abzuwarten, dann endete die Unterbrechung nicht[597]. Nach Auffassung des Bundesgerichtshofs konnte in der einverständlichen Aufnahme von außergerichtlichen Schlichtungsverhandlungen kein ausreichender Grund für die Nichtanwendung des § 211 II BGB gesehen werden[598]. Es müßten danach noch besondere Umstände zu den Schlichtungsbemühungen hinzutreten. Dies erfordere die „Klarheit und Sicherheit des Rechtsverkehrs", weil der Verjährungsbeginn eindeutig ersichtlich sein müsse[599].

Damit die Wirkung des § 211 II S.1 BGB vermieden wird, empfahl Walter[600] den Parteien die Vereinbarung des Ruhens des Verfahrens gemäß § 251 ZPO. Danach hat das Gericht das Ruhen des Verfahrens anzuordnen, wenn beide Parteien dies beantragen und anzunehmen ist, daß wegen Schwebens von Vergleichsverhandlungen oder aus sonstigen wichtigen Gründen diese Anordnung zweckmäßig ist. Nach § 251 II ZPO soll, nach einem Beschluß des Gerichts i.S.d. § 251 I ZPO, das Verfahren im Normalfall nicht vor Ablauf von drei Monaten von den Parteien wieder aufgenommen werden können[601]. Wegen der Sperrfrist wird die „neue" Verjährung nach § 202 BGB gehemmt[602], weil es dem Gläubiger während dieser Zeit wegen eines rechtlichen Hindernisses nicht möglich ist, seinen Anspruch gerichtlich geltend zu machen[603].

---

595 BGH NJW 1993, 2496, 2497; BGH NJW 1999, 1101, 1102.

596 Als triftigen Grund, der die Anwendung des § 211 II S.1 BGB ausnahmsweise ausschließt, hat der BGH es z.B. angesehen, wenn nach Auffassung des Gerichts der Ausgang des Rechtsmittelverfahrens gegen ein Teilurteil erhebliche Bedeutung für den noch nicht entschiedenen Verfahrensteil hat und die Parteien deshalb auf Anraten des Gerichtes erst den Ausgang dieses Berufungsverfahrens abwarten, BGH NJW 1979, 810, 811.

597 BGH NJW 1999, 1101, 1102; Palandt, Heinrichs, BGB, § 211, Rnd. 3 m.w.N..

598 Ständige Rechtsprechung zuletzt BGH NJW 1999, 1101, 1102 m.w.N..

599 BGH NJW, 1999, 1101, 1102.

600 Walter, Dogmatik der unterschiedlichen Verfahren zur Streitbeilegung, ZZP 1990, 141, 162 f.

601 Zu den Ausnahmen vgl. Musielak, Stadler, ZPO, § 251 Rnd. 4.

602 Erman, Hefermehl, BGB, § 211 Rnd. 4.

603 Durch die Vorschrift des § 202 I BGB wird die Verjährung in den Fällen gehemmt, in denen der Verpflichtete vorübergehend zur Verweigerung seiner Leistung berechtigt ist. Daher erscheint es interessengerecht, eine Hemmung überall anzunehmen, wo dem Berechtigten vorübergehend

Die Klageerhebung - verbunden mit der Anordnung des Ruhens des Verfahrens (§ 251 ZPO) - war somit eine Möglichkeit für die Parteien eine drohende Verjährung zu verzögern.
Diese Lösung des Problems hatte jedoch mehrere Schwächen. Die Vorschrift des § 251 ZPO setzt einen Antrag beider Parteien voraus. In die Schlichtungsvereinbarung müßte daher die Verpflichtung der Beteiligten aufgenommen werden, einen solchen Antrag anzubringen. Würde sich eine Partei im Prozeß weigern, den Antrag zu stellen, dann stellt sich die Frage, ob das Gericht die vertragliche Verpflichtung zu einem prozessualen Tun innerhalb des anhängigen Prozesses berücksichtigen kann[604].
Die Sperrfrist des § 251 II ZPO wird nicht wirksam, wenn das Verfahren zum Stillstand kommt, ohne daß eine förmliche Ruhensanordnung ergeht. Die nach der Beendigung der Unterbrechung beginnende neue Verjährung wird in diesem Fall nicht nach § 202 BGB gehemmt.
Die vorsorgliche Klageerhebung hat weiterhin den Nachteil, daß in den Fällen, in denen sich die Parteien im Schlichtungsverfahren einigen, unnötige Kosten verursacht werden.

(3) Analoge Anwendung des § 202 I BGB

Wagner[605] wollte das Problem durch Rückgriff auf „ein Grundprinzip des Verjährungsrechts“, nämlich „agere non valenti non currit praescriptio“[606], lösen, indem er § 202 I BGB (analog) anwand. Er unterstellte, daß Parteien, die sich auf eine Schlichtungsverhandlung einlassen, ein pactum de non petendo, also einen zeitweiligen Klagverzicht, vereinbaren würden. Eine solche Übereinkunft erscheint aber konstruiert. Es kann nicht angenommen werden, daß sich der Gläubiger (insbesondere bei drohendem Vermögensverfall des Schuldners) verbindlich des Rechts, seinen Anspruch jederzeit gerichtlich geltend zu machen, begeben will[607].
Der Grundsatz, nach dem die Verjährung gehemmt ist, solange der Berechtigte sein Recht nicht durchsetzen kann, galt somit lediglich für Schlichtungsstellen, deren Anrufung obligatorisch ist. Das eine obligatorische Vorschaltung von

---

durch ein rechtliches Hindernis die Geltendmachung seines Anspruchs unmöglich gemacht wird, RGZ 136, 193, 196; Palandt, Heinrichs, BGB § 202 Rnd. 2.

604 verneinend, Wagner, Prozeßverträge, S. 237 f..

605 Wagner, Prozeßverträge, S. 432 f.; ders., Alternative Streitbeilegung und Verjährung, NJW 2001, 182, 187.

606 Wagner, Obligatorische Streitschlichtung im Zivilprozeß: Kosten, Nutzen, Alternativen, JZ 1998, 836, 841.

607 Mit dieser Begründung hat der BGH in einem Fall, in dem es um die Vereinbarung ging, einen Musterprozeß abzuwarten, ein pactum de non petendo abgelehnt, BGH NJW 1998, 2274, 2277.

Güteverfahren den Rechtsschutz nicht vereiteln darf, ergibt sich schon aus der Rechtsschutzgarantie. Die Parteien haben schließlich durch gesetzliche Anordnung nicht die Möglichkeit, die Fristen durch sofortige Klage zu waren[608]. In Fällen, in denen die Anrufung der Schlichtungsstelle freiwillig erfolgt, besteht nicht die gleiche Interessenlage, welche § 202 I BGB zugrundelag, weil es dem Berechtigten nicht (vorübergehend) durch ein rechtliches Hindernis unmöglich gemacht wird, seinen Anspruch gerichtlich geltend zu machen.

(4) Analoge Anwendung des § 209 II Nr.1a BGB

Weiterhin wurde, entgegen der dargestellten Rechtsprechung[609], vertreten[610], daß die Problematik durch die analoge Anwendung des § 209 II Nr.1a BGB zu lösen sei. Eine Ausweitung des § 209 BGB auch auf nicht durch die Justizverwaltung eingerichtete oder anerkannte Gütestellen durch den Gesetzgeber wäre denkbar[611], eine analoge Anwendung der Regelung ist aber abzulehnen. Wie der Bundesgerichtshof wiederholt ausgesprochen hat, enthalten die Vorschriften über die Verjährung formale Regelungen, die im Interesse der Rechtssicherheit aufgestellt wurden. Ihre Auslegung muß sich daher grundsätzlich eng an den Wortlaut des Gesetzes anlehnen[612]. Auch besteht bei Schlichtungsverhandlungen keine mit § 209 BGB vergleichbare Situation. Die dort aufgeführten Unterbrechungstatbestände sind sämtlichst geeignet, eine endgültige (vollstreckbare) Rechtslage zu schaffen. Die in einer Schlichtungsverhandlung vor einer Gütestelle (die keine der in § 794 I Nr.1 ZPO bezeichneten Art ist) getroffene Vereinbarung muß in der Regel noch selbständig eingeklagt werden[613] [614].

---

608 Es bedarf in diesen Fällen, wie noch zu zeigen sein wird (vgl. F. II. 5.), einer dem § 210 BGB entsprechenden gesetzlichen Regelung.

609 Vgl. oben unter E. II. 2. a) aa).

610 Preibisch, Außergerichtliche Vorverfahren in Streitigkeiten der Zivilgerichtsbarkeit, S. 219.

611 Prütting, Schlichten statt Richten, JZ 1985, 261, 271.

612 BGHZ 48, 125, 134; 53, 43, 46f.; 123, 337, 343.

613 Dies gilt nach § 794 I Nr. 5 ZPO nicht für Vergleiche, die von einem Notar beurkundet wurden bzw. nach § 794 I Nr. 4b ZPO für Beschlüsse nach §§ 796b, 796c ZPO (Anwaltsvergleich). Siehe dazu E. II. 3.

614 Zu den Möglichkeiten der Notare bei der außergerichtlichen Streitschlichtung siehe Wagner, Möglichkeiten des Notars zur Vermeidung und Schlichtung von Baustreitigkeiten, BauR 1998, 235.

(5) Unzulässige Rechtsausübung des Schuldners

Die Geltendmachung der Verjährungseinrede war, nach Auffassung der Rechtsprechung[615] und einer großen Mehrheit in der Literatur[616], ausgeschlossen, wenn darin eine unzulässige Rechtsausübung lag. Dafür genügte bereits ein Verhalten, das bei der Gegenpartei das Vertrauen wecken konnte und geweckt hat, der Schuldner werde den Anspruch lediglich mit materiellen Einwendungen bekämpfen[617]. Der Verjährungseinrede konnte dann der Gegeneinwand der Arglist entgegengesetzt werden.
Wurden vorprozessuale Korrespondenzen oder Schlichtungsverhandlungen geführt, die den Gläubiger zu der Annahme veranlassten, daß es möglicherweise zu einem gütlichen Schadensausgleich kommen werde, dann konnte der Verjährungseinrede nach § 242 BGB der Gegeneinwand der Unvereinbarkeit des früheren mit dem späteren Verhalten (venire contra factum proprium) entgegen gehalten werden[618].

Es kann somit festgehalten werden, daß die Einlassung des Gläubigers auf eine *fakultative* Schlichtungsverhandlung auch vor der Neuregelung keinen (faktischen) Rechtsverlust durch Eintritt der Verjährung nach sich zog, wenn der Schuldner ernsthaft zu erkennen gab, daß eine außergerichtliche Einigung möglicherweise erreicht werden kann. Dabei ist allerdings zu beachten, daß der Einwand aus § 242 BGB seinerseits wieder hinfällig wurde, wenn es der Anspruchsteller versäumte, unmittelbar nach Abschluß des Schlichtungsverfahrens Klage zu erheben[619] [620].
Entgegen der Ansicht Wagners[621], der die Durchführung eines Schlichtungsverfahrens mit der Obliegenheit zur Klageerhebung im Anschluß binnen „angemessener" Frist als „Vabanquespiel bezeichnete, dessen Ausgang sich für die Parteien kaum vorhersehen läßt", halte ich die Lösung der h.M., im Hinblick auf die oben dargestellte Funktion der Verjährungsregeln[622], für interessengerecht. Der Einwand der unzulässigen Rechtsausübung kann dem Gläubiger nicht länger zustehen, als die tatsächlichen Umstände, die ihn begründen, andauern[623]. Die durch die Verjährungsvorschriften (im öffentlichen Interesse) angestrebte Rechtssicherheit muß nach Wegfall dieser Gründe alsbald erreicht werden. Wagner meint, der Lösung der h.M. hafte ein erhebliches Maß an Unsicherheit an, weil nicht feststellbar sei, wie lang eine adäquate Überlegungsfrist sei. Zwar

---

615 RGZ 142, 284; RGZ 153, 101, 108; BGHZ 9, 1, 5; BGH MDR 1981, 737; BGH WM 1982, 403, 404 f.; BGH NJW 1985, 2411, 2412; BGH NJW 1986, 1608, 1609; BGH NJW 1991, 974.

616 statt aller: Erman, Hefermehl, BGB, § 222 Rnd. 11; Werner, § 242 Rnd. 89, 156; MüKo BGB, Roth, § 242 Rnd. 323 m.w.N.

617 BGH MDR 1981, 737.

lies sich die Dauer dieser Frist nicht aus dem Gesetz entnehmen, eine ähnliche „Rechtsunsicherheit" ergab sich aber auch im Rahmen des § 326 I BGB, bei welchem die Bestimmung einer zu kurzen Nachfrist durch den Gläubiger bekanntlich regelmäßig eine angemessene Frist in Gang setzte. Die einzelfallbezogene Bestimmung der Billigkeit der Frist durch die Gerichte verursachte in der Praxis keinerlei Komplikationen[624].

Diese Argumentation konnte freilich nicht aufrechterhalten werden, sobald es sich um ein obligatorisches Schlichtungsverfahren handelte, weil dann die „Verzögerung" nicht auf der Arglist des Anspruchsgegners beruhte. Wenn die Güteverhandlung Zulässigleitsvoraussetzung für eine gerichtliche Durchsetzung des Anspruchs ist, kann nicht aus der Teilnahme des Schuldners an der Verhandlung gefolgert werden, er wolle sich zukünftig nur mit materiellen Einwendungen gegen den Anspruch zur Wehr setzen. Er stellt sich lediglich dem vom Gesetzgeber bestimmten Verfahren zur Wahrung seiner Interessen.

Als Ergebnis ist daher festzustellen, daß lediglich im Falle der obligatorischen Ausgestaltung des Güteverfahrens das Risiko des (faktischen) Rechtsverlustes durch Zeitablauf bestand. Die Gefahr war gebannt, wenn das Verfahren vor einer Stelle stattfand, die von der Landesjustizverwaltung eingerichtet oder anerkannt wurde. Entschieden sich die Beteiligten für eine „private" bzw. eine branchen- oder kammergebundene Gütestelle mussten sie, nach der Rechtslage vor dem 01.01.2002, mit Rechtsverlust rechnen[625].

---

618 BGH NJW, 1985, 2411, 2412.

619 BGH VersR 1960, 515, 517f.; BGH WM 1970, 548, 549; MüKo BGB, von Feldmann, § 225 Rnd. 3; Palandt, Heinrichs, BGB, § 225 Rnd. 2 m.w.N.

620 Eine kurze Überlegungsfrist ist dem Gläubiger zuzubilligen. Zur Länge der Überlegungsfrist siehe Palandt, Heinrichs, BGB, vor § 194 Rnd. 15, wonach die Frist ca. vier Wochen beträgt.

621 Wagner, Prozeßverträge, S. 430 f.

622 siehe E. II. 2. a) bb) (1).

623 BGH VersR, 1960, 515, 517.

624 Der Gesetzgeber hat in § 203 S.2 BGB n.F. diese Zeitspanne innerhalb welcher Rechtsverfolgungsmaßnahmen ergriffen werden müssen festgelegt (drei Monate).

625 Die für obligatorische Schlichtungsverfahren notwendige Regelung wird unter F. II. 5. dargestellt.

b) Weitere Nachteile des Anspruchstellers durch Verzicht auf die sofortige Klageerhebung

Durch Erhebung der Klage wird die Rechtshängigkeit begründet (§ 261 I ZPO)[626]. Die Rechtshängigkeit hat eine Reihe von materiellrechtlichen Wirkungen zur Folge, die demnach unmittelbar auf die Klageerhebung zurückzuführen sind[627] [628]. Diese Wirkungen sind entweder rechtserhaltend, rechtsvermehrend oder rechtsstärkend[629]. Unter rechtserhaltenden Wirkungen versteht man solche, die einen Rechtsverlust durch Zeitablauf verhindern[630]. Es gelten die eben dargestellten Grundsätze. Es soll daher im Folgenden lediglich auf die rechtsvermehrenden (aa) sowie die rechtsstärkenden (bb) privatrechtlichen Wirkungen der Rechtshängigkeit eingegangen werden.

aa) Rechtsvermehrende privatrechtliche Wirkungen der Rechtshängigkeit

Als rechtsvermehrend bezeichnet man die Wirkungen der Rechtshängigkeit, die zur Entstehung eines zuvor nicht vorhandenen Anspruchs führen. Dazu zählt die Entstehung des Anspruchs auf Prozeßzinsen (§ 291 BGB), die Möglichkeit Unterhalt auch für die Vergangenheit zu fordern (§ 1613 I BGB) und die Haftungsverschärfungen für den Schuldner (§§ 292, 347, 818 IV, 987, 989 BGB u.v.m.).
Im Hinblick auf die Ansprüche aus § 291 und § 1613 I BGB treten i.d.R. keine Nachteile für den Anspruchsteller ein, der nicht sofort die Rechtshängigkeit herbeiführt, sondern sich zunächst auf außergerichtliche Schlichtungsverhandlungen einlässt[631].
Zwar hat der Schuldner nach § 291 S.1 BGB eine Geldschuld vom Eintritte der Rechtshängigkeit an auch dann zu verzinsen, wenn er nicht im Verzug ist, die praktische Bedeutung dieser Vorschrift ist aber marginal[632].
Der Zinsanspruch des Gläubigers ergibt sich regelmäßig bereits aus § 288 I BGB

---

626 Im Zivilprozeß ist von der Rechtshängigkeit die Anhängigkeit eines Verfahrens bei einem Gericht zu unterscheiden. Die Rechtshängigkeit beginnt grundsätzlich (Ausnahme § 261 II ZPO) mit Erhebung der Klage (§ 253 I ZPO) also erst mit der Zustellung der Klage an den in ihr bezeichneten Gegner. Bereits mit der Einreichung der Klage bei Gericht wird diese anhängig.

627 Rosenberg / Schwab / Gottwald, Zivilprozeßrecht, S. 566.

628 Eine Übersicht der Normen aus denen sich materiellrechtliche Wirkungen der Rechtshängigkeit ergeben findet sich bei Zöller, ZPO, Greger, § 262 Rnd. 2.

629 Rosenberg / Schwab / Gottwald, Zivilprozeßrecht, S. 571.

630 Unterbrechung der Verjährung, der Ersitzungsfrist (§ 941 BGB) sowie der Ausschlußfristen.

631 a.A. Prütting, Schlichten statt Richten ?, JZ 1985, 261, 270, der seine Auffassung jedoch nicht begründet.

632 Palandt, Heinrichs, BGB, § 291 Rnd. 1.

(Verzugszinsen), da üblicherweise eine Leistung vor Klageerhebung angemahnt wird (Vermeidung der Kostenfolge des § 93 ZPO). Der Anwendungsbereich des § 291 BGB ist damit umgangen. Der einverständliche Eintritt in Schlichtungsverhandlungen lässt nach der hier vertretenen Auffassung den Verzug nicht in jedem Fall ex nunc entfallen. Es erscheint unangemessen ein Güteverfahren mit einer Stundung[633] der geschuldeten Leistung gleichzusetzen.
Auch der Unterhaltsberechtigte kann nach § 1613 I BGB im Verzugsfalle die gleiche Summe, wie sie bei Rechtshängigkeit entstanden wäre, fordern. Für die verzugsbegründende Mahnung reicht es aus, wenn der Unterhaltsschuldner aufgefordert wird, den, sich aus einem fälligen Auskunftsanspruch ergebenden, Unterhaltsanspruch zu erfüllen[634]. Selbst wenn der Auffassung gefolgt würde, nach der die Aufnahme von Güteverhandlungen den Verzug beendet, blieben bereits eingetretene Verzugsfolgen (also z.B. die Verpflichtung zur Zahlung von Unterhalt für die Vergangenheit) bestehen[635].

Nachteilig für den Antragsteller kann sich aber auswirken, daß die, (beispielsweise) bei der rei vindicatio durch Klageerhebung eintretende, Haftungsverschärfung des Schuldners durch ein Schlichtungsverfahren nicht ausgelöst wird. Während der redliche, unverklagte Besitzer lediglich ausnahmsweise im Falle des § 991 II BGB[636] und im Falle des Fremdbesitzerexzesses[637] zu Schadensersatzleistungen i.S.d. § 989 BGB verpflichtet ist[638], muß der verklagte Besitzer vom Eintritt der Rechtshängigkeit an nach § 989 BGB Schadensersatz leisten. Er wird dem unredlichen Besitzer gleichgestellt.
Der Besitzer wird durch ein Schlichtungsverfahren nicht zwangsläufig bösgläubig i.S.d. § 990 I BGB. Für die Bösgläubigkeit ist, bei *späterer* Erkenntnis im Gegensatz zum Besitzerwerb[639], positive Kenntnis des Mangels am Besitzrecht erforderlich. Dies ist selbst bei einer Herausgabeklage nicht ohne weiteres anzunehmen[640] und im Falle von Schlichtungsverhandlungen regelmäßig abzulehnen,

---

[633] Nach BGH NJW – RR 1991, 822 entfällt bei Stundung der Verzug.

[634] Es ist somit keinerlei Nachteil zur Stufenklage gegeben, BGH FamRZ 1990, 283; Palandt, Diederichsen, § 1613 Rnd. 4.

[635] Vergl. BGH NJW 1987, 1546.

[636] Der redliche Unterbesitzer kann dem Eigentümer gegenüber nicht besser stehen als er dem Oberbesitzer gegenüber steht. Es besteht insoweit kein Schutzbedürfnis.

[637] Danach haftet der unrechtmäßige redliche Fremdbesitzer aus § 823 I BGB auf Schadensersatz, wie er bei Bestehen seines vermeintlichen Besitzrechtes haften würde.

[638] Dies entspricht dem Hauptzweck der Vorschriften über das Eigentümer - Besitzer - Verhältnis, der im Schutz des redlichen Besitzers vor Bereicherungs- und Deliktsansprüchen besteht, h.M., siehe Medicus, Bürgerliches Recht, Rnd. 574 m.w.N.

[639] Bei der Besitzergreifung reicht grobe Fahrlässigkeit aus, Palandt, Bassenge, BGB § 990 Rnd. 1.

[640] Palandt, Bassenge, BGB § 990 Rnd. 7.

es sei denn, aus den dem Besitzer bekannten Tatsachen ist der Mangel des Besitzrechts ohne weiteres zu erkennen. Wenn sich der Anspruchsteller also für außergerichtliche Verhandlungen mit dem Besitzer entscheidet, riskiert er den ersatzlosen Verlust der Sache für den Fall des Untergangs der Sache durch *schuldhaftes* Verhalten des Besitzers während der Schlichtungszeit[641].
Ein Beispielsfall soll die Beträchtlichkeit dieses Risikos alternativer Streitbeilegung aufzeigen:
A hat von seinem Vater (V) ein Haus geerbt. Auf dem Dachboden des Hauses findet er ein sehr wertvolles Bild. Dieses Bild hatte V vor Jahren dem Bruder (B) des A geschenkt. Als B hört, daß A das Bild verkaufen will, fordert er Herausgabe.
A verweigert die Herausgabe, bietet aber an, ein Schlichtungsverfahren über den Verbleib des Bildes durchzuführen. Weil B vor dem Gedanken zurückschreckt, seinen Bruder zu verklagen, willigt er in der Hoffnung, A werde sich in der Schlichtungsverhandlung von der Schenkung überzeugen lassen und das Bild freiwillig herausgeben, ein.
Noch vor Beendigung des Güteverfahrens wird das Bild infolge fahrlässiger Lagerung zerstört.

A hat das Bild weder durch verbotene Eigenmacht, noch durch strafbare Handlung erlangt. Er ist zunächst unverklagter redlicher Besitzer. Da A nichts von der Schenkung an seinen Bruder weis und sich diese Tatsache ihm auch nicht aufdrängen mußte, wird er durch das Herausgabeverlangen des B nicht bösgläubig i.S.d. § 990 I S.2 BGB. Auch der Vorschlag eine Güteverhandlung durchzuführen, ist nicht geeignet, die Unredlichkeit des A herbeizuführen. Nach den oben dargestellten Grundsätzen haftet A damit nicht auf Schadensersatz für das Bild. Hätte B sofort geklagt, müßte A ihm das Bild nach § 989 BGB ersetzen.

bb) Rechtsstärkende privatrechtliche Wirkungen der Rechtshängigkeit

Als rechtsstärkende Wirkungen der Rechtshängigkeit wird die Herstellung der Übertragbarkeit eines, bereits entstandenen, Anspruchs des Anspruchstellers, der eigentlich wegen Höchstpersönlichkeit unübertragbar und unvererblich ist, bezeichnet[642].

---

[641] Den gleichen Verlust erleidet der Gläubiger in Fällen dieser Art nach §§ 818 III, 819 I, 818 IV BGB, da auch hier die positive Kenntnis von der Rechtsgrundlosigkeit des Empfangs erforderlich ist, die durch ein Schlichtungsverfahren nicht ausgelöst wird, Erman, Westermann, BGB § 819 Rnd. 1.

[642] Die Kehrseite dieser Wirkung der Rechtshängigkeit ist die Möglichkeit der Pfändung von der Rechtshängigkeit an. Diese Wirkung hat Bedeutung für den, nach § 2317 II BGB übertragbaren und vererblichen, Pflichtteilsanspruch und den Rückforderungsanspruch des verarmten Schen-

Nachdem der Schmerzensgeldanspruch, seit der Streichung von § 847 I S.2 BGB, nunmehr von Anfang an vererblich und übertragbar ist hat diese Auswirkung keinerlei Bedeutung. Der einzig weitere denkbare Fall wäre die Übertragbarkeit des Kranzgeldanspruchs[643] nach Klageerhebung (§ 1300 II BGB). Diese Norm wurde, nachdem sie wegen Unterstellung einer verminderten weiblichen Verantwortungsfähigkeit[644] als „kurioses und antiquiertes Stück Vergangenheit"[645] angesehen wurde, durch das am 01. 07. 1998 in Kraft getretene Gesetz zur Neuordnung des Eheschließungsrechts[646] gestrichen.
Es besteht somit kein Nachteil der außergerichtlichen Streitschlichtung im Hinblick auf fehlende rechtsstärkende Wirkungen der Rechtshängigkeit. Die Bedenken von Prütting[647] haben sich durch die Streichung des § 847 I S. 2 BGB erübrigt.

3. Mangelnde Vollstreckbarkeit von Schlichtungsergebnissen

Im Gegensatz zum Schiedsspruch oder Gerichtsurteil ist eine außergerichtliche Einigung nicht vollstreckbar. Ausnahmsweise ist eine solche Einigung nach § 794 I Nr. 1 ZPO vollstreckbar, wenn die Einigung vor einer durch die Landesjustizverwaltung eingerichteten oder anerkannten Gütestelle erzielt wurde, nach § 794 I Nr. 4b ZPO, wenn ein Anwaltsvergleich[648] von einem Gericht (§ 796b ZPO) oder einem Notar (§ 796c ZPO) für vollstreckbar erklärt wurde oder nach § 794 I Nr. 5 ZPO aus einer gerichtlichen oder notariellen Urkunde,[649] in der sich der Schuldner der sofortigen Zwangsvollstreckung unterworfen hat[650].

---

kers nach § 528 I BGB. Diese Ansprüche sind nach § 852 I, II ZPO erst der Pfändung unterworfen, wenn sie durch Vertrag anerkannt oder rechtshängig gemacht wurden.

643 Sogenannt nach dem Strohkranz, den die nicht mehr jungfräuliche Braut, die sog. Strohjungfer, statt des Myrtenkranzes nach altem Brauchtum bei der Hochzeit zu tragen hatte.

644 AG Münster NJW 1993, 1720.

645 MüKo BGB, Wacke, § 1300 Rnd. 7.

646 EheschlRG vom 04. 05. 1998, BGBl I, 833.

647 Prütting, Schlichten statt Richten ?, JZ 1985, 261, 270.

648 i.S.d. § 796a ZPO, d.h. der Schuldner (das können auch beide Parteien sein) muß sich darin der sofortigen Zwangsvollstreckung unterworfen haben.

649 Notare sind gemäß § 20 I S. 1 BNotO für Beurkundungen allzuständig, Gerichte lediglich in den in § 62 BeurkG genannten Fällen.

650 Der Unterschied zwischen dem durch den Notar für vollstreckbar erklärten Anwaltsvergleich und einer mit Vollstreckbarkeitserklärung versehenen notariellen Urkunde ist marginal. Er besteht in zwei Details. Während der Notar die Vollstreckbarkeitserklärung bei der Urkunde auch bei Einwendungen des Schuldners nicht versagen darf, ist die Erteilung einer vollstreckbaren Ausfertigung des Anwaltsvergleiches von der Zustimmung beider Parteien abhängig (§ 796c I ZPO). Weiterhin bildet eine notarielle Urkunde selbst eine Grundlage für die Zwangsvollstre-

Wenn die Vereinbarung der Parteien nicht erfüllt wird, so ist damit *selbst bei erfolgreicher* Schlichtung die Gefahr gegeben, daß der Anspruchsteller den staatlichen Instanzenweg in Anspruch nehmen muß, was dann zusätzlich Zeit und Geld kostet[651]. Dieser Nachteil läßt sich für die Parteien durch eine notarielle Zwangsvollstreckungsunterwerfung (§ 794 I Nr. 5 ZPO) vermeiden. Die notarielle Beurkundung des Schlichtungsergebnisses ist jedoch ebenfalls kostenpflichtig. Da in fast allen Fällen keine nach § 38 KostO begünstigte Erklärung[652] vorliegen wird, kosten die Schaffung der Urkunde nach § 36 II KostO das doppelte der vollen Gebühr i.S.d. § 32 KostO[653]. Der oben festgestellte Kostenvorteil der Schlichtungsverfahren[654] wäre nach der Schaffung eines Vollstreckungstitels nicht mehr vorhanden.

Die Chance einer freiwilligen Erfüllung liegt jedoch im Falle der gütlichen Einigung nahezu doppelt so hoch wie im Falle autoritativer Entscheidungen[655]. Es besteht eine größere psychologische Bereitschaft ein Verhandlungsergebnis zu akzeptieren, als dies bei einer Entscheidung eines Dritten der Fall ist[656]. Die Schaffung eines Vollstreckungstitels ist somit in vielen Fällen nicht erforderlich. Die mangelnde Vollstreckbarkeit der Schlichtungsergebnisse ist kein wesentlicher Nachteil außergerichtlicher Konfliktbehandlung. Einerseits sind die Vereinbarungen der Parteien vollstreckbar, soweit sie vor durch die Landesjustizverwaltung anerkannten oder eingerichteten Schlichtungsstellen geschlossen wurden. Andererseits kann die Vollstreckbarkeit des Schlichtungsergebnisses durch eine notarielle Zwangsvollstreckungsunterwerf-ung herbeigeführt werden. Be-

---

ckung, so daß der Notar in diesem Fall keinen Vollstreckungstitel schafft, sondern lediglich eine vollstreckbare Ausfertigung nach § 797 II ZPO erteilt, während beim Anwaltsvergleich erst der Beschluß nach §§ 796b, 796c ZPO den Vollstreckungstitel schafft. Musielak, ZPO, § 796c Rnd. 2.

651 Herrmann, Die UNCITRAL - Vergleichsordnung, ZZP 1984, 445, 448; Glossner, Zur Vollstreckbarkeit von Schlichtungsergebnissen im internationalen Bereich, in: Festschrift für Bülow 1981, 69, 72.

652 Für die Beurkundung bestimmter Erklärungen, die in diesem Zusammenhang keine Rolle spielen, wird lediglich eine halbe Gebühr erhoben.

653 Die Parteien können auch einen Anwaltsvergleich i.S.d. § 796a ZPO wählen. Die Honorierung notarieller Tätigkeit über die KostO ist für die Parteien jedoch weitaus günstiger als die Honorierung anwaltlicher Tätigkeit über die BRAGO oder über freie Honorarvereinbarungen, Wagner, Möglichkeiten des Notars zur Vermeidung und Schlichtung von Baustreitigkeiten, BauR 1998, 235, 238.

654 siehe unter E. I. 4.

655 Stadler, Außergerichtliche obligatorische Streitschlichtung - Chance oder Illusion?, NJW 1998, 2479, 2482, die sich auf eine Untersuchung in den USA von Mc Ewen / Maiman, Mediation in small claim courts: achieving compliance through consent, Law and Society Review 1984, 11 ff., bezieht.

656 Proppe / Krapp, Außergerichtliche Verfahren - Alternative zur Ziviljustiz, JA 1990, 65, 72.

rücksichtigt man zusätzlich die hohe Rate der freiwilligen Erfüllung einer im Schlichtungsverfahren übernommenen Verpflichtung, verbleibt wenig Raum, um von einem realen Nachteil zu sprechen. Wenn das Vertrauen in die Akzeptanz des Schlichtungsergebnisses bei einer Partei nicht gegeben ist, dann wird diese Partei auf die notarielle Beurkundung mit Vollstreckungsunterwerfungsklausel bestehen.
Bei der Ausgestaltung der landesrechtlichen Schlichtungsverfahren (gemäß § 15a EGZPO) durch die Landesgesetzgeber[657] wurde die eben dargestellte Rechtslage nicht verändert. Wird die Schlichtungsvereinbarung also vor einer Schlichtungsstelle erzielt, die nicht nach § 794 I Nr.1 ZPO von der Landesjustizverwaltung eingerichtet oder anerkannt wurde (z.B. vor einer Industrie- und Handelskammer) dann ist sie nicht vollstreckbar bzw. bedarf zur Vollstreckbarkeit der notariellen Beurkundung.

4. Mangelnde Erfolgsgarantie der Schlichtungsverfahren

Der unbestreitbare Hauptnachteil außergerichtlicher Schlichtungsverfahren liegt in der mangelnden Erfolgsgarantie[658]. Dieses Risiko kann auch durch ein „optimal" ausgestaltetes Güteverfahren nicht gebannt werden. Die Folge des Scheiterns ist ein Mehraufwand an Zeit und Geld. Die oben unter D I. 1. - 10. dargestellten Vorteile der außergerichtlichen Streitschlichtung sollten jedoch einen Schlichtungsversuch lohnenswert erscheinen lassen, so daß die schlichte Möglichkeit des Scheiterns als solche die Parteien nicht von einer Schlichtungsverhandlung abhalten dürfte.

F. Verfahrensmäßige Bedingungen alternativer Konfliktregelung

Ob gute Gründe einen Schlichtungsversuch, aus Sicht der Parteien, erfolgversprechend erscheinen lassen, hängt maßgeblich von dem konkreten Fall, den konkreten Parteien[659] und der Ausgestaltung des Schlichtungsverfahrens ab.
Es soll daher im Folgenden untersucht werden, wie ein Schlichtungsverfahren ausgestaltet sein muß, um die Vorteile zu sichern und die Nachteile zu bannen. Dafür wird zunächst geprüft, auf welchen Feldern sich die traditionelle gerichtliche und in welchen Fällen die einverständliche Konfliktlösung als das überlege-

---

657 Die bisher verkündeten Landesgesetze werden ausführlich besprochen von Zietsch / Roschmann, Die Regelungen des vorprozessualen Güteverfahrens, NJW Beilage zu Heft 51/2001, vgl. auch C. II..

658 Statt aller Herrmann, Die UNCITRAL - Vergleichsordnung, ZZP 1984, 445, 447 f..

659 Kraus, Konfliktlösung durch Verhandeln und Mediation, AnwBl. 1997, 665, 667, weist darauf hin, daß insbesondere nicht jeder *Mandant* für einen kooperativen Lösungsansatz geeignet ist.

ne Instrument erweist. Danach werden die allgemeinen Verfahrensbedingungen eines erfolgreichen Schlichtungsverfahrens dargestellt, wobei insbesondere die Geltung der zivilprozessualen Verfahrensgrundsätze untersucht wird. Auf der Grundlage dieser allgemeinen Voraussetzungen sollen dann konkrete Verfahrensvorschriften eines Schlichtungsverfahrens entwickelt und dargestellt werden, wobei die Zweckmäßigkeit einer obligatorischen Ausgestaltung des Verfahrens untersucht wird.

I. Allgemeine Voraussetzungen eines erfolgreichen außergerichtlichen Schlichtungsverfahrens

1. Konfliktnähe als Grundbedingung erfolgreicher Streitbehandlung

Als Konfliktnähe wird hier die Nähe des Streitbehandlungsmodells[660] zum Status des Konflikts (a), die Sachnähe des Schlichtungsverfahrens (b) und die Angepasstheit des Güteverfahrens an die Komplexität des Konfliktes (c) verstanden.

a) Status des Konflikts

Das Recht stellt (Regelungs-) Antworten auf viele Konflikte zur Verfügung. Gegenüber einem säumigen Schuldner hat der Darlehensgeber einen rechtlich durchsetzbaren Anspruch auf Rückzahlung. Der Vermieter kann seinen Anspruch auf Mietzahlung vor Gericht durchsetzen, ebenso kann der Mieter sich unter bestimmten Voraussetzungen vor dem gleichen Gericht gegen eine Kündigung wehren. Diese Konflikte werden von jedermann automatisch als Rechtskonflikte angesehen. Nicht alle Konflikte finden jedoch eine (direkte) Antwort im Recht. Je enger die soziale Beziehung ist, je mehr sie auf Vertrauen, Hinwendung und gegenseitiger Achtung aufbaut, um so begrenzter ist das Repertoire der Rechtsprechung[661]. Vertrauen läßt sich nicht gerichtlich einklagen, Arbeitsmotivation nicht tarifvertraglich sichern und „liebevolle Zuwendung nicht durch Ehevertrag gewährleisten“[662].
Die meisten Auseinandersetzungen in der Praxis sind von einem Mischverhältnis zwischen rechtlich erfassbaren und nicht durch Recht regelbaren Aspekten gekennzeichnet. Dieses Mischverhältnis beschränkt sich nicht auf ein jeweils feststehendes statisches Modell, sondern unterliegt einer Entwicklung.

---

[660] Dies kann auch die gerichtliche Durchsetzung eines Anspruchs sein.

[661] Siehe dazu F. I. 2. a) cc).

[662] Blankenburg, Rechtshilfebedürfnis und Rechtsberatung - Theoretische Überlegungen zur rechtspolitischen Diskussion in der Bundesrepublik Deutschland, in: Jahrbuch für Rechtssoziologie V, 231, 243.

Viele Auseinandersetzungen durchlaufen eine Transformationsphase. Während meist ein soziales Problem oder ein Interessenkonflikt am Anfang steht, wandelt sich der Konflikt aus Sicht der Beteiligten in eine Auseinandersetzung über Tatsachen und Normen, also einen Rechtsstreit. Die Wandlung kann durch Eingabe des Streites in das Justizsystem[663], durch die Einschaltung von Rechtsanwälten oder durch kommunikative und soziale Beziehungsdefizite einer oder beider Parteien[664] ausgelöst werden.
Das jeweilige Verfahren der Streitbehandlung muß für den konkreten „Konfliktstatus" der Auseinandersetzung tatsächlich geeignet sein. Das Verfahren muß also der Sichtweise der Parteien, ihrer aktuellen Definition des Konfliktes entsprechen. Die Beurteilung dieser Frage kann nur konkret für die jeweilige Situation erfolgen. Daraus läßt sich folgender, von Gottwald[665] formulierter, Grundsatz ableiten: Je mehr die Parteien den Konflikt „....als Rechtskonflikt definieren, desto eher sind Verfahren der Streitentscheidung wie das Gerichtsverfahren adäquat, je stärker sie ihn noch als Interessenkonflikt definieren, desto geeigneter sind Verfahren der Streitbehandlung."
Schlichtungsverfahren müssen demnach die *Möglichkeit* einer zeitnahen Streitbehandlung bieten, da die Chance, daß die Parteien ihren Konflikt als Interessenkonflikt definieren, in einer frühen Phase deutlich höher ist. In einem späteren Entwicklungsstadium wird der wirkliche Konflikt oft durch die Einschaltung von Anwälten oder eigene Initiative der Parteien nach und nach in rechtliche Ansprüche „übersetzt". Eine generell gültige Aussage über den geeignetsten Zeitpunkt für ein Schlichtungsverfahren läßt sich jedoch nicht treffen[666].

b) Sachnähe des Schlichtungsverfahrens

Es ist impraktikabel für die unterschiedlichsten Konflikte ein völlig undifferenziertes Schlichtungsverfahren einzusetzen. Die Schlichtungspersonen sollten bestenfalls sogar über Expertenwissen in dem jeweiligen Bereich verfügen[667]. Die Schlichtungsstelle kann durch Sachkompetenz einen Vertrauensvorsprung erreichen. In Deutschland existieren bereits einige Schlichtungsstellen, die durch ihre Besetzung kompetenter sind als die entsprechende Zivilkammer des Gerichts. Beispielhaft für sachnahe Schlichtungsmodelle sind der Ombusmann der priva-

---

663 Dann ist eine Verrechtlichung im Interesse rechtsförmiger Entscheidungen unvermeidbar.

664 Weidermann, Fünf Jahre Familienrichter, Zentralblatt für Jugendrecht, 1982, 527, 536.

665 Gottwald, Verfahrensmäßige Bedingungen alternativer Konfliktregelung, in: Vögele (Hrsg.), Mediation - vermitteln - schlichten, 24, 26.

666 vgl. F. II. 8. a) dd).

667 Gottwald, Verfahrensmäßige Bedingungen alternativer Konfliktregelung, in: Vögele (Hrsg.), Mediation - vermitteln - schlichten, 24, 28 f..

ten Banken[668], die Bauschlichtungsstelle in Frankfurt[669] sowie die Schlichtungsstellen in Arzt - Patientenkonflikten[670].
Auch die Nähe zum sozialen Teilsystem, also dem sozialen Umfeld sollte gewährleistet sein. Ein erfolgreiches Schlichtungsverfahren muß auch auf die soziale Herkunft des Konfliktes abgestimmt sein.
Die Erfahrungen, welche mit den Institutionen der Gemeinde- bzw. Friedensgerichte in Baden - Württemberg[671] und den Gesellschaftlichen Gerichten in der DDR[672] gemacht wurden, haben gezeigt, daß insbesondere bei Verfahren mit enger Verbindung zum sozialen Umfeld leicht der Verdacht der Parteilichkeit des Schlichters aufkommt. Dieser Realität ist durch die Auswahl der Schlichtungsperson zu begegnen. Bei der Besetzung der einzelnen Schlichtungstellen ist durch Schutzvorschriften und ein unbedingtes Neutralitätsgebot auf die Verhinderung von Machtungleichgewichten zu achten. Zusätzlich bedarf der Schlichter, wegen seiner fehlenden Entscheidungsbefugnis, professioneller Autorität auf rechtlichem Gebiet[673], so daß die Schlichtungstellen nicht ausschließlich mit nichtjuristischen Fachleuten des jeweiligen Interaktionensystems besetzt werden können[674].

c) Angepasstheit des Güteverfahrens an die Komplexität des Konfliktes

Die Komplexität verschiedener Kontroversen ist unterschiedlich. So ist ein Konflikt, der aus einer langjährigen Geschäftsbeziehung oder enger persönlicher Verbundenheit (Familie) resultiert, regelmäßig viel vielfältiger verflochten als Konflikte, die aus einem einmaligen, gleichsam zufälligen Aufeinandertreffen der Beteiligten beruhen. Auch diesem Umstand muß das Verfahrensdesign Rechnung tragen.
Ein Gerichtsverfahren kann aufgrund der ihm typischen Beschränkung auf den eingeklagten Anspruch, Komplexität lediglich durch Reduktion bewältigen[675]. Es erfolgt eine Konzentration des Vortrags auf rechtlich erhebliche Tatsachen. Auch die Schlichtungsverfahren vor den Schlichtungsstellen der einzelnen Branchen

---

668 vgl. dazu Hoeren, Das neue Verfahren für die Schlichtung von Kundenbeschwerden im deutschen Bankgewerbe, NJW 1992, 2727 ff; ders., Der Bankombusmann in der Praxis, NJW 1994, 362 ff..

669 Proppe / Krapp, Außergerichtliche Verfahren - Alternative zur Ziviljustiz ?, JA 1990, 65, 70.

670 Eberhardt, Zur Praxis der Schlichtung in Arzthaftpflichtfällen, NJW 1986, 747 ff..

671 Siehe B. II. 2..

672 Siehe B. II. 3..

673 Haft, Intuitives und rationales Verhandeln, BB 1998, Beilage 10, 15, 16.

674 Siehe dazu auch unter B. III.

675 Gottwald, Verfahrensmäßige Bedingungen alternativer Konfliktregelung, in: Vögele (Hrsg.), Mediation - vermitteln - schlichten, 24, 29.

können persönliche Sorgen und Wünsche der Beteiligten sowie Bedürfnisse für die Zukunft lediglich in begrenztem Maße berücksichtigen. Aufgrund der Einbeziehung der Verkehrssitte der jeweiligen Branche können sie jedoch eine höhere Komplexität verarbeiten, als dies bei einer Streitentscheidung durch richterliches Urteil möglich ist. Schlichtungsverfahren, die eine Lösung des Konfliktes durch die Suche nach einem Kooperationsgewinn[676] anstreben, sind bei mannigfach verflochtenen Streitigkeiten zu bevorzugen. Die zur Verfügung stehenden Ressourcen werden auf den gesamten Lebensbereich ausgeweitet[677], so daß bei diesen Verfahren der höchste Grad an Komplexitätsverarbeitung erzielt wird.

2. Zuordnungskriterien für die Ermittlung des geeignetsten Konfliktbehandlungsangebots

Mit den eben dargestellten Konzept der Konfliktnähe verbunden ist die Frage nach der Auswahl des richtigen Streitbehandlungsforums für den konkreten Fall. Im Folgenden soll zunächst untersucht werden, anhand welcher Kriterien ermittelt werden kann, ob die gerichtliche Geltendmachung des Anspruchs oder ein Schlichtungsverfahren die konfliktnächste Form der Streitbehandlung ist (a).

Im Anschluß daran wird die Auswahl eines geeigneten Schlichtungsverfahrens betrachtet (b).

a) Richten oder Schlichten

Mit der Wahrnehmung eines Problems beginnt ein Konflikt Gestalt anzunehmen[678]. Nachdem der spätere Anspruchsteller den Unrechtszustand einer verantwortlichen Person - dem späteren Anspruchsgegner - zugeordnet hat, erfolgt die Weichenstellung für oder gegen vorgerichtliche Streitschlichtungsverfahren. Diese Entscheidung des Antragstellers sollte sich daran orientieren, welche Form der Streitbehandlung für diesen Konflikt die konfliktnächste ist.

aa) Abhängigkeit der Streitbehandlung vom Streitwert

Der Deutsche Bundestag hat am 09.09.1999 das Gesetz zur Förderung der außergerichtlichen Streitbeilegung beschlossen[679]. Dieses Gesetz, welches am

---

[676] Siehe dazu E. I. 9. c) bb).

[677] Vgl. Hager, Zur Notwendigkeit einverständlicher Streitschlichtung bei interpersonellen Konflikten, JZ 1998, 1158, 1161.

[678] Breidenbach, Mediation, S. 42 teilt den Beginn einer Auseinandersetzung in drei Phasen: naming = Wahrnehmung, blaming = Zuordnung und claiming = Anspruchstellung.

[679] BGBl. 1999 I S. 2400.

01.01.2000 in Kraft trat, enthält eine Öffnungsklausel für die Landesgesetzgeber, ein obligatorisches vorgerichtliches Schlichtungsverfahren dem Zivilprozeß vorzuschalten (§ 15a EGZPO). Der Bundesgesetzgeber legte lediglich die Grenzen des sachlichen Anwendungsbereichs des obligatorischen Schlichtungsverfahrens fest.
Hauptanwendungsbereich der Regelung bilden vermögensrechtliche Streitigkeiten mit einem Streitwert bis 1500,- DM. Die Begrenzung der Öffnungsklausel auf derart geringe Streitwerte legt die Vermutung nahe, daß der Gesetzgeber von einem Einfluß des Streitwertes auf die außergerichtlichen Einigungschancen ausgeht.
Der Streitwert ist für die Komplexität des Konfliktes jedoch ohne jede Bedeutung. Er hat keinen Einfluß auf die Bandbreite möglicher Gesprächsgegenstände, die Interessenkonstellation, Wertschöpfungsmöglichkeiten und Verteilungsgesichtspunkte[680]. Nach meiner Einschätzung sind die Einigungschancen in einem Schlichtungsverfahren bei begrenzten, wirtschaftlich unbedeutenden Auseinandersetzungen sogar oft sehr viel geringer als bei Auseinandersetzungen, die eine größere materielle Bedeutung für die Beteiligten haben.
Breidenbach[681] berichtet z.B. von der sogenannten „co-op - Affäre“: Die Vorstandsvorsitzenden von Deutsche SB - Kauf (früher co op) und Gewerkschaftsholding BGAG stritten um 394 Millionen DM. Nachdem ein Schlichtungsvorschlag in Höhe von 100 Millionen DM auf der Grundlage einer auf Indizien beruhenden Rechtsauffassung gemacht wurde, mußten beide Beteiligte, unter Berücksichtigung der Prozeßrisiken, entscheiden, ob sie dem Vorschlag zustimmen oder ihn ablehnen. Schon die erste Instanz würde im Falle eines Prozesses mindestens zehn Millionen DM kosten[682]. Der Prozeß würde sicher von vielen Beweisanträgen verzögert. Die Vorstandsvorsitzenden beider Parteien stimmten „trotz“ des immensen Streitwerts dem Schlichtungsvorschlag zu.
Im Gegensatz dazu ist eine Streitschlichtung in manchen Fallkonstellationen auch bei geringen Streitwerten nicht denkbar. Eichele`s[683] Musterbeispiel in diesem Zusammenhang ist ein zahlungsunwilliger Patient, der seine Arztrechnung nicht bezahlt und als Rechtfertigung eine schmerzhafte Behandlung vorschützt. Der Streitwert kann für den Arzt noch so unbedeutend sein, eine Schlichtungslösung dieses Konflikts ist nicht möglich.
Für die Beantwortung der Frage nach der Eignung außergerichtlicher Streitschlichtung für den konkreten Fall ist der Streitwert unerheblich. Es gibt sowohl

---

680 Duve, Mediation ist mehr als ein Vergleich, MDR 1998, 101.

681 Breidenbach, Mediation, S. 181.

682 Unter Berücksichtigung der üblichen drei Prozeßgebühren und bei Beteiligung von zwei Anwälten beliefen sich die Kosten der ersten Instanz auf 10.465.350,- DM.

683 Eichele, Obligatorische vorgerichtliche Schlichtung?, ZRP 1997, 393, 394.

schlichtungsgeeignete Konflikte mit einem hohen Streitwert als auch Bagatellkonflike, die einer einvernehmlichen Lösung nicht zugänglich sind.
Der Ansatz des Gesetzgebers wird daher zurecht als wenig erfolgversprechend kritisiert[684]. Die Beschränkung der Öffnungsklausel des § 15a EGZPO auf Streitwerte bis 1500,- DM dürfte eine Folge des Charakters der Regelung sein, die als Experimentierklausel konzipiert wurde[685]. Desweiteren trägt die Streitwertbegrenzung dem unter E. I. 4., 5. dargelegten Umstand Rechnung, daß Gerichtsverfahren bei einem derart niedrigen Streitwert zu kostspielig und zu aufwendig sind.

bb) Einfluß komplizierter Tatsachenfeststellung auf die Schlichtungseignung eines Konfliktes

Es wird in einer Vielzahl von Zivilprozessen lediglich um Tatsachenfragen gestritten. Die rechtliche Behandlung des Falles, nach der Feststellung der entscheidungserheblichen Tatsachen, ist dagegen völlig unproblematisch. Dies ist z.B. in Werkvertrags- und Architektensachen der Fall, in denen es um die Feststellung von Baumängeln geht[686], in Arzthaftungsfällen oder in Streitigkeiten um den Hergang von Verkehrsunfällen. In diese Gruppe gehören z.B. auch Abstammungsprozesse, Insolvenzeröffnungsverfahren (Gutachten zur Zahlungsfähigkeit bzw. Überschuldung), Wettbewerbsprozesse (Meinungsforschung über die Bekanntheit einer Marke, Verwechslungsgefahr oder irreführende Werbung), Prozesse mit Schriftgutachten, EDV Prozesse über Softwaremängel, familienrechtliche Prozesse mit psychiatrischen oder psychologischen Gutachten u.v.m.. Die Tatsachenfeststellung dieser Fälle ist das eigentliche Problem und kann meistens lediglich mit Hilfe von Sachverständigen erfolgen. Da dem Gericht oft nichts anderes übrig bleibt, einen solchen einzuschalten und sich dann dessen Ausführungen zu eigen zu machen, ist die gerichtliche Geltendmachung von Ansprüchen aus diesen Gebieten nicht die konfliktnächste Streitbehandlungsmethode[687]. Das gerichtliche Entscheidungsmodell ist in den Fällen reiner und unproblematischer Rechtsanwendung unnötig. Eine Einigung der Parteien im Sinne der vorhersehbaren Entscheidung des Gerichts ist nach Übertragung der „Aufklärungsarbeit“ an einen vereidigten Sachverständigen viel kostengünstiger[688].

---

684 Duve, Mediation ist mehr als ein Vergleich, MDR 1998, 101.

685 So ausdrücklich BT - Drucks. 13 / 6389 S. 48.

686 Greger, Vom „Kampf ums Recht“ zum Zivilprozeß der Zukunft, JZ 1997, 1077, 1079.

687 sowohl Behrens, Außergerichtliche Streitschlichtung in Zivilsachen, Recht und Politik 1997, 73, 74; als auch Greger, Vom „Kampf ums Recht“ zum Zivilprozeß der Zukunft, JZ 1997, 1077, 1079 vertreten die Auffassung, daß solche Fälle „nicht vor die Gerichte gehören“.

688 Die Möglichkeit der Schaffung eines Vollstreckungstitels wurde bereits dargestellt (siehe E. II. 3.).

Konflikte, in denen in Wirklichkeit lediglich über Tatsachenfragen gestritten wird, sind, nach Aufklärung der Tatsachen durch einen vereidigten Sachverständigen, einer Konsenslösung zugänglich. Konsensmodelle sind in diesen Fällen die kostengünstigste und konfliktnächste Form der Streitbehandlung. Aus diesem Grunde wurden in den genannten Rechtsgebieten bereits zahlreiche Schlichtungsstellen eingerichtet[689].

cc) Schlichtungseignung von Konflikten mit engen Sozialbeziehungen[690]

Außergerichtliche Streitschlichtung bietet sich darüber hinaus überall da zur Konfliktbehandlung an, wo in rechtlicher oder tatsächlicher Hinsicht Bindungen, auch nach einem tiefgreifenden Konflikt, fortbestehen müssen[691]. Dieser Aspekt ist besonders bei Familienkonflikten[692] hervorzuheben, beschränkt sich jedoch keineswegs auf diesen Bereich. Bei derartigen Auseinandersetzungen sind oftmals die Gefühle der Beteiligten ein für die endgültige Streiterledigung wesentlicher Faktor. Auch im Wirtschaftsrecht sind langfristige Verträge sehr stark auf Vertrauen und Kooperation angelegt und angewiesen. Die Verteilung und Proportion emotionaler und rationaler Anteile bei der Streitbehandlung sind im Wirtschaftsleben verglichen mit Familienkonflikten aber völlig verschieden. Mit Ausnahme des Bereichs der Familiengesellschaften werden im Wirtschaftsverkehr die emotionalen Interessen durch monetäre Aspekte verdrängt[693]. Die Möglichkeit weiterer (ertragreicher) Zusammenarbeit der Unternehmen zum beidseitigem Vorteil wird die Entscheidungsträger jedoch in zahlreichen Fällen zu einer gütlichen Lösung bewegen[694].

---

[689] Siehe dazu E. I. 1. d).

[690] Es sollen hier sowohl persönliche als auch geschäftliche Beziehungen betrachtet werden.

[691] Ewig, Mediation aus der Sicht der Anwaltschaft, FPR 1996, 23, 25.

[692] Mit Familienkonflikten sind hier nicht nur Auseinandersetzungen zu verstehen, die nach § 23b I GVG als Familiensachen von den Familiengerichten entschieden werden und üblicherweise in Kindschaftssachen, Unterhaltssachen, Ehesachen bzw. Güterrechtssachen eingeteilt werden. Es handelt sich vielmehr stets dann um Familienkonflikte, wenn die Auseinandersetzung zwischen verwandten oder verschwägerten Personen besteht. Auch Konflikte anläßlich einer Trennung bei nichtehelicher Lebensgemeinschaft gehören noch in diese Sektion.

[693] Schneider, Mediation im Wirtschaftsrecht, in: Breidenbach / Henssler (Hrsg.), Mediation für Juristen, 171, 174.

[694] Die kurzen Innovationszyklen bei modernen Produkten und Technologien beschleunigen die Aktivitäten der Industrie in Forschung und Entwicklung. Da gleichzeitig die Investitionskosten tendenziell steigen, wächst ebenso der Zwang zu verstärkter Kooperation, um Doppelaufwendungen zu vermeiden, Raden, Außergerichtliche Konfliktregelung im gewerblichen Rechtsschutz, GRUR 1998, 444.

Wie unter E. I. 2. erläutert wurde, bieten Schlichtungsverfahren die bessere Chance die Beziehungen der Parteien zu erhalten. Sie sind also die überlegenere Form der Konflikterledigung, wenn eine vorteilhafte Fortführung der Beziehung im beiderseitigen Interesse liegt.

dd) Streitschlichtung von Konflikten mit unklaren Rechtsfragen

Wie bereits dargelegt[695], ist es nicht effektiv, einen Konflikt, der Rechtsfragen betrifft, die noch nicht höchstrichterlich geklärt sind, im Wege der Streitschlichtung beizulegen. Die gerichtliche Entscheidung ist in diesem Fall die „kostengünstigste[696]", und konfliktnächste Form der Streitbehandlung. Da eine Entscheidung aber (wie dargestellt) nicht gegen den Willen der Parteien ergehen kann, ist die Tatsache, daß eine gerichtliche Entscheidung, vom Standpunkt der Allgemeinheit gesehen, vorteilhafter wäre, für die prinzipielle Schlichtungseignung des Konfliktstoffes nicht von Bedeutung.

Eine generelle Aussage über die Schlichtungseignung von Konflikten läßt sich nicht treffen. Erst nach einer Analyse des konkreten Falls und der jeweiligen Parteien ist die Weichenstellung möglich[697]. Die obigen Ausführungen können daher nur als abstrakte Kriterien für die „Eignungsfrage" von Streitigkeiten für die außergerichtliche Schlichtung verstanden werden. Wie die Zuteilung des einzelnen Konflikts zu einer interessenorientierten Konfliktbehandlung erfolgen könnte, wird als Verfahrensvorschlag unter F. II. 8. b) dargestellt.

b) Auswahl des geeigneten Schlichtungsverfahrens

In Abschnitt C. dieser Arbeit wurden unterschiedliche außergerichtliche Verfahren beispielhaft dargestellt. Diese Verfahren unterscheiden sich in ihrer Ausgestaltung wesentlich. Nachdem die „Weichenstellung" ergeben hat, daß die Durchführung eines außergerichtlichen Schlichtungsverfahrens die konfliktnächste Streitbehandlungsmethode ist, muß demnach als nächster Schritt eine konkrete Schlichtungsstelle aus dem vorhandenen Angebot ausgewählt werden.

---

695 siehe E. II. 1. d).

696 Zwar ist die gerichtliche Entscheidung durch mehrere Instanzen regelmäßig teurer als eine frühe Verhandlungslösung, doch bieten die durch die Rechtsfortbildung festgelegten Regeln vielen potentiellen Streitparteien einen kostenlosen Vorteil. „Kostengünstigste Form der Streibehandlung" ist somit hier im Sinne der entfernteren Betrachtung zum Vorteil der Allgemeinheit zu verstehen.

697 Die Analyse des konkreten Falls muß auch eine Analyse der Parteien beinhalten, denn nicht alle Bürger eignen sich für einen kooperativen Lösungsansatz, Kraus, Konfliktlösung durch Verhandeln und Mediation, AnwBl. 1997, 665, 667.

Zwar besteht mit mehr als 300 außergerichtlichen Schlichtungsstellen in Deutschland[698] ein umfassendes Angebot, die Zuständigkeiten dieser Stellen sind aber sehr eingeschränkt, so daß es in den meisten Fällen keine Konkurrenz verschiedener, örtlich präsenter Schlichtungsstellen gibt. Eine ausführliche Adressammlung von, nach Tätigkeitsbereich und Bundesland sortierten, Schlichtungsstellen[699] findet sich im AKR - Handbuch von Gottwald / Strempel / Beckedorff / Linke[700]. Es läßt sich daher sehr leicht ermitteln, welches Schlichtungsangebot dem Interaktionensystem, aus dem der konkrete Konflikt stammt, am sachnächsten ist. Auch kann erkannt werden, welchen Grad an Komplexität die entsprechende Schlichtungsstelle adäquat behandeln kann[701]. Die Auswahl des geeigneten Schlichtungsverfahrens ist folglich unproblematisch.

3. Die Geltung der Verfahrensgrundsätze des gerichtlichen Verfahrens im Schlichtungsverfahren

Es wurde bereits gezeigt[702], daß die Chance der freiwilligen Erfüllung im Falle einer Schlichtungslösung größer ist als bei einer autoritativen Entscheidung. Die Akzeptanz einer Konfliktlösung hängt, nach neuen wissenschaftlichen Erkenntnissen[703], jedoch entscheidend davon ab, ob die Betroffenen die Legitimität des Verfahrens anerkennen. Dies ist lediglich dann der Fall, wenn sie das Verfahren als fair empfinden. Lind[704] weist nach, daß die Beteiligten die Fairneß eines Verfahrens nicht nach dessen Ausgang[705], sondern „eher nach den Unterschieden in der wahrgenommenen Prozeßkontrolle" beurteilen.
Eine Vielzahl von Autoren betrachtet die Wahrung fundamentaler Verfahrensgarantien aus diesem Grunde als ein zentrales Dilemma der Streitschlichtung[706]. Die Gewährleistung von Verfahrensgerechtigkeit im Schlichtungsverfahren ist jedoch problematisch, weil Schlichtungsverfahren ihre Attraktivität nicht zuletzt dem Umstand verdanken, daß sie weniger formalisiert sind als das Verfahren vor

---

698 Proppe / Krapp, Außergerichtliche Verfahren - Alternative zur Ziviljustiz ? JA 1990, 65, 69.

699 Die Adressliste umfaßt mehr als 300 Schlichtungsstellen aus den verschiedenen Bundesländern.

700 Gottwald / Strempel / Beckedorff / Linke, Außergerichtliche Konfliktregelung, 8. Abschnitt.

701 Dies ist bei Schlichtungsstellen, die sich in erster Linie mit sachverständiger Sachverhaltsaufklärung befassen lediglich eingeschränkt der Fall, siehe oben F. I. 1. c).

702 Siehe E. II. 3..

703 Lind, Verfahrensgerechtigkeit und Akzeptanz rechtlicher Autorität, in: Bierbrauer / Gottwald / Birnbreier - Stahlberger (Hrsg.), Verfahrensgerechtigkeit, S. 3 ff..

704 Lind, Verfahrensgerechtigkeit und Akzeptanz rechtlicher Autorität, in: Bierbrauer / Gottwald / Birnbreier - Stahlberger (Hrsg.), Verfahrensgerechtigkeit, S. 4.

705 Auch der „Verlierer" kann das Verfahren folglich als fair empfinden.

706 Vgl. statt aller, Prütting, Schlichten statt Richten ?, JZ 1985, 261, 270 m.w.N..

den staatlichen Gerichten[707]. Prozessuale Sicherheiten sind nicht kostenlos zu haben, sie machen das Verfahren langwieriger, aufwendiger und damit kostspieliger. Die Parteien wählen das Schlichtungsverfahren jedoch oftmals wegen der Chance einer schnelleren und kostengünstigeren Streiterledigung. Angesichts dieser Tatsache wird vertreten, daß auf anspruchsvolle verfahrensrechtliche Anforderungen verzichtet werden sollte[708].
Die Beurteilung der Verfahrensgerechtigkeit hängt aber davon ab, ob die betroffenen Personen daß Gefühl haben, der Schlichter sei vertrauenswürdig, wohlwollend, unparteiisch und nicht diskriminierend. Diese Empfindung wird den Parteien eines Gerichtsprozesses durch unumstößliche Verfahrensgarantien vermittelt. Es soll daher im Folgenden untersucht werden, ob es allgemeine und übergreifende Grundsätze des Verfahrens gibt, die auch im Rahmen jeder außergerichtlichen Konfliktlösung Beachtung verlangen.

a) Grundsatz des rechtlichen Gehörs

„Audiatur et altera pars" - „Man höre auch die andere Partei" ist die klassische Formulierung des Gebots beiderseitigem Gehörs vor Gericht[709]. Dieser Grundsatz zählt zu den traditionellen Fundamentalprinzipien eines ordentlichen Verfahrens[710] und ist in verschiedenen deutschsprachigen Formeln nachweisbar: „Man höre auch die andere Parthey" oder „Eenes Mannes Rede ist keenes Mannes Rede, man soll sie billig hören beede."[711].
Durch Art. 103 I GG wird jedermann das rechtliche Gehör vor *Gericht* garantiert. Der verfahrensrechtliche Grundsatz des rechtlichen Gehörs ist aber auch im Güteverfahren zu beachten. Die Anhörungspflicht ergibt sich bereits aus dem Wesen und Zweck des außergerichtlichen Schlichtungsverfahrens. Ein Rechtsstreit läßt sich im Wege der gütlichen Einigung nur beilegen, wenn man den Parteien Gelegenheit gewährt, sich zu äußern. Das Erkennen des Standpunktes und der Argumente der anderen Seite ist eine Grundvoraussetzung für die angestrebte Einigung[712].

---

707 Wagner, Obligatorische Streitschlichtung im Zivilprozeß: Kosten, Nutzen, Alternativen, JZ 1998, 836, 845.

708 Wagner, Prozeßverträge, S. 678 f., hier bezieht sich seine Argumentation auf den Meinungsstreit um die Verpflichtung des Schiedsgutachters, rechtliches Gehör zu gewähren. Die Argumentation soll aber nach seiner Auffassung auf die hier untersuchte Frage übertragbar sein, Wagner, Obligatorische Streitschlichtung im Zivilprozeß: Kosten, Nutzen, Alternativen, JZ 1998, 836, 845.

709 Wacke, Audiatur et altera pars, JA 1980, 594.

710 Hoffmann, Verfahrensgerechtigkeit, S. 110.

711 Nachweise bei Esser, Einführung in die Grundbegriffe des Rechts und des Staates S. 167.

712 siehe dazu F. II. 3.

b) Grundsatz der Öffentlichkeit des Verfahrens

Die Antwort auf die Frage nach der Geltung des Grundsatzes der Öffentlichkeit für Schlichtungsverhandlungen ist ebenso deutlich wie die Beantwortung der Frage nach der Geltung des Grundsatzes des rechtlichen Gehörs. Während letzterer uneingeschränkt zur Anwendung kommt, ist bei Schlichtungsverfahren eine Normierung des Öffentlichkeitsgrundsatzes abzulehnen. Während der Grundsatz der Gerichtsöffentlichkeit der Absicherung von Gerechtigkeit dienen soll[713] und, durch die Möglichkeit der passiven Teilnahme am Verfahren, das öffentliche Vertrauen in die Rechtsprechung festigt[714], ist die Nichtöffentlichkeit außergerichtlicher Streitschlichtungsverfahren letztlich ein Ausdruck der Privatautonomie[715]. Das Ergebnis und der Verlauf direkter Vertragsverhandlungen sind der Öffentlichkeit schließlich ebenfalls nicht zugänglich.

c) Grundsatz der Mündlichkeit

Weniger klar ist, ob der im Gerichtsprozeß geltende Grundsatz der Mündlichkeit im außergerichtlichen Schlichtungsverfahren Anwendung finden sollte. Der Grundsatz der Mündlichkeit wird für das gerichtliche Verfahren in § 128 I ZPO angeordnet und dient dem Zweck einer gründlichen und konzentrierten Durchführung des Verfahrens[716]. Es ist unbestreitbar, daß eine mündliche Verhandlung besser als jedes schriftliche Verfahren geeignet ist, dem Gericht ein lebensnahes Bild der zu beurteilenden tatsächlichen Vorgänge sowie der im Streit stehenden Interessen zu geben. Ferner können durch gezielte Nachfragen Lücken und Widersprüche sowie das häufige „Aneinander - Vorbeireden" in Schriftsätzen vermieden werden[717]. Es wird vermieden, daß wichtige Informationen in der Flut von Schriftsätzen untergehen bzw. Unklarheiten des Parteivortrags nicht erkannt werden.
Eine mündliche Schlichtungsverhandlung kann den Zweck der gütlichen Einigung erheblich besser erreichen als dies durch einen Briefwechsel möglich ist. Nur in einer mündlichen Verhandlung kann der Schlichter den Hintergrund des Konfliktes erforschen, die Ressourcen für eine Lösung erweitern und so zu einer Interessenlösung beitragen. Es ist daher verwunderlich, daß der Mündlichkeitsgrundsatz nicht in allen bereits vorhandenen Schlichtungsinstanzen zwingend vorgeschrieben ist. An einer gesetzlichen Regelung mangelt es z.B. im Verfahren

---

713 Hoffmann, Verfahrensgerechtigkeit, S. 118.

714 Luhmann, Legitimation durch Verfahren, S. 123 f, hebt hervor, daß zumindest das Entstehen jenes Mißtrauens verhindert werde, das an allen Versuchen der Geheimhaltung sich ansetze.

715 Vgl. E. I. 6..

716 Stein / Jonas, Leipold, § 128 Rnd. 3.

717 Stein / Jonas, Leipold, § 128 Rnd. 6.

nach § 76 BetrVG. Die Notwendigkeit einer mündlichen Verhandlung für dieses Verfahren ist demzufolge umstritten[718]. Die Verfahrensordungen für Schlichtung in Arzthaftpflichtfragen ordnen überwiegend sogar ausdrücklich ein schriftliches Verfahren an[719].
Die im Abschnitt E. I. 9. herausgearbeitete Chance außergerichtlicher Verfahren einen Interessenausgleich mit Kooperationsgewinn zu erzielen ist regelmäßig lediglich durch mündlichen Informationsaustausch realisierbar. Der Grundsatz der Mündlichkeit sollte somit grundsätzlich Anwendung finden. In Fällen, in denen ein Kooperationsgewinn nicht erzielt werden kann, weil letztlich nur um Tatsachen gestritten wird, entfällt die Veranlassung für den mündlichen Informationsaustausch. In diesen Fällen sollte daher nicht zwingend mündlich verhandelt werden. Eine schriftliche Bescheidung des Antragstellers sollte weiterhin zugelassen werden, wenn der Antrag auf Einleitung des Güteverfahrens offenbar unzulässig oder unbegründet ist[720].

d) Der Beschleunigungsgrundsatz[721]

Der Konzentrations- oder Beschleunigungsgrundsatz hat in zahlreichen Vorschriften der ZPO[722], insbesondere in § 272 I ZPO seinen Niederschlag gefunden. Er ist eine Ergänzung des Anspruchs auf effektiven Rechtsschutz[723], soweit ein Recht entwertet - oder gar wertlos - wird, wenn die gerichtliche Durchsetzung des Rechtes zu viel Zeit in Anspruch nimmt.
Dieser Grundsatz gilt auch im außergerichtlichen Schlichtungsverfahren. Die Verzögerung, welche im Falle des Scheiterns der Schlichtungsbemühungen auf die Parteien zukommt[724], bedeutet eine Verzögerung des durch die Rechtswegga-

---

718 Eine schriftliche Stellungnahme der Beteiligten hält Fitting / Kaiser / Heither / Engels, Betriebsverfassungsgesetz, § 76 Rnd. 33 m.w.N., für ausreichend.; die Gegenauffassung vertritt Pünnel, Die Einigungsstelle des BetrVG, Rnd. 52 m.w.N..

719 Die Verfahren vor den Gutachter- und Schlichtungsstellen sind grundsätzlich schriftlich. Lediglich in Ausnahmefällen besteht die Möglichkeit einer mündlichen Erörterung des Gutachtens, Matthies, Schiedsinstanzen im Bereich der Arzthaftung: Soll und Haben, S. 122, (dort Fußnote 14). Adressen und Verfahrensordnungen sind abzurufen unter: http//search.medizinrecht.de/organisationen/medizin/gutachter_schlichtungsstellen.htm..

720 Dies ist in § 27a VIII UWG für das Verfahren nach diesem Gesetz vorgesehen, dieser Norm könnte Modellcharakter zugesprochen werden.

721 Auf den Meinungsstreit über die Qualifizierung des Beschleunigungs- oder Konzentrationsgrundsatzes als selbständige Verfahrensmaxime soll hier nicht eingegangen werden, ausdrücklich bejahend MüKo ZPO, Lücke, Einleitung, Rnd. 212; Gegenauffassung: Stein / Jonas, ZPO, Leipold, vor § 128 Rnd. 8.

722 §§ 272, 273, 278, 282, 296, 349, 358a ,524 ZPO.

723 BVerfGE 54, 39, 41.

724 Siehe auch E. II. 4.

rantie gewährleisteten richterlichen Rechtsschutzes. Dieser Zeitverlust muß demnach so gering wie möglich gehalten werden, so daß dem Beschleunigungsgrundsatz eine gesteigerte Bedeutung zukommt.
Es sollte daher in den einzelnen Verfahrensordnungen durch Einzelbestimmungen über die Terminsanberaumung, die Ladung und die Durchführung des Verfahrens Sorge dafür getragen werden, daß der Beschleunigungsgrundsatz konsequent zur Anwendung kommt. Dies ist nicht nur wegen der Minimierung der Zeitverzögerung im Falle gescheiterter Schlichtungsverhandlungen vorteilhaft, sondern steigert darüber hinaus die Attraktivität der außergerichtlichen Streitbehandlung.
Bei obligatorischer Vorschaltung eines Güteverfahrens[725] sollte die Beachtung des Beschleunigungsgrundsatzes durch eine Zeitobergrenze gefördert werden. Dem Antragsteller sollte also die Klageerhebung gestattet sein, wenn das Schlichtungsverfahren innerhalb einer Frist nicht beendet wurde. Eine solche Regelung ist daher im Gesetz zur Förderung der außergerichtlichen Streitbeilegung vorgesehen[726], um den Zugang zu den Gerichten nicht unangemessen zu erschweren[727].

e) Die Dispositionsmaxime

Die Dispositionsmaxime ist die Übertragung des im materiellen Recht geltenden Grundsatzes der Privatautonomie auf das Verfahren[728]. Sie gilt auch in außergerichtlichen Verfahren[729]. Die Schlichtungsstelle wird nur auf Antrag tätig, d.h. die Parteien verfügen über die Eröffnung (Existenz) und den Gegenstand des Verfahrens. Da die außergerichtlichen Schlichtungsverfahren stärker als das Gerichtsverfahren von der Privatautonomie geprägt sind[730], muß die Dispositionsmaxime zur Anwendung kommen.
Diesem Ergebnis steht eine obligatorische Ausgestaltung des Verfahrens nicht entgegen. Es bleibt dem einzelnen Bürger überlassen, ob er seinem Anspruch nachgehen will. Das Schlichtungsverfahren ist zwar Zulässigkeitsvoraussetzung für einen Zivilprozeß, wird aber nicht von Amts wegen eröffnet, durchgeführt oder beendet.

---

[725] Siehe dazu F. II. 8.

[726] Nach § 15a I S. 3 EGZPO beträgt die Frist drei Monate.

[727] Woran die Einigung gescheitert ist, ob am Verhalten eines auf Zeitgewinn setzenden Schuldners, zeitweiser Überlastung der Gütestelle oder am Verhalten des Antragstellers, muß unerheblich sein.

[728] Musielak, ZPO, Einleitung, Rnd. 35.

[729] Prütting, Verfahrensrecht und Mediation, in: Breidenbach / Henssler (Hrsg.), Mediation für Juristen, 57, 70.

[730] siehe oben E. II. 1. a).

f) Untersuchungsgrundsatz oder Verhandlungsgrundsatz

Die Frage, ob für die außergerichtlichen Schlichtungsverfahren der Untersuchungsgrundsatz oder die Verhandlungsmaxime gilt, wird für die bestehenden Schlichtungsverfahren verschieden beantwortet[731]. Unter dem Verhandlungs- oder Beibringungsgrundsatz versteht man, daß die Beschaffung des Tatsachenstoffs und der Beweismittel in erster Linie Sache der Parteien ist[732]. Es ist jedoch zur Wahrnehmung einer Vermittlungstätigkeit förderlich, die relevanten Tatsachen so genau wie möglich aufzuklären. Dies kann lediglich durch eine Auflockerung des Beibringungsgrundsatzes gewährleistet werden. Im Zivilprozeß darf der Richter dem Urteil lediglich Tatsachen zugrunde legen, die von den Parteien durch ordnungsgemäßen Vortrag in der mündlichen Verhandlung in den Prozeß eingebracht wurden[733]. Der Richter darf Tatsachen die ihm als privates Wissen bekannt sind, im Parteivortrag jedoch keine Stütze finden, nicht verwerten[734].

Die Schlichtungsperson soll durch Ausweitung des Gesprächsstoffes die Verhandlungsressourcen erweitern und die Möglichkeiten beiderseitigen Kooperationsgewinns ausloten[735]. Sie muß daher auch Informationen einbringen dürfen, welche ihr nicht von den Parteien im Schlichtungsverfahren offenbart wurden. Es ist kein Grund ersichtlich, dem Schlichter die Nutzung eigener Sachkompetenz in gleicher Weise wie dem Richter zu verwehren. Da im Schlichtungsverfahren in erheblicherem Maße Faktoren wie Machtungleichheit, wirtschaftliche Verhältnisse oder Unerfahrenheit eine Rolle spielen, ist es sogar wünschenswert, wenn der Schlichter durch Ausnutzung seiner persönlichen Sachkompetenz zu einem Ausgleich dieser Faktoren beiträgt.

Es ist andererseits nicht angezeigt, außergerichtliche Schlichtungsverfahren der Inquisitionsmaxime zu unterwerfen. Die Parteien sind in der Praxis in ihrem eigenen Interesse bestrebt, im Schlichtungsverfahren vollständig die jeweils günstigen Argumente zu präsentieren. Von diesem Eigeninteresse ist eine bessere Sachverhaltsaufklärung zugunsten der Vermittlungstätigkeit zu erwarten als von einer Untersuchung durch den Schlichter, zumal dem Schlichter kein Ermitt-

---

731 Der Verhandlungsgrundsatz gilt z.B. für das Verfahren des ArbGG, Germelmann / Matthes / Prütting, Arbeitsgerichtsgesetz, § 54 Rnd. 15; Die Anwendung des Untersuchungsgrundsatzes für das Verfahren nach § 76 BetrVG ist umstritten, für die Aufklärung von Amts wegen: Fitting / Kaiser / Heither / Engels, Betriebsverfassungsgesetz, § 76 Rnd. 31 m.w.N.; die Gegenmeinung vertritt Richardi, Betriebsverfassungsgesetz, § 76 Rnd. 91 m.w.N.; Unbestritten gilt der Untersuchungsgrundsatz für das Verfahren nach § 35 JagdG, Rühling / Selle, BJagdG, § 35 Anm. 2 sowie für das Arbeitnehmererfindungsrecht, Volmer, Zehn Jahre Tätigkeit der Schiedsstellen für Arbeitnehmererfindungen, BB 1968, 253, 257.

732 Stein / Jonas, ZPO, Leipold, vor § 128 Rnd. 75.

733 Ausnahmsweise genügt die bloße schriftliche Mitteilung (§ 128 II, III ZPO).

734 HM statt aller: Musielak, ZPO, Einleitung, Rnd. 37; Stein / Jonas, ZPO, vor § 128 Rnd. 76.

735 Breidenbach, Mediation, S. 83 ff.

lungsapparat[736] zur Verfügung steht. Außerdem ist kein Grund ersichtlich, im Schlichtungsverfahren derartig grundlegend andere Prinzipien anzuwenden als im nachfolgenden Prozeß.
Der Verhandlungsgrundsatz sollte daher grundsätzlich im Schlichtungsverfahren Anwendung finden. Er ist jedoch in einigen Punkten, insbesondere bei der Verwertung des privaten Wissens des Schlichters, aber auch bei der Beweiserhebung[737], aufzulockern.
Fazit:
Damit die Beteiligten das Schlichtungsverfahren als fair empfinden, was für ein erfolgreiches Verfahren unerläßlich ist, müssen fundamentale Verfahrensgrundlagen durchgesetzt werden. Die Gewährleistung von Verfahrensgerechtigkeit darf aber nicht dazu führen, daß sie eine dem Gerichtsverfahren angenäherte Formalisierung des Verfahrens zu Lasten der Attraktivität bewirkt. Die Verfahrensgarantien sind am Prinzip der Waffengleichheit im Verfahren[738] zu orientieren und sollten jeweils mit gewisser Flexibilität[739] zur Anwendung kommen.

II. Konkrete Ausgestaltung des Schlichtungsverfahrens

Im Folgenden werden die Detailprobleme dargestellt, die sich bei der Ausgestaltung eines Schlichtungsverfahrens ergeben. Dabei werden die Erfahrungen, welche mit den vorhandenen Schlichtungsverfahren gesammelt wurden und die bisher gewonnenen Erkenntnisse dieser Arbeit berücksichtigt.

1. Anspruch der Beteiligten auf staatliche Kostenübernahme

Um den oben dargestellten Zweck des besseren Zugangs zum Rechtsschutz[740] zu erreichen, ist es erforderlich, der schwächeren und über kleinere Ressourcen[741] verfügenden Partei eine Möglichkeit zu geben, diesen Nachteil zu überwinden. Die „benachteiligte" Partei soll in die Lage versetzt werden, Rechtsschutz zu erlangen. Dies folgt aus der Notwendigkeit prinzipiell gleichen Rechtsschutzes für „Arm und Reich[742]". Wenn der Staat den Zugang zum Rechtsschutz mit fi-

---

736 Ähnlich Staatsanwaltschaft oder Polizei.

737 siehe unter F. II. 4.

738 Wagner, Obligatorische Streitschlichtung im Zivilprozeß: Kosten, Nutzen, Alternativen, JZ 1998, 836, 845.

739 Es sollte z.B. nicht am Grundsatz der Mündlichkeit festgehalten werden, wenn beide Parteien erklären, daß sie sich nach sachverständiger Sachverhaltsaufklärung im Sinne einer eindeutigen Rechtslage einigen werden.

740 siehe oben unter E. I. 5.

741 finanzielle Ressourcen und Machtressourcen.

742 Stein / Jonas, Bork, ZPO, vor § 114 Rnd. 7.

nanziellen Aufwendungen verbindet, muß er durch besondere Regeln zugunsten mittelloser Personen dafür sorgen, daß auch sie ihr Recht durchsetzen können[743]. Es ist daher zu untersuchen, wie die staatliche Kostenübernahme für vorgerichtliche Schlichtungsverfahren derzeit ausgestaltet ist und ob Regelungsbedarf besteht.

a) Anspruch der Beteiligten auf Prozeßkostenhilfe

Gemäß § 114 ZPO hat eine Partei einen Anspruch auf Prozeßkostenhilfe, wenn sie nach ihren persönlichen und wirtschaftlichen Verhältnissen die Kosten der *Prozeß*führung nicht, nur zum Teil oder nur in Raten aufbringen kann und die Rechtsverfolgung nicht mutwillig erscheint.
Die Vorschriften über die Prozeßkostenhilfe gelten für alle von der ZPO erfaßten Rechtsstreitigkeiten einschließlich der Ehe- und Kindschaftssachen, der Zwangsvollstreckung, des Mahnverfahrens, der Verfahren über Arrest, einstweilige Verfügung und einstweilige Anordnung, des selbständigen Beweisverfahrens und des Aufgebotsverfahrens[744]. Für außergerichtliche Verfahren gelten die §§ 114 - 127 ZPO nicht[745], was sich nach einhelliger Ansicht schon aus dem Wortlaut des § 114 ZPO („Kosten der Prozeßführung") ergibt[746].
Unabhängig von einer etwaigen Mutwilligkeit der Rechtsverfolgung hat keiner der Beteiligten eines außergerichtlichen Schlichtungsverfahrens einen Anspruch auf Prozeßkostenhilfe. Eine Ausnahme ist in § 102 SachRBerG geregelt. Der Gesetzgeber hat in dieser Norm ausdrücklich vorgesehen, daß für dieses Vermittlungsverfahren die Regeln über die Prozeßkostenhilfe anwendbar sind. Nach Prütting[747] sollte dieser Regelung Modellcharakter zugesprochen werden. Dies ist aber, wie sogleich gezeigt wird, nach der hier vertretenen Ansicht nicht erforderlich.

b) Anspruch der Beteiligten auf Beratungshilfe

Beratungshilfe wird als Ergänzung zur Prozeßkostenhilfe für die außergerichtliche Rechtsverfolgung gewährt. Zur außergerichtlichen Rechtsverfolgung zählen auch die Güteverfahren[748] vor den Schieds- und Schlichtungsstellen[749].

---

743 BVerfGE 78, 117 f.

744 Stein / Jonas, ZPO, Bork, § 114 Rnd. 11; Baumbach / Lauterbach / Albers / Hartmann, ZPO, § 114 Rnd. 22 ff.; Zöller, Zivilprozeßordnung, Philippi, § 114 Rnd. 1.

745 Stein / Jonas, ZPO, Bork, vor § 114 Rnd. 12; OLG Frankfurt, AnwBl. 1990, 176.

746 siehe für alle Baumbach / Lauterbach / Albers / Hartmann, ZPO, § 114 Rnd. 22.

747 Prütting, Verfahrensrecht und Mediation, in Breidenbach / Henssler (Hrsg.), Mediation für Juristen, 57, 71.

748 Für das Verfahren nach § 111 II ArbGG, LArbG Nürnberg, JurBüro 1998, 93.

Im Unterschied zur Prozeßkostenhilfe kann Beratungsrechtsschutz nicht auf allen Rechtsgebieten gewährt werden, wie § 2 II BerHG zeigt[750] [751]. Die im Rahmen dieser Untersuchung einzig interessanten Konflikte, deren rechtliche Erfassung in einen zivilgerichtliches Verfahren münden könnten, werden aber nach § 2 II Nr. 1 BerHG von der Beratungshilfe erfaßt.

Die Beratungshilfe besteht nach § 2 I BerHG in Beratung und, soweit erforderlich, in Vertretung. Die Gebühr des beratenden Rechtsanwalts wird somit problemlos ersetzt. Der Gebührenanspruch des nach § 3 BerHG Rechtsberatung gewährenden Rechtsanwalts[752] ist dreigeteilt. Gegen den Ratsuchenden, dem der Anwalt Beratungshilfe gewährt, steht ihm nach § 8 I BerHG eine Pauschalgebühr von 20,- DM zu[753]. Als zweites hat er einen Anspruch gegen den *ersatzpflichtigen* Gegner des Ratsuchenden (§ 9 BerHG). Der zur Kostentragung verpflichtete Gegner des Rechtssuchenden hat die gesetzliche Vergütung nach der BRAGO, also nicht etwa lediglich die Beratungshilfegebühren, zu zahlen. Der Anspruch geht auf den Rechtsanwalt über (cessio legis § 9 I S.2 BerHG). Drittens hat der Rechtsanwalt Gebührenansprüche gegen die Landeskasse[754]. Diese Gebühren sind streitwertunabhängige Pauschalgebühren.

---

749 Schoreit / Dehn, BerH, PKH, § 1 BerHG Rnd. 98.

750 Zum räumlichen Geltungsbereich vgl. § 14 BerHG.

751 Ausgenommen sind neben dem Arbeitsrecht insbesondere das Sozialrecht und das Steuerrecht. Wobei zum Zivilrecht alle Ansprüche gehören, die vor den Zivilgerichten zu verfolgen sind, also auch arbeitsrechtliche Streitigkeiten, die nach § 2 ArbGG nicht vor die Arbeitsgerichte gehören, Amtshaftungsansprüche und Entschädigungsansprüche wegen unschuldig erlittener Strafhaft, weil nach § 13 I S. 2 StrEG die Landgerichte über die Höhe der Entschädigung entscheiden.

752 Beratungshilfe wird grundsätzlich durch Rechtsanwälte gewährt (§ 3 I BerHG), lediglich unter bestimmten Voraussetzungen kann sie auch durch das Amtsgericht gewährt werden (§ 3 II BerHG).

753 Diese Gebühr hat die Funktion, dem Ratsuchenden ein gewisses persönliches Opfer aufzuerlegen, um den Wert der erbrachten Leistung hervorzuheben und damit auch die Aufgabe, Querulanten abzuschrecken und sonstigen Mißbrauch zu vermeiden, Kalthoener / Büttner, Prozeßkostenhilfe und Beratungshilfe, Rnd. 986.

754 Die Vergütung für die Beratungshilfe aus der Landeskasse ist in §§ 131 - 133 BRAGO geregelt (§ 10 BerHG); § 132 BRAGO enthält drei Gebührentatbestände:

- die Auskunftsgebühr	45,- DM
- die Vertretungsgebühr	110,- DM
- die Vergleichs- und Erledigungsgebühr	200,- DM für Vergleich oder 135,- DM für Erledigung.

Weiterhin ist gemäß §§ 10 BerHG, 133 BRAGO § 126 BRAGO auf die Beratungshilfe sinngemäß anzuwenden, so daß Auslagen des Rechtsanwalts (Dolmetscherkosten, Fotokopiekosten, Postgebühren, Schreibauslagen etc.) vergütet werden.

Aus dem durch § 11 BerHG eingefügten § 49a BRAO ergibt sich die Verpflichtung jedes Rechtsanwalts, Beratungshilfe zu gewähren. Er kann sie nur aus wichtigem Grund im Einzelfall ablehnen[755].
Fraglich ist, ob auch die Kosten der Schlichtungsstelle von der Beratungshilfe erfaßt werden. Nach dem Wortlaut des § 2 I BerHG ist dies nicht der Fall. Beratung i.S.d. Norm bedeutet die Empfehlung eines Verhaltens im Hinblick auf eine bestimmte Situation[756]. Die Schlichtungsperson ist zur Neutralität verpflichtet und wird nicht beratend für eine Partei tätig. Auch die Modifikation des BerHG durch das Gesetz zur Förderung der außergerichtlichen Streitschlichtung hat an diesem Ergebnis nichts geändert. Es wurde lediglich im Wortlaut des § 1 I BerHG klargestellt[757], daß Beratungshilfe auch für obligatorische Güteverfahren gewährt wird. Der Umfang der Leistungen wurde nicht verändert. Die Beratungshilfe umfaßt somit nicht die Gebühr der Schlichtungsstelle.
Die Tatsache, daß etwaige Anwaltskosten nicht in voller Höhe umfasst sind, ist unschädlich, denn das Schlichtungsverfahren selbst muß in seiner Ausgestaltung so gehalten werden, daß die Parteien ihre Interessen ohne Hinzuziehung eines Rechtsbeistandes wahren können.

c) Schutzlücken

Als Schutzlücke bleibt, daß die Gebühren der Schlichtungsstelle nicht ersetzt werden. Zum Ausgleich haben die Landesgesetzgeber daher in die Gesetze zur „Ausführung“ der Ermächtigung des § 15a EGZPO jeweils Regelungen zum Schutze Bedürftiger vor den Kosten der Schlichtungsstelle integriert. In Nordrhein - Westfalen findet nach § 1 II GüSchlG NRW[758] für das Verfahren und die Kosten das Schiedsamtsgesetz (SchAG) Anwendung. Nach § 45 IV SchAG kann von der Erhebung der Kosten ganz oder teilweise abgesehen werden, wenn dies mit Rücksicht auf die wirtschaftlichen Verhältnisse der zahlungspflichtigen Partei oder sonst aus Billigkeitsgründen geboten erscheint. In Baden - Württemberg kann die für eine Klage erforderliche Bescheinigung über die Erfolglosigkeit des Schlichtungsversuchs sowie Ausfertigungen der Einigung zurückbehalten werden, bis die im Verfahren erwachsenen Kosten bezahlt sind (§ 19 II S.1

---

755 Berufliche Überlastung oder die (wirtschaftlich unzulängliche) Gebührenregelung der §§ 131 - 133 BRAGO zählen nicht dazu.

756 Schoreit / Dehn, BerHG, PKH, § 2 BerHG Rnd. 8.

757 Die Gesetzesänderung hat lediglich Klarstellungsfunktion denn obgleich das Schlichtungsverfahren nach § 15a I EGZPO obligatorisch ausgestalltet ist und sich demnach als Zulässigkeitsvoraussetzung für die Klage darstellt, ist es ein außergerichtliches Verfahren. Der bisherige Anwendungsbereich des Beratungshilfegesetzes wird durch diese Klarstellung nicht verändert, BT - Drucks. 14 / 980, S. 8 f..

758 Ausführungsgesetz zu § 15a EGZPO = Gütestellen und Schlichtungsgesetz.

SchlG[759]). Von der Zurückbehaltung ist nach § 19 II S.2 SchlG abzusehen, wenn die betroffene Partei Sozialhilfeleistungen bezieht. Schließlich ist in Bayern eine Partei nach § 15 I BaySchlG[760] von der Schlichtungsgebühr befreit, wenn sie die Voraussetzungen für die Gewährung von Beratungshilfe nach den Vorschriften des BerHG erfüllt.

Die Landesgesetzgeber haben aber nicht berücksichtigt, daß nach § 15a III S.1 EGZPO das Erfordernis eines Einigungsversuches vor einer von der Landesjustizverwaltung eingerichteten oder anerkannten Gütestelle entfällt, wenn die Parteien einvernehmlich vor einer „privaten[761]" Gütestelle i.S.d. Norm einen Schlichtungsversuch unternommen haben. Es wäre demnach z.B. ein Schlichtungsversuch vor der Schlichtungsstelle des Kfz - Handwerks ausreichend. Es handelt sich bei § 15a III S.1 EGZPO um eine bundesgesetzliche Regelung, welche von den Landesgesetzgebern nicht umgangen werden kann[762]. Die Schlichtungsgesetze der Länder bewirken aber, daß mittellose Bürger auf die Inanspruchnahme der Gütestellen i.S.d. § 794 I Nr.1 ZPO angewiesen sind. Lediglich für diese Schlichtungsstellen gelten die Schlichtungsgesetze. Es werden für bedürftige Parteien damit Schlichtungsstellen abgeschnitten, die in bestimmten Fällen kompetenter wären.

Der DAV hat im DAV - Modell zur Einführung einer obligatorischen Streitschlichtung[763] die Einfügung eines § 127 b ZPO gefordert, wonach für Schlichtungsverfahren ein Anspruch auf Prozeßkostenhilfe bestehen soll, wenn die Partei bedürftig ist, also die Kosten selbst nicht aufbringen kann und die beabsichtigte Rechtsverfolgung nicht mutwillig erscheint. Die Prozeßkostenhilfeentscheidung soll danach nicht von der Prüfung der Erfolgsaussichten abhängig gemacht werden[764], was dem Charakter eines Schlichtungsverfahrens auch widersprechen würde.

Die Gewährung von Prozeßkostenhilfe für Schlichtungsverfahren ist aber nicht erforderlich. Der dargestellten Unzulänglichkeit im Hinblick auf die Kosten des Schlichtungsverfahrens vor „privaten" Schlichtungsstellen kann durch eine diesbezügliche Ausweitung des Beratungshilferechtes begegnet werden.

---

759 Gesetz zur außergerichtlichen Streitschlichtung und zur Änderung anderer Gesetze = Schlichtungsgesetz.

760 Bayerisches Gesetz zur obligatorischen außergerichtlichen Streitschlichtung in Zivilsachen = Bayerisches Schlichtungsgesetz.

761 Unter „privaten" Gütestellen werden diejenigen verstanden, die nicht durch die Landesregierung eingerichtet oder anerkannt sind, also keine i.S.d. § 794 I ZPO.

762 Es handelt sich um konkurrierende Gesetzgebung i.S.d. Art. 74 I Nr. 1 GG. Der Bundesgesetzgeber hat wirksam von seiner Gesetzgebungskompetenz gebrauch gemacht, so daß für die Landesgesetzgeber eine Sperrwirkung eintritt, Jarass / Pieroth, GG, Art 72 Rnd. 5.

763 AnwBl. 1997, 545 ff.

764 DAV Modell zur Einführung einer obligatorischen Streitschlichtung, AnwBl. 1997, 545, 551.

Der Vorschlag des DAV, im Schlichtungsverfahren Prozeßkostenhilfe zu gewähren, ist daher abzulehnen[765]. Dies gilt auch für die von Prütting[766] vertretene Auffassung, der Norm des § 102 SachRBerG müsse Modellcharakter zugesprochen werden. Wagner[767] geht davon aus, daß ohne die Gewährung von Prozeßkostenhilfe für den berechtigten Personenkreis der Anreiz geschaffen würde, „es nicht bei der Schlichtung bewenden zu lassen, sondern das Gerichtsverfahren *allein* zu dem Zweck einzuleiten, die Kosten erstattet zu bekommen". Er berücksichtigt dabei jedoch nicht die psychische Beanspruchung und den Zeitaufwand, welche als nichtmonetisierbare Kosten auf die Beteiligten zukommen und diese von einem Gerichtsverfahren abschrecken[768]. Nach dem hier vertretenen Konzept werden prozeßkostenhilfeberechtigten Personen ohnehin keine Kosten entstehen.

d) Förderung der außergerichtlichen Streitbeilegung durch Versagung der Prozeßkostenhilfe für den Nachfolgeprozeß

Es soll untersucht werden, inwieweit die Prozeßkostenhilfe wegen Mutwilligkeit der Rechtsverfolgung nach § 114 S.1 ZPO versagt werden kann, wenn die Anrufung einer außergerichtlichen Stelle möglich war, aber unterblieben ist.

aa) Obligatorische vorgerichtliche Verfahren

Keine Probleme bereiten in diesem Zusammenhang obligatorische Schlichtungsverfahren. Es ist hierbei im Ergebnis gleichgültig, ob die Obligation auf Gesetz oder auf Vertrag beruht. Bei einem gesetzlich vorgeschriebenen Güteverfahren hat der Richter von Amts wegen den Verfahrensmangel festzustellen und das Verfahren auszusetzen. Es fehlt damit für das Verfahren, für welches Prozeßkostenhilfe beantragt wird, derzeit an der hinreichenden Erfolgsaussicht[769].
Bei vertraglich vereinbarten obligatorischen Schlichtungsvereinbarungen hat die klagende Partei kein Wahlrecht, ob sie ein Schlichtungsverfahren einleiten oder das staatliche Gericht anrufen will[770]. Entscheidet sie sich dennoch für letzteres,

---

765 Auch wenn das Gebühreninteresse der Anwälte völlig nachvollziehbar ist, besteht, aus der hier betrachteten Sicht der Antragsteller, kein Bedürfnis für die Ausweitung der Prozeßkostenhilfe auf außergerichtliche Verfahren.

766 Prütting, Verfahrensrecht und Mediation, in Breidenbach / Henssler (Hrsg.), Mediation für Juristen, 57, 71.

767 Wagner, Obligatorische Streitschlichtung im Zivilprozeß: Kosten, Nutzen, Alternativen, JZ 1998, 836, 840.

768 Siehe dazu E. I. 4. a) bb).

769 Sieg, Zum Rechtsschutz auf Staatskosten, NJW 1992, 2992.

770 Zur Zulässigkeit derartiger Vereinbarungen siehe D. II.

ist zu unterstellen, daß die Einrede des Schlichtungsverfahrens erhoben wird[771], was zur Klageabweisung wegen Unzulässigkeit führt[772]. Es fehlt somit für das Verfahren, für welches die Prozeßkostenhilfe beantragt wird, ebenfalls die Erfolgsaussicht und damit eine Voraussetzung des Anspruchs auf staatliche Kostenübernahme.

bb) Freiwillige vorgerichtliche Verfahren

Heftig umstritten ist die Frage, ob es eine mutwillige Rechtsverfolgung darstellt, wenn sich der Prozeßkostenhilfeantragsteller nicht an eine bestehende freiwillige Schlichtungsstelle des jeweiligen Lebensbereichs[773] wendet, sondern direkt das staatliche Gericht anruft.

(1) Argumentation der Befürworter der Mutwilligkeit

Als mutwillig ist die Rechtsverfolgung dann anzusehen, wenn eine verständige, begüterte Partei in einem gleichgelagerten Fall eine andere Form der Rechtsverfolgung gewählt hätte[774]. Wenn die Schlichtungsstelle kostengünstigere Sachverhaltsaufklärung gewährleistet (z.B. bei der Beurteilung der Frage des Vorliegens eines ärztlichen Kunstfehlers) so würde eine verständige Partei diesen Weg wählen, um einen kostenträchtigen Prozeß zu vermeiden[775], wenn sie das Kostenrisiko tragen müßte. Dies gelte jedenfalls dann, wenn an der Unparteilichkeit der Schlichtungsstelle kein Zweifel besteht[776].
Sowohl das Landgericht Dortmund[777] als auch das Landgericht Aurich[778] setzten sich in diesem Zusammenhang mit dem Zweck der Prozeßkostenhilfevorschriften auseinander. Dieser besteht nach der BGH Rechtsprechung[779] darin, daß als Ausfluß des grundgesetzlichen Gleichheits- und Sozialstaatsgebotes weniger finanzkräftige Parteien in gleicher Weise wie finanzstarke Parteien Zugang zum

771 Sieg, Zum Rechtsschutz auf Staatskosten, NJW 1992, 2992.

772 BGH, ZZP 1986, 90, 92; Baumbach / Lauterbach / Albers / Hartmann, ZPO, vor § 253 Rnd. 90.

773 Gemeint sind die Gütestellen der Innungen, Kammern der freien Berufe, Industrie- und Handelskammern oder ärztliche Schlichtungsstellen, nicht generell zuständige Schlichtungsstellen wie die ÖRA - Hamburg oder die Schlichtungsstellen an den bayrischen Amtsgerichten (München, Regensburg, Traunstein und Würzburg).

774 Baumbach / Lauterbach / Albers / Hartmann, ZPO, § 114 Rnd. 107 m.w.N..

775 LG Dortmund, JZ 1988, 255.

776 LG Aurich, NJW 1986, 792, bestätigt durch den nichtveröffentlichten Beschluß des OLG Oldenburg vom 04.09.1984 - 6 W 81 / 84.

777 LG Dortmund, JZ 1988, 255.

778 LG Aurich, NJW 1986, 792.

779 BGHZ 70, 237 = NJW 1978, 939.

staatlichen Rechtsschutz haben müssen. Es wird dem Prozeßkostenhilfeantragsteller jedoch nicht verwehrt, auf eigene Kosten den staatlichen Rechtsweg zu bestreiten. Ihm wird lediglich verwehrt, auf Kosten der Steuern zahlenden Mitbürger ein Verfahren zu wählen, welches eine zur Eigenfinanzierung verpflichtete, vernünftige Partei nicht wählen würde[780].

(2) Argumentation der Gegner der Mutwilligkeit

Die h.M. in der Literatur und die neuere Rechtsprechung sind dagegen der Auffassung, daß keine mutwillige Rechtsverfolgung im Sinne des Prozeßkostenhilferechts vorliegt, wenn der Prozeßkostenhilfeantragsteller keine freiwillige, sachnahe Schlichtungsstelle angerufen hat[781].
Die Vertreter dieser Auffassung verkennen nicht, daß die Schlichtungsverfahren eine sinnvolle Ergänzung zur Ziviljustiz sind und zur Entlastung der Gerichte beitragen können[782]. Sie bezweifeln lediglich, daß die Zurückweisung von Prozeßkostenhilfegesuchen wegen Nichtanrufung einer Schlichtungsstelle mit den dargestellten Grundsätzen der Prozeßkostenhilfe zu vereinbaren ist. Giesen[783] meint, diese Interpretation des § 114 ZPO sei weder mit dem allgemeinen Gleichheitssatz (Art. 3 I GG) oder mit dem Sozialstaatsprinzip (Art. 20 I GG) noch mit dem Anspruch auf ein faires Gerichtsverfahren und dem Recht auf Zugang zu den Gerichten in Einklang zu bringen. Er begründet seine Auffassung mit der verfassungsrechtlich[784] garantierten (weitgehenden) Gleichstellung von bemittelten und bedürftigen Bürgern im Bereich des Rechtsschutzes. Durch die Verweisung des Antragstellers auf eine (weniger effektive) Rechtsverfolgung vor nichtrichterlichen Stellen werde durch fehlerhafte Anwendung zivilprozeßrechtlicher Vorschriften Verfassungsrecht verletzt[785].
Das OLG Düsseldorf[786] verneint das Vorliegen der Voraussetzungen der Mutwilligkeit mit der Begründung, eine verständige, selbstzahlende Partei würde nicht stets zunächst ein Verfahren vor einer Schlichtungskommission betreiben und erst im Anschluß die Entscheidung treffen, ob sie Klage erhebt oder nicht. Es könne demnach ein mittelloser Antragsteller nicht als unvernünftig und unver-

---

[780] LG Dortmund, JZ 1988, 255.

[781] OLG Düsseldorf, VersR 1989, 645; Baumbach / Lauterbach / Albers / Hartmann, ZPO, § 114 Rnd. 126; Sieg, Zum Rechtsschutz auf Staatskosten, NJW 1992, 2992, 2993; Rumler - Detzel, Gutachterkommissionen und Schlichtungsstellen für Haftpflichtstreitigkeiten zwischen Ärzten und Patienten, VersR 1988, 6.

[782] OLG Düsseldorf, VersR 1989, 645; Matthies, Anmerkung zu LG Aurich, NJW 1986, 792, 793.

[783] Giesen, Anmerkung zu LG Dortmund, JZ 1988, 255, 256.

[784] BVerfGE 9, 124, 131; BVerfGE 51, 295, 302.

[785] Giesen, Anmerkung zu LG Dortmund, JZ 1988, 255, 256.

[786] OLG Düsseldorf VersR 1998, 645.

ständig bezeichnet werden, wenn er trotz vorhandener Schlichtungseinrichtung sofort den Weg zu den Gerichten beschreitet.

(3) Eigene Stellungnahme

Meines Erachtens wäre es durchaus wünschenswert, die außergerichtliche Streitbeilegung zu stärken, indem Prozeßkostenhilfe erst nach Erschöpfung aller außergerichtlichen Rechtsschutzmöglichkeiten gewährt würde. Der präsumtive Kläger hat jedoch keinerlei Einfluß auf die Zusammensetzung der Schlichtungskommission und deren Verfahren. Es darf ihm deshalb kein Vorwurf daraus gemacht werden, daß er unter Übergehung der Gütestelle das staatliche Gericht anruft[787].
Ob ein Verhalten mutwillig i.S.d. § 114 ZPO ist, muß sich am Verhalten einer Person orientieren, die ihr Prozeßrisiko vernünftig einschätzt[788]. Dies kann lediglich eine Partei sein, die auf eigenes Risiko prozessiert. Es kann jedoch nicht angenommen werden, daß eine verständige, begüterte Partei in jedem Fall zunächst die Schlichtungsstelle anrufen würde. Es gibt durchaus nachvollziehbare Überlegungen, die für die sofortige Inanspruchnahme der Gerichte sprechen[789]. Es darf einem Hilfsbedürftigen nicht verwehrt werden, den sichersten Weg oder den weitestgehenden Rechtsschutz zu wählen.
Die Förderung der außergerichtlichen Streitbeilegung durch die Verweigerung der Prozeßkostenhilfe für den Nachfolgeprozeß im Falle der Nichtanrufung einer vorhandenen fakultativen Gütestelle ist damit unzulässig.

2. Mitwirkung von Bevollmächtigten und Beiständen

Schon seit jeher wird die Frage, ob sich die Parteien im Schlichtungsverfahren durch Bevollmächtigte vertreten oder durch Beistände unterstützen lassen dürfen, diskutiert und unterschiedlich beantwortet. So sind aus der Zeit der Gemeindegerichte Baden - Württembergs[790] Fälle überliefert, in welchen die Rechtsanwälte nicht zum Termin geladen wurden, um die Parteien dann in ihrer Abwesenheit zum Vergleich zu bringen[791]. Die Mitwirkung von Rechtsanwälten wird

787 So auch Sieg, Zum Rechtsschutz auf Staatskosten, NJW 1992, 2992, 2993.

788 Giesen, Anmerkung zu LG Dortmund, JZ 1988, 255, 256.

789 Zum Beispiel die bei Ärzten leider nicht selten auftretende verfehlte Solidaritätshaltung im Arzthaftungsprozeß, die zu Zweifeln an der Sachlichkeit und Objektivität ärztlicher Gutachter Anlaß geben. BGH NJW 1975, 1463, 1464; BGH VersR 1978, 542, 544; Geht die Schlichtung zuungunsten des geschädigten Patienten aus, so erhält er keinen Titel und wird voraussichtlich mangels Erfolgsaussicht auch keine PKH mehr erhalten. Zöller, ZPO, Philippi, § 114, Rnd. 33.

790 Siehe B II. 2..

791 Röhl, Erfahrungen mit Güteverfahren, DRiZ 1983, 90, 95.

teilweise als nicht wünschenswert angesehen, weil man meint, Rechtsanwälte würden unnötige Schärfe in die Verhandlung hineintragen, und so einer gütlichen Einigung entgegenstehen[792]. Andererseits wird auf erhebliche Vorteile der Beteiligung von Rechtsanwälten hingewiesen. So könnten die Parteien eine Einigung nicht mit dem Bemerken ablehnen, sie müßten erst ihren Anwalt konsultieren[793]. Darüber hinaus sichere die einseitige Beratung durch einen parteiischen Vertreter institutionell ab, daß die Konfliktpartner über ihre gesetzlichen Rechte und Pflichten voll informiert sind[794].

Es soll zunächst (a) untersucht werden, ob eine Anwaltsbeteiligung[795] im Schlichtungsverfahren zweckmäßig, d.h. dem Zweck des Schlichtungsverfahrens zuträglich ist. Danach wird geprüft, ob ein Ausschluß von Rechtsanwälten für die Teilnahme am Güteverfahren zulässig wäre (b).

a) Zweckmäßigkeit der Anwaltsbeteiligung an Schlichtungsverfahren

Das Hauptargument der Befürworter einer Beteiligung von Rechtsanwälten im Schlichtungsverfahren ist die Information der Beteiligten über ihre Rechte. Nur durch parteiische und vertrauliche anwaltliche Beratung der Parteien könnten die jeweiligen Interessen vor dem Hintergrund rechtlicher Normierung voll ausgeleuchtet werden[796].

Dieses Argument kann meines Erachtens nicht überzeugen. Die höchstrichterliche Rechtsprechung hat anerkannt, daß es Fälle gibt, in denen eine anwaltliche Vertretung nicht erforderlich ist[797]. Es handelt sich um einfache Konstellationen ohne rechtliche Schwierigkeiten auf materiell - rechtlichem oder prozessualem Gebiet[798]. Zumindest in diesen Fällen kann die anwaltliche Beratung einer Partei im Schlichtungsverfahren allenfalls aus Gründen der „Waffengleichheit" (psychologisch) von Vorteil sein, wenn sich die Gegenpartei anwaltlichen Beistands versichert.

---

[792] Preibisch, Außergerichtliche Vorverfahren in Streitigkeiten der Zivilgerichtsbarkeit, S. 126.

[793] Preibisch, Außergerichtliche Vorverfahren in Streitigkeiten der Zivilgerichtsbarkeit, S. 127.

[794] Mähler / Mähler, Mediation, in: Beck´sches Rechtsanwaltshandbuch, S. 1007, 1022.

[795] Hier ist nicht der Anwalt als Schlichtungsperson, sondern lediglich der einseitig beratende Anwalt der Streitparteien gemeint.

[796] Schlußbericht des BRAK - Ausschusses Schlichtung, BRAK - Mitt. 1996, 187.

[797] BVerfG NJW 1988, 2597, die Entscheidung betraf die Verfassungsbeschwerde eines Beschwerdeführers, der, als bedürftige Partei, vor dem Landessozialgericht mit seinem Begehren, einen Rechtsanwalt nach den Regeln der Prozeßkostenhilfe zugestanden zu bekommen, erfolglos blieb.

[798] Stein /Jonas, Bork, § 121 ZPO Rnd. 11 (mit Beispielsfällen).

Da die Beteiligung von Rechtsanwälten die Kosten des Verfahrens erhöht, ist die Inanspruchnahme anwaltlichen Beistands dann nicht zweckmäßig, wenn sie zur Wahrung der Rechte der Parteien nicht erforderlich ist[799].

Nicht jeder Bürger ist nach seinen persönlichen Fähigkeiten in der Lage, das auch zutreffend zu verbalisieren, was er erklären will. Bei ungeschickten, ängstlichen, oder aus anderen Gründen in ihrer Äußerungsfähigkeit eingeschränkten Personen kann der Beistand, wegen seiner häufig besseren Kenntnis der Umstände und präziserer Ausdrucksfähigkeit, dazu beitragen, Mißverständnisse der Beteiligten zu vermeiden[800]. Da die zur Konfliktbehandlung erforderliche Verständigung bei Beteiligung derartiger Parteien nicht optimal gewährleistet ist, empfiehlt sich die Unterstützung durch einen Beistand. In Fällen ohne rechtliche Schwierigkeit sollte diese Aufgabe eine geeignete Person aus dem Freundeskreis des Betroffenen oder ein Verwandter übernehmen.

In anderen Fällen, die von einer komplizierten Rechtslage mit Beurteilungsspielraum und / oder unbestimmten Rechtsbegriffen geprägt werden, ist der Wunsch der Beteiligten auf eine qualifizierte, parteiische Beratung verständlich. Diese Beratung kann jedoch oftmals im *Vorfeld* der Schlichtungsverhandlung stattfinden. Der beratende Rechtsanwalt wird mit seinem Mandanten dessen grundlegenden Zukunftsinteressen durchsprechen und prüfen, inwieweit diese Wünsche realisierbar sind. Dabei wird der Anwalt über das bestehende Gesetzesrecht aufklären und Vorzüge und Nachteile einer angestrebten Einigung (z.B. einer beabsichtigten Vertragsregelung) verdeutlichen.

Die Erörterung im Vorfeld verhindert, daß der Beratene mit unrealistischen Verhandlungspositionen den Schlichtungserfolg gefährdet. Sie verhindert auch, daß er auf Rechte unnötig verzichtet bzw. unüberlegt überobligatorische Leistungen verspricht.

Dem Argument von Preibisch[801], die Beteiligung der Anwälte am Schlichtungsverfahren sei sinnvoll, weil die Parteien einen Vergleich nicht mit der Begründung ablehnen könnten, sie müßten erst ihren Anwalt konsultieren, ist demnach für rechtlich komplizierte Fälle zuzustimmen.

Ein attraktives Schlichtungsverfahren muß kostengünstig, einfach (d.h. wenig formalisiert) und schnell arbeiten[802]. Die Mitwirkung von Rechtsanwälten verteuert das Verfahren und ist geeignet eine Verlangsamung zu *begünstigen*. Die Verpflichtung des parteiischen Anwalts als Interessenvertreter seines Mandanten

---

799 So auch BVerfGE 31, 297, 302 f..

800 BVerfGE, 38, 105, 117, in einer Entscheidung über das Recht eines Zeugen auf Rechtsbeistand.

801 Preibisch, Außergerichtliche Vorverfahren in Streitigkeiten der Zivilgerichtsbarkeit, 126 f..

802 Dies ist völlig unbestritten, siehe Abschnitt E. I.; statt aller: Wagner, Obligatorische Streitschlichtung im Zivilprozeß: Kosten, Nutzen, Alternativen, JZ 1998, 836, 844.

auf Rechtswahrung zu achten[803], birgt die Gefahr der Verrechtlichung[804] und gefährdet damit eine Interessenlösung.
Einige für einen Ausschluß der Rechtsanwälte angeführten Gründe wie etwa die Behauptung, die Zulassung von Anwälten verzögere *generell* das Verfahren und verringere die Vergleichsbereitschaft der Parteien, sind, obwohl sich dafür Beispiele finden lassen, in den meisten Fällen letztlich Vorurteile[805].
Dennoch ist es zweckmäßig, die Mitwirkung von Bevollmächtigten und Beiständen zu minimieren. Die dazu erforderlichen Rahmenbedingungen müssen durch die Schlichtungsordnungen geschaffen werden.
Zum einen ist meist das persönliche Erscheinen der Parteien zweckmäßig. Im Gegensatz zu der Regelung des § 279 II BGB sollte daß persönliche Erscheinen grundsätzlich nicht im Ermessen des Schlichters stehen. Es sind aber Fälle denkbar, in denen auf das persönliche Erscheinen verzichtet werden kann, so z.B. wenn sich die Parteien nach sachverständiger Tatsachenaufklärung einigen wollen[806]. Die Regelungen in den Schlichtungsgesetzen Bayerns (§ 11 II BaySchlG) und Baden - Würtembergs (§ 8 II SchlG BW), wonach eine Partei nicht zum persönlichen Erscheinen verpflichtet ist, wenn sie einen Vertreter entsendet, der zur Sachverhaltsaufklärung imstande und zum Vergleichsabschluß ermächtigt ist, sind in diesem Zusammenhang kritisch zu betrachten. Die Parteien können sich bei einer solchen Ausgestaltung der Verfahrensordnung aus Zeitgründen von ihrem Anwalt vertreten lassen, was das Risiko einer Konzentration der Verhandlung auf juristische Positionen birgt.
Weiterhin sind die Aufklärungspflichten des Schlichters so auszugestalten, daß jeder Partei die Tragweite der getroffenen Vereinbarung deutlich ist, da lediglich ein über seine gesetzlichen Rechte informierter Beteiligter selbstverantwortlich Ausschnitte dieser Rechte zugunsten einer Interessenlösung (und eventuellem Kooperationsgewinn) aufgeben kann[807].
Auch die Einleitung eines Verfahrens darf den Beteiligten keine großen Schwierigkeiten und Mühen bereiten, da anderenfalls die Beauftragung eines Rechtsanwalts gefördert würde. Die Anforderungen müssen in jedem Fall geringer sein, als die des § 253 ZPO für eine Klage. Der Antrag sollte schriftlich zu stellen sein, wobei die Einhaltung der Schriftform durch die Gestattung, den Antrag zu Protokoll der Schlichtungsstelle zu erklären, erleichtert werden sollte. Inhaltlich sind keine Anforderungen an den Antrag zu stellen bis auf die Angabe der Beteiligten und des Streitgegenstandes. Es ist kein Antragsbegehren zu fordern, da

[803] Mähler / Mähler, Mediation, in: Beck´sches Rechtsanwaltshandbuch, 1007, 1022.

[804] siehe E. I. 9.

[805] So auch BVerfGE 31, 297, 303.

[806] Siehe dazu auch unter F. I. 3. c).

[807] Zu den Aufklärungspflichten der Schlichtungsperson vgl. F. II. 6..

dies zu einer Betonung des rechtlichen Aspekts des Konflikts führen würde[808]. Es sind daher lediglich die zur Kennzeichnung des Streitfalls unbedingt erforderlichen Angaben zu verlangen.

In einem Schlichtungsverfahren, welches diese Rahmenbedingungen beachtet, ist die Beteiligung von Bevollmächtigten und Beiständen, wegen der Verteuerung des Verfahrens, nicht zweckmäßig. Etwas anderes gilt für eine Beratung mit einem Rechtsanwalt im Vorfeld des Schlichtungsverfahrens. Die anwaltliche Beratung führt hier zur Realitätskontrolle der Beratenen also, zur Aufklärung über Rechtslage, Ansprüche, Interpretationsrahmen und Prozeßrisiko. Im Schlichtungsverfahren kann anschließend leichter der Vorteil der Einigung erkannt werden. Eine Erstberatung ist auch Parteien zu empfehlen, die auf staatliche Kostenübernahme angewiesen sind.

b) Rechtliche Zulässigkeit des Ausschlusses von Rechtsanwälten von der Teilnahme an Schlichtungsverhandlungen

Die rechtliche Zulässigkeit des Verbotes sich eines Rechtsanwaltes, als Vertreter oder Beistand, in einer Schlichtungsverhandlung zu bedienen, ist unabhängig von der eben erörterten Frage der Zweckmäßigkeit eines Ausschlusses von Anwälten zu beurteilen.

Gemäß § 91 II ZPO sind in einem gerichtlichen Verfahren der obsiegenden Partei die gesetzlichen Gebühren und Auslagen ihres Rechtsanwaltes zu erstatten. Es ist dafür ohne Bedeutung, ob für das einzelne Verfahren Anwaltszwang besteht oder nicht, weil sich jede Partei im Prozeß grundsätzlich anwaltlicher Hilfe bedienen darf[809]. Nach der Auffassung des Gesetzgebers besteht also Anlaß zur Bestellung eines Rechtsanwalts, wenn eine Partei gegen eine andere einen Rechtsstreit beginnen will oder mit einem Rechtsstreit überzogen wird[810].

Eine davon abweichende Regelung könnte gegen verfassungsrechtliche Grundsätze verstoßen. Diese Frage wurde in der Zeit zwischen 1890 und 1979 vor dem Hintergrund des ArbGG diskutiert[811]. § 11 I des ArbGG 1926[812] schloß die Vertretung durch Prozeßbevollmächtigte und Beistände im erstinstanzlichen Verfahren dann aus, wenn diese das Verhandeln vor Gericht geschäftsmäßig betrieben. 1953 wurde § 11 ArbGG dahingehend geändert, daß Rechtsanwälte ab

---

808 Es werden jeweils bestimmte Aspekte eines Konfliktes betont, andere werden entsprechend zurückgedrängt oder ausgeblendet, Breidenbach, Mediation, S. 50.

809 Musielak, ZPO, § 91 Rnd. 11.

810 Das beginnt nach völlig h.M. bereits bei dem Ausfüllen eines Mahnbescheides, Schneider, Erstattungsfähigkeit von Mahnanwaltskosten, NJW 1998, 356 f..

811 Bei den Vorläufern der Arbeitsgerichte, den Gewerbegerichten, war eine Prozeßvertretung durch Rechtsanwälte generell ausgeschlossen (§ 16 des Gesetzes betreffend die Gewerbegerichte vom 29. 07. 1890, RGBl. 1890 S. 141 ff.).

812 ArbGG vom 23. 12. 1926, RGBl. 1926 I S. 507.

1953 wurde § 11 ArbGG dahingehend geändert, daß Rechtsanwälte ab einem Streitwert von 300,- DM als Prozeßvertreter vor den Arbeitsgerichten zugelassen waren[813]. Der Ausschluß der Rechtsanwälte verlor infolge dieser Regelung und mit zunehmendem Ansteigen der Streitwerte immer mehr an praktischer Bedeutung[814]. Der Streit um die verfassungsrechtliche Zulässigkeit des Ausschlusses von Rechtsanwälten wurde dennoch bis zur völligen Aufhebung der Einschränkung der Prozeßvertretung durch Rechtsanwälte im Jahre 1979[815] fortgeführt.
Es wurde geltend gemacht, daß durch den Ausschluß der Rechtsanwälte der verfahrensrechtliche Grundsatz des rechtlichen Gehörs, der auch im Schlichtungsverfahren zu beachten ist[816], verletzt werde[817].
Das Grundrecht aus Art. 103 I GG garantiert dem Beteiligten eines gerichtlichen Verfahrens oder eines Schlichtungsverfahrens das Recht, sich zu dem Sachverhalt zu äußern[818]. Es gewährleistet aber nicht, daß das rechtliche Gehör gerade durch Vermittlung eines Anwalts gewährt wird[819]. Durch den Ausschluß von Rechtsanwälten wird das Grundrecht auf rechtliches Gehör somit nicht verletzt.
Desweiteren wurde vertreten, daß die Nichtzulassung eines professionellen Prozeßvertreters gegen Art 3 I GG verstoße[820]. Das Gebot des Art. 3 I GG, Gleiches gleich und Ungleiches, seiner Eigenart entsprechend, ungleich zu behandeln[821], wendet sich an Gesetzgeber, vollziehende Gewalt und Rechtsprechung[822]. Der Gleichheitssatz ist verletzt, wenn wesentlich Gleiches willkürlich ungleich oder wesentlich Ungleiches willkürlich gleich behandelt wird[823]. Das BVerfG[824] und die Mehrheit der Literaturstimmen[825] waren für das erstinstanzliche arbeitsgerichtliche Verfahren der Auffassung, daß der Gesetzgeber nicht willkürlich, also ohne vernünftige Begründung, die Ungleichbehandlung vorsah. Es seien ausrei-

---

813 ArbGG vom 03. 09. 1953, BGBl. 1953 I S. 1267.

814 Germelmann / Matthes / Prütting, ArbGG, § 11 Rnd. 11.

815 Gesetz zur Beschleunigung und Bereinigung des arbeitsgerichtlichen Verfahrens vom 23. 05. 1979, BGBl. 1979 I S. 545 ff..

816 siehe F. I. 3. a).

817 BVerfGE 31, 297, 301.

818 BVerfGE 1, 418, 429.

819 BVerfGE 9, 124, 132; 31, 297, 301.

820 Dersch / Volkmar, ArbGG, § 11 Anm. 1 m.w.N.

821 BVerfGE 3, 58, 135, ständige Rechtsprechung.

822 Schmidt - Bleibtreu / Klein, Grundgesetz, Art. 3 Rnd. 13.

823 Ständige Rechtsprechung, statt aller BVerfGE 3, 58, 135.

824 BVerfGE 31, 297, 302.

825 Dersch / Volkmar, ArbGG, § 11 Anm. 1 m.w.N..

chende sachliche Gründe für eine Differenzierung durch die „Eigenart“ des arbeitsgerichtlichen Verfahrens erkennbar[826].

Dies gilt auch für außergerichtliche Schlichtungsverfahren. Die konsensuelle Streitbehandlung unterscheidet sich in wesentlichen Punkten von der traditionellen gerichtlichen Streitentscheidung. Die Verteuerung des Verfahrens und die befürchtete Verrechtlichung des Konfliktes sind keine sachfremden Erwägungen, die auf eine Willkürregelung schließen lassen. Der Ausschluß von Rechtsanwälten als Vertreter oder Berater in Schlichtungsverfahren verstößt somit nicht gegen den Gleichheitssatz des Art 3 I GG. Ein Mitwirkungsverbot für Rechtsanwälte in Schlichtungsverfahren wäre demnach rechtlich zulässig. Eine Beschränkung des Vertretungsrechts bedürfte wegen der Regelung des § 3 II BRAO einer bundesgesetzlichen Normierung[827].

Da die Beteiligung von Rechtsanwälten in den unter F. II. 2. a) genannten Fällen zur Verständigung der Parteien erforderlich ist, sollte dennoch auf ein Mitwirkungsverbot verzichtet werden. Die Schlichtungsperson muß gegebenenfalls (z.B. durch Befragung der Parteien) versuchen, trotz Anwaltsbeteiligung, die Interessen zum Gegenstand der Schlichtungsverhandlung zu machen. Als wirksames Instrument, einer drohenden „Verrechtlichung“ der Argumentationen entgegen zu wirken, können Einzelgespräche des Schlichters mit den Parteien dienen[828].

3. Instrumentarien zur Sicherstellung des Informationsflusses zwischen den Beteiligten

a) Gegenseitige Information als Grundlage einer Einigung

Das Erkennen des Standpunktes und der Argumente der anderen Seite ist eine Grundvorraussetzung für die in Schlichtungsverfahren angestrebte Einigung. Auf der Gratwanderung der Beteiligten zwischen kooperativem und kompetitivem Verhalten ist ein besseres Verständnis der Konfliktsicht der anderen Seite und der bessere Zugang zu ihrer Denkweise der „Schlüssel zu einer kooperativen Ausrichtung[829]“. Die Überwindung der Kooperationshürden besteht zum erheblichen Teil darin, Vorurteile hinter sich zu lassen und die Position des anderen so besser zu erkennen. Diese Erkenntnis veranlaßt jede Partei, die eigene Position neu (realistischer) zu formulieren, was zur Eröffnung einer Einigungszone führen kann.

Die Bedeutung gegenseitiger Information für eine Einigung ist auch dann offen-

---

[826] BVerfGE 31, 297, 302 f..

[827] Feuerich / Braun, BRAO, § 3 Rnd. 12.

[828] Dazu sogleich unter F. II. 3. b).

[829] Breidenbach, Mediation, S. 240.

sichtlich, wenn es darum geht, den unmittelbaren Konfliktgegenstand auszuweiten, um Verhandlungspackete (package deals) zu erarbeiten. Ohne Kenntnis der besonderen Bedürfnisse und Prioritäten der anderen Seite bleiben Austauschmöglichkeiten verborgen. Kommunikation ist daher ein wesentliches Element konsensueller Streitbeilegung. Gelingt es den Parteien, sich umfassend zu verständigen, dann wachsen die Chancen für eine „Win - Win - Lösung“[830].

b) Einzelgespräche des Schlichters mit den Beteiligten zur Förderung der Kommunikation

Strategische Überlegungen und mangelndes Vertrauen hindern oft die im beiderseitigen Interesse liegende Kommunikation. Es wird zur Vermeidung einer Informationsblokade vorgeschlagen, vertrauliche Einzelgespräche des Schlichters mit den Parteien zuzulassen[831]. Dem kann zugestimmt werden. In den Einzelgesprächen kann der Schlichter die wahren Interessen und Prioritäten der Parteien erfragen. In Abwesenheit der Gegenseite, also in einer (für eine mißtrauische Partei) „risikofreien“ Atmosphäre, kann er die Stärken und Schwächen der Standpunkte analysieren und die tatsächlichen Grenzen der Kompromißbereitschaft ausloten[832]. Der Schlichter kann dann seine Erkenntnisse darüber, welche Lösungsansätze diskussionsfähig sind und inwieweit die Parteiinteressen differieren, in die anschließenden Vergleichsgespräche einbringen.
Um einen Rollenkonflikt von vorn herein auszuschließen, muß dabei auf die strikte Trennung zwischen Schlichtungsperson und zukünftigem Richter geachtet werden[833]. Auch die Sicherung strikter Vertraulichkeit im Hinblick auf ein eventuell sich anschließendes Gerichtsverfahren muß gewährleistet sein weil sonst die Angst, beim Scheitern des Güteverfahrens seine Position durch Informati-

830 Breidenbach, Mediation, S. 77 vermutet, daß in einer „Welt vollständiger Information“ alle Konflikte auf dem Wege der Einigung beigelegt würden. Diese Annahme erscheint jedoch lediglich dann zutreffend, wenn auch der Ausgang eines gerichtlichen Verfahrens bereits im Vorfeld bekannt wäre. Breidenbach geht aber ausdrücklich nur von der Kenntnis jeder Partei von den eigenen Interessen (Positionen) und denen der Gegenseite aus. Unter dieser Voraussetzung muß seine These verworfen werden, weil schon die Chance eines materiellen Vorteils, in Fällen in denen kein Kooperationsgewinn möglich ist, gerichtliche Auseinandersetzungen provozieren würde.

831 Gottwald, Alternativen in der Rechtspflege, BRAK - Mitt. 1998, 60, 63.

832 Behrens, Die außergerichtliche Streitschlichtung nach dem Modell Nordrhein - Westfalen, DRiZ 1997, 236, 237.

833 Da Rechtsanwälte, die sich ihren Mandanten gegenüber pflichtwidrig verhalten, das Vertrauen der Öffentlichkeit in ein ordnungsgemäßes Funktionieren ihres Berufsstandes und somit das Vertrauen der Allgemeinheit in die Zuverlässigkeit und Integrietät der Anwaltschaft erschüttern, wird einem Rollenkonflikt durch zahlreiche Normen vorgebeugt (§§ 43a IV, 45 I Nr. 1 - 4, 46, BRAO i.V.m. § 113 BRAO, § 356 StGB). Weil der Schlichter, insbesondere in Einzelgesprächen, Tatsachen anvertraut bekommt, die die Parteien niemals dem Richter offenbart hätten, ist ein vergleichbarer Rollenkonflikt zu befürchten.

onspreisgabe verschlechtert zu haben, jeglichen Informationsaustausch verhindert[834].
Dem Schlichter kommt bei Abwesenheit der Gegenseite eine besonders verantwortungsvolle Position zu. Schon die bloße Bereitstellung von Informationen bedeutet eine Unterstützung der Partei, welche über diese Information noch nicht verfügte. Neben einer Stärkung der Verhandlungsmacht können sich hieraus auch Vorteile in einem etwaigen späteren Rechtsstreit ergeben. Lediglich durch eine strenge Einhaltung des Neutralitätsgebots kann verhindert werden, daß die Einzelgespräche von strategischen Überlegungen und mangelndem Vertrauen geprägt sind[835]. Sobald der Schlichter mit Unterstützungsabsicht einer Partei vertrauliche Informationen preisgibt, verletzt er das Neutralitätsgebot[836].

Vertrauliche Einzelgespräche eignen sich als Instrument zur Gewährleistung der gegenseitigen Information. In einem Schlichtungsverfahren sollte der Schlichter daher derartige Gespräche nach Erörterung des Konfliktes mit jeder Partei führen können (Pendeldiplomatie). Bei der Durchführung muß jedoch einerseits die Gefahr vermieden werden, daß durch zu strenge Geheimhaltung des Gesprächsinhaltes vor der anderen Partei Zweifel an der Unparteilichkeit des Schlichters entstehen. Andererseits dürfen vertrauliche Informationen einer Partei nicht an die Gegenseite weitergegeben werden. Bei strenger Einhaltung des Neutralitätsgebots können Einzelgespräche die kompetitive Einstellung von Beteiligten oft zugunsten einer kooperativen verändern, sie können realistische Kompromißlösungen aufzeigen und die Chance auf eine für beide Seiten vorteilhafte Lösung (Win - Win - Situation) erhöhen.

4. Mittel zur Sachverhaltsaufklärung

Der Vermittlungstätigkeit des Schlichters muß eine Aufklärung des Sachverhaltes vorausgehen. Solange der rechtlich erhebliche Streitstoff noch ungeklärt ist,

---

[834] Die Gewährleistung „gerichtsfester" Vertraulichkeit im Schlichtungsverfahren wird unter F. II. 9. untersucht.

[835] Der United States Court of Appeals for the Second Circuit hat dies für eine Mediationsverhandlung ausdrücklich festgestellt:

„If participants cannot rely on the confidential treatment of everything that transpires during these sessions then counsel of necessity will feel constrained to conduct themselves in a cautios, tight - lipped, non - committal manner more suitable to pokerplayers in high - stakes game than to adversaries attempting to arrive at a just resulution of a civil dispute. This atmosphere, if allowed to exist, would surely destroy the effectiveness of a programm which has led to settlements and withdrawels of some appeals and to the simplification of issures in other appeals.", Lester, Mandatory Mediation: A Rose by any other name, Mediation Quarterly 1991 / 1992, 39.

[836] Er wird dann gleichsam als Anwalt dieses Beteiligten tätig.

können die Parteien ihre Prozeßaussichten nicht realistisch einschätzen[837], womit eine wesentliche Verhandlungsgrundlage entfällt. Im Folgenden wird daher untersucht, inwieweit sich die Schlichter der dem Gericht zur Verfügung stehenden Beweismittel bedienen dürfen.

a) Beweis durch Augenschein

Augenschein ist nach allgemeiner Meinung jede eigene und gegenständliche Wahrnehmung von beweiserheblichen und streitigen Tatsachen über die Beschaffenheit von Personen und Sachen oder über sonstige Vorgänge. Sie kann über den Gesichtssinn oder durch jeden anderen Sinn, also Gehör, Geruch, Geschmack oder Gefühl erfolgen, weshalb auch teilweise von Wahrnehmungsbeweis gesprochen wird[838]. In der gerichtlichen Praxis ist der wichtigste Anwendungsbereich des Augenscheinbeweises die Besichtigung von Örtlichkeiten, insbesondere in Unfallprozessen oder Nachbarschaftsstreitigkeiten, und von Gebäuden, insbesondere in Bausachen. Nach einhelliger Auffassung fördern die Ortstermine ganz entscheidend die Vergleichsbereitschaft der Parteien[839]. Die Bereitschaft zu Zugeständnissen folgt daraus, daß der Richter, ohne das eine weitere Person oder Urkunde zwischen Wirklichkeit und Wahrnehmung tritt, einen eigenen Tatsacheneindruck gewinnt.
Die Augenscheinseinnahme durch einen Schlichter verursacht weder hohe Kosten noch wird das Verfahren dadurch wesentlich verzögert. Durch sie wird dennoch eine unmittelbare Sachverhaltsaufklärung gewährleistet, die sehr zuverlässig ist. Eine Schlichtungsordnung sollte daher die Möglichkeit für den Schlichter eröffnen, streitige Tatsachen durch Augenscheinseinnahme aufzuklären. Konsequenterweise ist diese in den meisten Schlichtungsordnungen der bereits existierenden Gütestellen vorgesehen[840]. Auch die Landesgesetzgeber Bayerns und Baden - Württembergs haben in den Schlichtungsgesetzen zur Ausführung des § 15a EGZPO dieser Tatsache Rechnung getragen. Nach § 10 II S.4 SchlG BW kann mit Zustimmung und in Anwesenheit der Parteien oder deren Vertretern ein Augenschein eingenommen werden. Diese Norm sollte dahingehend erweitert werden, daß die Schlichtungsperson berechtigt ist, auf Antrag einer Partei eine

---

837 Für eine umfassende Sachverhaltsaufklärung im Schlichtungsverfahren spricht sich daher Behrens, Die Außergerichtliche Streitschlichtung nach dem Modell Nordrhein - Westfalen, DRiZ 1997, 236, 237, aus.

838 Musielak, ZPO, Huber, § 371 Rnd. 3.

839 Musielak, ZPO, Huber, § 371 Rnd. 2 n.w.N..

840 So schreibt z.B. § 34 nwLJG vor, daß immer ein Termin am Schadensort stattzufinden hat und auch in den Verfahren vor der Frankfurter Mietschlichtungsstelle geht der Verhandlung regelmäßig eine Ortsbesichtigung voraus, Rothweiler / Sauer, Schlichtungsstellen - eine Alternative ?, NJW 1978, 797, 798.

Ortsbesichtigung vorzunehmen. Die andere Partei hat aus Gründen der Fairneß selbstverständlich ein Anwesenheitsrecht bei dem Ortstermin.

b) Beweis durch Zeugenvernehmung

Der Zeugenbeweis ist das in der gerichtlichen Praxis häufigste Beweismittel[841]. Zeugen werden zur Aufklärung des Sachverhaltes über Wahrnehmungen vergangener Tatsachen und Zustände (§ 414 ZPO) vernommen. In den Verfahrensordnungen der meisten Gütestellen ist die Möglichkeit der Zeugenvernehmung vorgesehen[842]. Die Landesgesetzgeber Bayerns und Baden - Württembergs haben jeweils die Anhörung präsenter Zeugen vorgesehen[843]. Die Befugnis einer Schlichtungsstelle, Zeugen zu hören, ist meines Erachtens grundsätzlich zur Klärung des Sachverhalts erforderlich. Sie ist jedoch in wesentlichen Punkten anders auszugestalten als dies in den §§ 373 - 401 ZPO für das gerichtliche Verfahren geregelt ist.

aa) Zwangsmittel zur Erzwingung einer Zeugenaussage

Jeder, der der deutschen Gerichtsbarkeit unterliegt, hat die Zeugnispflicht im gerichtlichen Verfahren[844]. Sie umfaßt drei erzwingbare Pflichten: zum ersten die Pflicht zum Erscheinen vor dem Gericht am Terminsort (§§ 380 - 382 ZPO), zweitens die Verpflichtung zur wahrheitsgemäßen und vollständigen Aussage (§§ 390, 395 - 398 ZPO) und drittens die Pflicht zur Beeidigung der Aussage (§§ 390 - 393 ZPO). Nach §§ 380, 390 ZPO können diese Pflichten durch Ordnungsgeld und Ordnungshaft durchgesetzt werden.
Schlichtungsstellen sind keine Träger öffentlicher Gewalt, sie werden nicht als Staatsorgan, zur Ausübung der Rechtsprechung und zur Gewährleistung der Gewaltenteilung[845], mit besonderen hoheitlichen Befugnissen ausgestattet. Könnten in Schlichtungsverfahren Zeugenaussagen erzwungen werden, würde dies dem Wesen dieser Verfahren als wenig formalisierte, konsensuelle Streitbehandlungsverfahren zuwiderlaufen. Die Zwangsmittel der ZPO sollten dementsprechend im Schlichtungsverfahren nicht zur Anwendung kommen. Es sollten le-

---

[841] Musielak, ZPO, Huber, § 373 Rnd. 1.

[842] Mitzschke / Schäfer, BJagdG, § 35 Rnd. 4; Die Verfahrensordnungen der Gütestellen der Industrie und Handelskammern, einzusehen im Internet unter http://www.*Stadtname*.ihk.de/abz_v.htm, ermöglichen die Zeugenvernehmung übereinstimmend, z.B. Nr. 7 der Verfahrensordnung der IHK Düsseldorf; Nr. 8 der internen Richtlinien der IHK Mönchengladbach; Hingegen besteht im Güteverfahren nach § 54 ArbGG für den Vorsitzenden keine Möglichkeit Zeugen zu vernehmen, Germelmann / Matthes / Prütting, ArbGG, § 54 Rnd. 15.

[843] Vergl. § 10 II SchlG BW, § 10 III BaySchlG.

[844] Stein / Jonas, ZPO, Berger, vor § 373 Rnd. 31.

[845] So die Definition des Münchner Rechtslexikons für den Begriff Gericht.

diglich Zeugen vernommen werden, die freiwillig erscheinen und zu einer Aussage bereit sind. Eine erneute Terminierung zur Anhörung von Zeugen sollte im Ermessen des Schlichters liegen. Einerseits darf der Abschluß des Verfahrens nicht unverhältnismäßig verzögert werden (vgl. § 10 III S.2 BaySchlG), andererseits erscheint eine Zeugenvernehmung im Schlichtungsverfahren unter Hinnahme eines weiteren Termins (also Zeitverzögerung) zumutbar, wenn sich damit die Einigungschance erkennbar erhöht. Auch wird die Zumutbarkeit von der konkreten Situation (eventuell auch vom Streitwert) abhängen. Eine allgemeingültige Aussage läßt sich somit nicht treffen, weshalb hier für eine unanfechtbare Ermessensentscheidung des Schlichters plädiert wird.

bb) Vereidigung der Zeugen

Die Vereidigung von Zeugen muß dem Schlichter verwehrt sein. Im gerichtlichen Verfahren dient die Beeidigung der Gewinnung der richtigen Entscheidungsgrundlage. Es besteht ein starkes Interesse an einer wahrheitsgemäßen Aussage, da sich die Entscheidung des Gerichts auf die Aussage der Beweisperson stützt[846]. Im Schlichtungsverfahren wird keine Entscheidung gefällt, die Tatsachenaufklärung dient vielmehr als Verhandlungsgrundlage für die Beteiligten und als Basis für die Vermittlungstätigkeit des Schlichters. Die Informationen des Zeugen dienen somit nicht als Entscheidungsgrundlage. Die Auswirkungen einer falschen Aussage in einer Güteverhandlung sind mit denen der Falschaussage vor Gericht nicht vergleichbar. Insbesondere vor dem Hintergrund der strafrechtlichen Konsequenzen (§§ 153 ff. StGB) ist es daher abzulehnen, Schlichtungsstellen das Recht zuzugestehen, Zeugen zu vereidigen. In § 10 III SchlG BW ist die mangelnde Vereidigungsbefugnis der Schlichtungsstellen ausdrücklich geregelt.

cc) Anspruch des Zeugen auf Zeugenentschädigung

Gemäß § 401 ZPO werden Zeugen im gerichtlichen Verfahren nach dem Gesetz über die Entschädigung von Zeugen und Sachverständigen (ZSEG) entschädigt. Für diese Kosten haftet nach § 49 S. 1 GVG derjenige, der das Verfahren für die erste Instanz beantragt hat, also der Kläger. Die unterlegene Partei ist (nur) weiterer Gebührenschuldner nach § 54 Nr. 1 GVG[847]. Damit die Staatskasse nicht mit Auslagen belastet wird, kann nach § 379 ZPO die Ladung des Zeugen von einem, vom Gericht festzusetzenden, Vorschuß abhängig gemacht werden.

---

846 Schönke / Schröder, StGB, Lenckner, vor § 153 Rnd. 2.

847 Die Beziehung des Kostenschuldners zu Dritten, insbesondere die Frage der Kostenerstattung, ist von der Frage der Zahlungspflicht gegenüber der Gerichtskasse sorgfältig zu trennen, siehe Hartmann, Kostengesetze, vor § 49 GKG Rnd. 1.

Diese Grundsätze sind auf ein Schlichtungsverfahren nicht anzuwenden. Im Schlichtungsverfahren ist der Schlichter nicht auf die Zeugenaussage als Entscheidungsgrundlage angewiesen, sie verbessert lediglich die Verhandlungsposition desjenigen, dessen Standpunkte durch die Auskunftsperson bestätigt werden. Es ist daher nicht Aufgabe der Schlichtungsstellen, den Zeugen ihren Verdienstausfall und die Auslagen zu erstatten. Selbst wenn der Beweisführer einen Auslagenvorschuß zu zahlen hätte oder ein Kostenerstattungsanspruch gegen ihn bestünde würde die Beitreibung dieses Geldes einen unnötigen Verwaltungsaufwand verursachen. Um den Anschein zu vermeiden, den Zeugen könnten Ersatzansprüche gegen die Gütestelle zustehen, sollte auf eine Ladung des Zeugen durch die Schlichtungsstelle verzichtet werden[848]. Die Parteien sollten statt dessen dazu aufgefordert werden, Zeugen zu ungeklärten Sachverhaltsfragen zu stellen[849]. Jeder Zeuge muß sich folglich wegen der Kostenerstattung an die Partei wenden, die ihn beauftragt hat (§ 670 BGB). Benachteiligt sind in diesem Zusammenhang mittellose Parteien. Diese können lediglich im gerichtlichen Verfahren kostenfrei Zeugen benennen, da sie von der Vorschußpflicht des § 379 ZPO nach § 122 I Nr. 1a ZPO befreit sind[850].

c) Beweis durch Urkunden

Der Urkundenbeweis ist ein sehr zuverlässiges Beweismittel, mit entsptechend sehr hohem Beweiswert. Denn oft[851] halten die Parteien ihre rechtlichen Beziehungen gerade deshalb schriftlich fest, um dieses Schriftstück später als Beweis verwenden zu können. Urkunde i.S.d. ZPO ist eine schriftlich verkörperte Gedankenäußerung, d.h. eine Aufzeichnung von Gedanken in üblichen oder vereinbarten Wortzeichen[852]. Wegen unterschiedlicher Beweiskraft im gerichtlichen Verfahren wird zwischen öffentlichen (§§ 415, 417, 418 ZPO) und privaten Urkunden (§ 416 ZPO) unterschieden.

Aus der Zulässigkeit des aufwendigeren Beweismittels der Zeugenvernehmung ergibt sich, daß erst recht keine Einwendungen gegen die Verwertung von Ur-

---

848 So ausdrücklich § 10 III S.1 BaySchlG, § 10 II S.1 SchG BW.

849 Diese Grundsätze werden durch die Verfahrensordnungen für die Gütestellen der Industrie und Handelskammern verwirklicht, siehe z.B. Nr. 8 der internen Richtlinien der IHK Mönchengladbach; Nr. 12 der Grundsätze der IHK Solingen; Nr. 7 der VerfO der IHK Düsseldorf; Nr. 11 der Grundsätze der IHK Lüneburg, http://www.*Stadtname*.ihk.de/abz_v.htm; Auch im Verfahren nach § 27a UWG hat die Einigungsstelle nicht das Recht Zeugen zu laden, Baumbach / Hefermehl, Wettbewerbsrecht, § 27a Rnd. 11.

850 Musielak, ZPO, Huber, § 379 Rnd. 3.

851 Dies gilt nicht für die Zufallsurkunde, die nicht von vornherein zu Beweiszwecken bestimmt war.

852 Stein / Jonas, ZPO, Leipold, vor § 415 Rnd. 1.

kunden zu erheben sind. Die Vorschriften der ZPO über den Urkundsbeweis (§§ 415 - 444 ZPO) sind jedoch nicht entsprechend anzuwenden.
In gerichtlichen Verfahren ist der Beweisantritt verschieden, je nachdem, ob sich die Urkunde im Besitze des Beweisführers, seines Gegners, eines Dritten oder einer Behörde befindet. Dem Beweisführer wird Gelegenheit gegeben, sich die Urkunde durch einen Vorlegungs- oder Editionsantrag (§§ 421, 424 ZPO) oder durch Klage auf Vorlegung (§§ 428 - 431 ZPO) zu beschaffen, wenn er gegen den Urkundsbesitzer einen Anspruch auf Herausgabe oder Vorlegung der Urkunde nach bürgerlichem Recht hat. Im Schlichtungsverfahren kann der Beweisführer lediglich Urkunden vorlegen, die sich in seinem Besitz befinden. Zwar besteht, insbesondere infolge der Regelung des § 810 BGB, oftmals ein materiellrechtlicher Anspruch auf Vorlage der Urkunde, die Durchsetzung von Ansprüchen ist aber nicht das Ziel von Schlichtungsverhandlungen. In Verhandlungen wird häufig bereits die Ankündigung der Vorlage einer Urkunde die Verhandlungsposition des „Beweisführers" in gleichem Maße verbessern, wie dies bei tatsächlicher Vorlage der Urkunde der Fall wäre. Eine Unterbrechung des Schlichtungsverfahrens zur Herbeischaffung einer Urkunde im Wege der Klage, würde dem Beschleunigungsgrundsatz, dem im Schlichtungsverfahren gesteigerte Bedeutung zukommt[853], widersprechen. Die Parteien sollten daher in der Ladung zum Schlichtungstermin aufgefordert werden, die mit dem Konflikt zusammenhängenden Urkunden mitzubringen.

d) Beweis durch Sachverständige

Wie bereits dargestellt[854], wird in vielen Zivilprozessen lediglich um Tatsachenfragen gestritten, wohingegen die rechtliche Behandlung des Falls völlig unproblematisch ist[855]. In einer Welt zunehmender Spezialisierung können diese Fragen oftmals nur unter Zuhilfenahme von Sachverständigen aufgeklärt werden. Eine Einigung der Parteien im Schlichtungsverfahren erscheint in diesen Fällen nur möglich, wenn die umstrittene Sachlage geklärt wurde. Im Hinblick auf die hohe Wahrscheinlichkeit, daß sich das Gericht im Prozeß die Ausführungen des Gutachters zu eigen macht, besteht für eine Konsenslösung, orientiert an der damit

---

[853] Siehe dazu F. I. 3. d).

[854] F. I. 2. a) bb).

[855] In diese Fallgruppe gehören z.B. Abstammungsprozesse, Arzthaftungsprozesse, Bauprozesse, Unfallhaftpflichtprozesse, Insolvenzeröffnungsverfahren (Gutachten zur Zahlungsunfähigkeit / Überschuldung), Wettbewerbsprozesse (Meinungsforschung über die Bekanntheit einer Marke, Verwechslungsgefahr oder irreführende Werbung), Prozesse mit Schriftgutachten, EDV - Prozesse über Softwaremängel, Architektenhaftungsprozesse, familienrechtliche Prozesse mit psychatrischen oder psychologischen Gutachten u.v.m..

absehbaren Entscheidung des Gerichtes, in vielen Fällen begründete Aussicht[856]. Es erscheint aus diesem Grund sinnvoll, dem Schlichter die Heranziehung eines Sachverständigen zu ermöglichen[857]. Es lassen sich jedoch auch Argumente gegen die Aufklärung des Sachverhalts durch Sachverständige im Schlichtungsverfahren anführen. Die Einholung eines Sachverständigengutachtens ist sehr teuer und verursacht eine wesentliche Verzögerung des Verfahrens. Auch wenn sich die Einigungschancen durch das Gutachten erhöhen, bedeutet dies keine Erfolgsgarantie für das Verfahren. Aus diesem Grund erscheint die Zulassung eines so aufwendigen Beweismittels lediglich dann gerechtfertigt, wenn sichergestellt ist, daß die im Rahmen des außergerichtlichen Schlichtungsverfahrens gewonnenen Erkenntnisse im Falle des Scheiterns der Schlichtung im nachfolgenden Gerichtsverfahren verwendet werden dürfen[858].

Behrens[859] schlägt, dieser Überlegung Rechnung tragend, eine Kombination des außergerichtlichen Schlichtungsverfahrens mit dem selbständigen Beweisverfahren (§§ 485 - 494 ZPO) vor. Nach diesem Modell kann der Schlichter im Rahmen des außergerichtlichen Schlichtungsverfahrens die Beweisfrage formulieren und bei Gericht den Erlaß eines entsprechenden Beweisbeschlusses beantragen. Durch die Einschaltung des Gerichts für den Beweisbeschluß ist der Entlastungseffekt außergerichtlicher Streitschlichtung für die Rechtspflege anzuzweifeln[860], da, auch wenn der Schlichter diesen Beschluß vorbereitet hat, ihn daß Gericht letztlich zu verantworten hat. Es kommt somit um eine eigene u.U. zeitaufwendige Prüfung nicht umhin[861]. Da die Entlastung der Justiz einen sicherswerten Vorteil außergerichtlicher Streitschlichtung darstellt[862], ist die Inan-

856 Behrens, Außergerichtliche Streitschlichtung in Zivilsachen, Recht und Politik, 1997, 73, 75; Gottwald, Alternativen in der Rechtspflege, BRAK - Mitt. 1998, 60, 64.

857 Diese Möglichkeit hat der Schlichter in vielen der bisher tätigen Schlichtungsstellen: § 33 I ArbEG i.V.m. § 1049 ZPO; Volmer / Gaul, ArbEG, § 33 Rnd. 40; Baumbach / Hefermehl, Wettbewerbsrecht, § 27a UWG, Rnd. 11; Mitschke / Schäfer, BJagdG, § 35 Rnd. 4; Fitting / Kaiser / Heither / Engels, Betriebsverfassungsgesetz, § 76 Rnd. 31. Für die Gutachter und Schlichtungsstellen im Bereich der Arzthaftung versteht sich die Einholung eines Sachverständigengutachtens von selbst. Im Güteverfahren nach § 54 ArbGG besteht hingegen keine Möglichkeit der Anhörung von Sachverständigen, Germelmann / Matthes / Prütting, ArbGG, § 54 Rnd. 15.

858 Stadler, Außergerichtliche obligatorische Streitschlichtung - Chance oder Illusion ?, NJW 1998, 2479, 2485.

859 Behrens, Außergerichtliche Streitschlichtung in Zivilsachen, Recht und Politik, 1997, 73, 75.

860 Stadler, Außergerichtliche obligatorische Streitschlichtung - Chance oder Illusion ?, NJW 1998, 2479, 2485.

861 Das Gericht müßte prüfen, ob ein ausreichendes rechtliches Interesse an dem Sachverständigengutachten i.S.d. § 485 II ZPO gegeben ist.

862 Siehe dazu E. I. 7. c).

spruchnahme der Gerichte zur Entscheidung über ein vorprozessuales Sachverständigengutachten über die Fälle des § 485 II ZPO hinaus abzulehnen.

Es stellt sich damit die Frage, wie sich die Verwertbarkeit der durch Sachverständigengutachten gewonnenen Erkenntnisse für ein nachfolgendes Gerichtsverfahren sicherstellen läßt. Das gewonnene Ergebnis muß sich am Unmittelbarkeitsgrundsatz und am Anspruch auf rechtliches Gehör messen lassen.

aa) Verstoß gegen den Unmittelbarkeitsgrundsatz

Der Grundsatz der Unmittelbarkeit der Beweisaufnahme ist in § 355 I S. 1 ZPO einfachgesetzlich normiert und in Art 92 GG verfassungsrechtlich verankert[863]. Er gewährleistet, daß das erkennende Gericht aufgrund eigener Anschauung die Beweismittel frei würdigen kann[864]. Der Unmittelbarkeitsgrundsatz gilt auch für den Sachverständigenbeweis. Das Gericht muß grundsätzlich dem Sachverständigen diejenigen Tatsachen (sog. Anschlußtatsachen) mitteilen, die er seinem Gutachten zugrundezulegen hat (§ 404 a I, III ZPO). Der Unmittelbarkeitsgrundsatz verbietet es jedoch nicht, dem Sachverständigen die Tatsachenfeststellung insoweit zu übertragen, als dazu besonderer Sachverstand erforderlich ist[865]. In Prozessen, deren rechtliche Beurteilung von Sachverständigengutachten abhängt, trifft somit der Sachverständige meist die erforderlichen Feststellungen. Da diese Vorgehensweise die einzige Möglichkeit zur Aufklärung der Beweisfrage ist, muß eine Aufweichung des Verbotes der Übertragung der Beweisaufnahme auf nichtrichterliche Personen hingenommen werden[866]. Die Beauftragung des Sachverständigen durch die Schlichtungsperson würde diese anerkannte Aufweichung des Unmittelbarkeitsgrundsatzes nicht wesentlich verstärken, weil die Ermittlung der Anknüpfungstatsachen (Befundtatsachen) in beiden Fällen dem Gutachter überlassen wäre.
Eine absolute Bindung des erkennenden Gerichts an die im Schlichtungsverfahren erstellten Gutachten ist freilich abzulehnen. Zwar ist in „Sachverständigenprozessen" eine eigene Tatsachenfeststellung des Richters oft mangels Sachverstandes nicht möglich, es erscheint jedoch notwendig, dem Richter bei nichteinverständlicher Beweisübernahme eine Ermessensentscheidung nach § 412 ZPO

---

[863] Rechtsprechung im Sinne des GG ist die Anwendung von Normen auf einen konkreten Sachverhalt. Hierzu gehören nicht nur der Subsumtionsschluß im Sinne einer verbindlichen Entscheidung des Sachverhalts, sondern auch alle diese Entscheidung vorbereitenden gerichtlichen Handlungen, insbesondere die Ermittlung des maßgeblichen Sachverhaltes, also Beweisanordnung und -erhebung, Maunz / Dürig, Herzog, GG, Art. 92 Rnd. 64 ff; Schmidt - Jortzig, Aufgabe, Stellung und Funktion des Richters im demokratischen Rechtsstaat, NJW 1991, 2377, 2378.

[864] Musielak, Stadler, ZPO, § 355 Rnd. 4; Musielak, Foerste, ZPO, § 286 Rnd. 9 ff.

[865] Stein / Jonas, ZPO, Berger, § 355 Rnd. 23.

[866] Stein / Jonas, ZPO, Berger, § 355 Rnd. 14.

zuzubilligen. Da die Gerichte, wie dargestellt, die Pflicht haben, die Anschlußtatsachen für das Gutachten festzulegen, muß ihnen die Möglichkeit gegeben sein, eine neue Begutachtung anzuordnen, wenn das „Erstgutachten" auf falschen tatsächlichen Grundlagen beruht. Dem Grundsatz der Unmittelbarkeit der Beweisaufnahme ist durch eine solche Möglichkeit der Einholung weiterer Sachverständigengutachten Genüge getan, da das erkennende Gericht *seine* gesetzliche Pflicht (Festsetzung der Anschlußtatsachen) erfüllen *kann*.
Das Ermessen des Gerichts ist regelmäßig auf Null reduziert, wenn es feststellt, daß Grundsätze und Formalien der Beweiserhebung durch Sachverständige nicht eingehalten wurden bzw. wenn es das erstellte Gutachten für ungenügend hält. Die Beurteilung der Zulässigkeit des Sachverständigenbeweises im Schlichtungsverfahren hängt somit davon ab, unter welchen Voraussetzungen das Gericht auf eine Wiederholung des Gutachtens ermessensfehlerfrei verzichten kann. Ein solcher Verzicht kommt sicher dann nicht in Frage, wenn die Prüfung des Richters ergibt, daß streitige, erhebliche Tatsachen der Aufklärung durch ein weiteres Gutachten bedürfen. Der Richter muß also folgende Fragen beantworten:

1. Geht der Sachverständige vom richtigen Sachverhalt aus?
2. Beantwortet er die Beweisfrage vollständig?
3. Sind seine Schlußfolgerungen, soweit es ein Laie beurteilen kann, widerspruchsfrei?

Vor falschen, unvollständigen oder widersprüchlichen Gutachten im Schlichtungsverfahren gibt es keinen absoluten Schutz. Diesen wird der Richter nicht folgen. Derartige Gutachten sollten aber bei verantwortungsbewußtem Umgang der Schlichtungsperson mit dem Recht, Sachverständigengutachten zuzulassen, vermeidbar sein. Die Schlichtungsperson darf das von einer Partei als Beweismittel geforderte Sachverständigengutachten wegen der Verfahrensverzögerung, der hohen Kosten und dem Risiko einer Zweitbegutachtung, lediglich dann zulassen, wenn ausschließlich um eine konkret zu benennende Tatsachenfrage gestritten wird und die rechtliche Beurteilung im Anschluß unproblematisch ist. Der Ansicht, daß sich oftmals erst im Zivilprozeß zeige, welche streitigen Tatsachen durch einen sachverständigen Gutachter aufzuklären sind, kann nicht zugestimmt werden[867]. Es ist wird aus diesem Grund sehr selten erforderlich sein, ein weiteres Gutachten zur Ergänzung einzuholen.

bb) Verstoß gegen den Grundsatz des rechtlichen Gehörs

Der Anspruch auf rechtliches Gehör aus Art 103 I GG umfaßt das Recht, dem Gericht (nicht nur dem Schlichter) Tatsachen vorzutragen oder deren Beweis

---

[867] So aber Stadler, Außergerichtliche obligatorische Streitschlichtung - Chance oder Illusion?, NJW 1998, 2479, 2487.

anzutreten, um so Einfluß auf die Entscheidung nehmen zu können[868].
Blieben im gerichtlichen Verfahren Beweisanträge unberücksichtigt, weil der Richter sich mit den vom Schlichter erhobenen Beweisen begnügen will, wäre der Anspruch auf rechtliches Gehör eingeschränkt[869].
Das Beschleunigungsgebot[870] sowie die Funktionsfähigkeit der Rechtspflege[871] können wirksame Schranken der Gehörgewährung darstellen. Diese unbestimmten Begriffe sind zwar nur mit Vorsicht bei der Einschränkung eines Grundrechts verwendbar[872], in Verbindung mit dem Mißbrauchsgedanken können sie das Grundrecht auf rechtliches Gehör jedoch einschränken.
Zwar muß das Gericht alle entscheidungserheblichen Beweisangebote berücksichtigen[873], hier geht es aber nicht um die Zurückweisung eines erheblichen Beweises, sondern um die Verwertung eines im Vorverfahren gewonnenen. Die Verwertung eines auf der richtigen Tatsachengrundlage im Vorverfahren erstellten Gutachtens stellt keinen Verstoß gegen den Anspruch auf rechtliches Gehör dar. Das gerichtliche Verfahren ist ein komplexes Handlungsgefüge. Gewicht und Wirksamkeit eines einzelnen verfahrensrechtlichen Instituts lassen sich nicht isoliert, sondern lediglich dadurch bestimmen, daß das gesamte Handlungsumfeld in die Betrachtung einbezogen wird[874]. Die Verwertung des bereits vorhandenen Gutachtens stellt in dieser Gesamtbetrachtung keine Einschränkung, sondern lediglich die Vermeidung einer Doppelung dar. Es wäre mit dem Beschleunigungsverbot nicht vereinbar, aus formellen Gründen ein weiteres Gutachten anfertigen zu lassen und die Risiken der damit verbundenen Zeitverzögerung in Kauf zu nehmen.

Es ist demnach zweckmäßig, den Sachverständigenbeweis auch im Schlichtungsverfahren zuzulassen. Der wegen der hohen Kosten und dem beträchtlichen Zeitverlust wünschenswerten Verwertung des Gutachtens im Nachfolgeprozeß stehen, sofern dem Gericht eine Ermessensentscheidung zugebilligt wird, keine Bedenken entgegen. Es ist anzunehmen, daß die meisten Sachverständigengutachten auf der richtigen Tatsachengrundlage erstellt werden und die streitige Tatsache in ausreichendem Umfang aufklären. Die Ermessensentscheidung über eine Neubegutachtung kann dann zugunsten der Verwertung vom erkennenden Gericht getroffen werden. Der Unmittelbarkeitsgrundsatz (§ 355 I S. 1 ZPO)

---

868 Völlig h.M. vgl. Schmidt - Bleibtreu / Klein, GG, Art. 103 Rnd. 3 m.w.N..

869 Stadler, Außergerichtliche obligatorische Streitschlichtung - Chance oder Illusion ?, NJW 1998, 2479, 2487.

870 Maunz / Dürig, Schmidt - Aßmann, GG, Art. 103 Rnd. 17.

871 BVerfGE 54, 277, 292.

872 Maunz / Dürig, Schmidt - Aßmann, GG, Art. 103 Rnd. 18 f..

873 BayVerfGH NJW 1977, 243; BVerfGE 46, 315 ff.

874 Schmidt - Aßmann, Verfahrensfehler als Verletzung des Art. 103 I GG, DÖV 1987, 1029, 1035.

oder der Anspruch auf rechtliches Gehör (Art. 103 I GG) sind durch diese Verwertung nicht verletzt[875].

cc) Verwertung im Wege des Urkundsbeweises

Die Verwertung des Gutachtens aus dem Schlichtungsverfahren ist streng von der Verwertung eines Privatgutachtens zu unterscheiden. Privatgutachten sind lediglich als Bestandteil des Parteivorbringens zu betrachten und zu würdigen. Der Bundesgerichtshof bezeichnet daher Privatgutachten in ständiger Rechtsprechung als „urkundlich belegter Parteivortrag"[876]. Die Verwertung als Sachverständigengutachten ist lediglich mit Zustimmung beider Parteien zulässig[877]. Wenn eine streitige, erhebliche Tatsache lediglich mit Hilfe eines Sachverständigen aufgeklärt werden kann, darf das Gericht nicht auf die Ernennung eines gerichtlichen Sachverständigen verzichten, weil bereits ein überzeugendes Privatgutachten vorliegt[878] - es sei denn, beide Parteien sind mit einer Behandlung des Privatgutachtens als gerichtliches Gutachten einverstanden[879].
Die Expertise aus dem Schlichtungsverfahren darf somit nicht als Privatgutachten eingeordnet werden. Sie muß vielmehr einem Gutachten aus einem anderen Prozeß gleichgestellt werden. Es ist allgemein anerkannt, daß ein Sachverständigengutachten, welches bereits in einem Rechtsstreit eingeholt wurde, in einem späteren Rechtsstreit auch gegen den Widerspruch des Gegners verwertet werden kann[880]. Dem Gehalt nach handelt es sich um einen Sachverständigenbeweis. Die Verwertung im Nachfolgeprozeß erfolgt aber im Wege des Urkundsbeweises[881]. Der Richter muß die Parteien auf seine Absicht, das Gutachten aus dem Schlichtungsverfahren zu verwerten, hinweisen und ihnen Gelegenheit zur Einsicht und Stellungnahme geben, um zu vermeiden, daß der Anspruch auf rechtliches Gehör verletzt wird.
Da bei der Verwertung eines bereits vorhandenen Gutachtens wichtige Befugnisse der Parteien entfallen (Fragerecht, Ablehnungsrecht, Möglichkeit der Einigung über die Person des Gutachters) darf ein Antrag einer Partei, im gegenwärtigen Prozeß den Sachverständigen zu hören, nicht mit dem Hinweis auf das

---

875 Der Bundesgerichtshof hat in diesem Sinne entschieden, daß der Tatrichter die vorliegende Begutachtung einer Schlichtungsstelle verwerten darf, BGH NJW 1987, 2300.

876 BGH NJW 1986, 3077, 3079; BGH NJW 1992, 2874, 2875.

877 BGH NJW 1986, 3077, 3079.

878 BGH VersR 1981, 576, 577.

879 Stein / Jonas, ZPO, Leipold, vor § 402 Rnd. 58.

880 BGH NJW 1986, 263 f. mit zustimmender Anmerkung Vollkommer; Stein / Jonas, ZPO, Leipold, § 284 Rnd. 34.

881 H.M. BGH NJW 1987, 2300, 2301; BGH Urt. vom 08.11.1955 LM Nr. 7 zu § 286 ZPO; Stein / Jonas, ZPO, Leipold, vor § 402 Rnd. 54 m.w.N..

bereits vorliegende Gutachten abgelehnt werden[882]. Das Fragerecht der Parteien aus § 411 ZPO wird damit im Zivilprozeß nachgeholt. In extremen Fällen kann sich sogar das Recht auf mündliche oder schriftliche Neubegutachtung ergeben[883]. Der Antrag kann aber abgelehnt werden, wenn er rechtsmißbräuchlich ist, insbesondere wenn er zur Verschleppung des Rechtsstreits gestellt wurde.

dd) Kosten des Sachverständigengutachtens

Da Sachverständigengutachten bekanntlich sehr teuer sind, kann das eben gefundene Ergebnis nicht aufrechterhalten werden, ohne auf die Frage der Verteilung der Gutachterkosten einzugehen.
Für den Fall einer Einigung der Parteien im Schlichtungsverfahren kann auf die Ausführungen zur Zeugenentschädigung verwiesen werden[884], es ist aber wegen der beachtlicheren Summe anzustreben, diese Kosten im Rahmen einer eventuellen Einigung zu berücksichtigen und dies auch in den (Schlichtungs-) Vertrag schriftlich aufzunehmen. Die vertragliche Regelung sollte an der materiellen Rechtslage, also am Ergebnis des Gutachtens, orientiert sein. Vor Beauftragung des Gutachters hat der Schlichter auf die anfallenden Gutachterkosten ausdrücklich hinzuweisen.
Problematischer ist die Frage zu beantworten, wie die Gutachterkosten zu verteilen sind, wenn eine Konsenslösung im Schlichtungsverfahren scheitert.
Die Kosten sind nicht im gerichtlichen Verfahren entstanden, so daß ihre Einordnung unter § 91 ZPO zweifelhaft erscheint. Nach § 91 III ZPO gehören zu den Kosten des Rechtsstreits auch die Gebühren, die durch ein Güteverfahren vor einer durch die Landesjustizverwaltung eingerichteten oder anerkannten Gütestelle entstanden sind. Von dieser Norm werden die Kosten eines Sachverständigen im Schlichtungsverfahren nicht erfaßt. Einerseits wurde lediglich eine Regelung für „anerkannte" Gütestellen getroffen, so daß die Regelung schon aus diesem Grund unzureichend erscheint, und andererseits handelt es sich um eine eng auszulegende Sonderregel[885], welche lediglich die Schlichtungsgebühren per Definition als Kosten des Rechtsstreits qualifiziert. Die sonstigen im Schlichtungsverfahren entstandenen Kosten werden nicht einbezogen[886].
Kosten, die bei der Vorbereitung des Rechtsstreits entstehen, sind Kosten des Rechtsstreits i.S.d. § 91 ZPO, wenn die entsprechende Aufwendung in unmittelbarem Zusammenhang mit dem konkreten Rechtsstreit erfolgte[887]. Die vorprozes-

[882] BGH NJW 1983, 121, 122 f.; BGH Urt. vom 08.11.1955 LM Nr. 7 zu § 286 ZPO.

[883] Denkbar sind Fälle, in denen die Ablehnungsvoraussetzungen des § 406 I ZPO gegeben sind.

[884] siehe F. II. 4. b) cc).

[885] Baumbach / Lauterbach / Albers / Hartmann, ZPO, § 91 Rnd. 59.

[886] Stein / Jonas, ZPO, Bork, § 91 Rnd. 43.

[887] Musielak, ZPO, Wolst, § 91 Rnd. 73; Stein / Jonas, ZPO, Bork, § 91 Rnd. 38.

suale Untersuchung muß zwingend notwendig sein. Prozeßvorbereitende Privatgutachten sind daher nach der Rechtsprechung nur unter *strengen* Voraussetzungen erstattungsfähig[888]. Die restriktive Anerkennung der Privatgutachten als notwendige Prozeßvorbereitung erklärt sich aus ihrem geringen Beweiswert im Prozeß. Sie können im Prozeß regelmäßig lediglich als Bestandteil des Parteivorbringens verwertet werden. Sie dienen nicht als Beweismittel.
Gutachten, welche auf Antrag einer Partei von der *Schlichtungsperson* in Auftrag gegeben werden, können nach der hier vertretenen Auffassung als Urkundsbeweis - mit dem Gehalt eines Sachverständigenbeweises - verwertet werden. Sie sind also im gerichtlichen Verfahren ein ordentliches Beweismittel. Es erscheint daher unbillig, die Gutachterkosten aus dem Anwendungsbereich des § 91 ZPO auszuschließen. Soweit das Gutachten als ordentliches Beweismittel Verwendung findet, kann der Zeitpunkt der Sachverständigenbeauftragung nicht entscheidend sein. Die Aufwendungen einer Partei durch die Beantragung der sachverständigen Sachverhaltsaufklärung im Schlichtungsverfahren unterfallen somit regelmäßig § 91 I ZPO. Lediglich für den Fall, daß sich keine Partei im Prozeß auf das Gutachten beruft, bleibt es bei der Kostentragungspflicht des Beweisführers im Schlichtungsverfahren.

e) Die Grenzen der Beweisaufnahme

Aus dem Wesen des Schlichtungsverfahrens folgt, daß die Gütestelle die genannten Beweismittel nur in begrenztem Umfang benutzen darf. Diese Einschränkung ergibt sich aus dem Umstand, daß dieses Verfahren in besonderem Maße vom Beschleunigungsgrundsatz beherrscht wird[889]. Der Vergleich mit dem früheren obligatorischen Schlichtungsverfahren beim Amtsgericht (Emminger - Güteverfahren 1924[890])[891] könnte dafür sprechen, lediglich solche Beweismittel zuzulassen, die sofort genutzt werden können[892]. Diese Ansicht wird durch einen Vergleich mit den Regelungen zur Erlangung einstweiligen Rechtsschutzes gestützt. Nach §§ 920 II, 936 ZPO i.V.m. § 294 II ZPO können lediglich präsente Beweismittel verwendet werden. Eine Vertagung zum Zwecke der Herbeischaffung von Beweismitteln darf nicht erfolgen[893]. Sowohl beim einstweiligen Rechtsschutz (Arrest, einstweilige Verfügung) als auch bei Schlichtungsverfahren

---

888 Siehe Stein / Jonas, ZPO, Bork, § 91 Rnd. 60 ff..

889 siehe dazu F. I. 3. d).

890 vgl. B I.2.c).

891 damals § 499c ZPO.

892 Dies gilt nicht für den Sachverständigenbeweis, der in bewußter Hinnahme der damit verbundenen Verzögerung zugelassen werden kann.

893 Musielak, Huber, ZPO, § 294 Rnd. 5.

kommt dem Beschleunigungsgrundsatz gesteigerte Bedeutung zu, was für eine ähnliche Beschränkung der Beweisführung spricht.
Für das Schlichtungsverfahren ist aber jede Schematisierung abzulehnen. Zwar darf der Schlichter das Verfahren nicht durch umständliche Beweiserhebungen verzögern, es sind aber Fälle denkbar, in denen durch eine Beweisaufnahme vor der Schlichtungsstelle ein Prozeß vermieden werden kann. Die Schlichtungsperson hat daher in jedem Einzelfall abzuwägen, ob eine entsprechende Beweisaufnahme geboten (d.h. erfolgversprechend) ist.
Die Grenze der Beweisaufnahme ergibt sich somit aus einer Abwägung des Schlichters zwischen den durch die Beweisaufnahme entstehenden Verzögerungen und Kosten mit der Bedeutung der Sache.

5. Gewährleistung von Gerechtigkeit und Fairneß im Schlichtungsverfahren

Die Durchsetzung des objektiven Rechts kann (und soll) im Schlichtungsverfahren nicht garantiert werden[894]. Auf der Grundlage der Privatautonomie, die zu den grundlegenden Prinzipien unserer Rechtsordnung zählt und als Teil des Rechts auf freie Entfaltung der Persönlichkeit (Art. 2 I GG) verfassungsrechtlich gewährleistet ist[895], gestalten die Vertragspartner ihre Vertragsbeziehungen eigenverantwortlich[896]. Die Bedeutung von Verfahrensgerechtigkeit für den Erfolg eines Schlichtungsverfahrens wurde unter F. I. 3. behandelt. An dieser Stelle soll der Stellenwert *materieller* Gerechtigkeit des Vertrages als Resultat einer Schlichtungsverhandlung untersucht werden.
Mit der Anerkennung der Vertragsfreiheit ist zwar grundsätzlich eine allgemeine gerichtliche Billigkeitskontrolle des Vertragsinhalts unvereinbar, eine sozialstaatliche Ordnung kann aber nicht, unter Berufung auf dieses Prinzip, zusehen, wie der wirtschaftlich oder intellektuell Überlegene dem Vertragspartner einseitig Vertragsbedingungen aufzwingt. Die Vertragsfreiheit wäre dann ein Instrument gesellschaftlicher Machtausübung[897]. Der Schlichter muß aus diesem Grund darauf hinwirken, daß das Fairneßprinzip nicht durch soziale oder wirtschaftliche Ungleichheiten aufgehoben wird. Er muß durch Aufklärung der Beteiligten verhindern, daß die Konsenslösungen dem im Grundgesetz verkörpertem Wertesystem zuwiderlaufen.
Den Wertungsfragen, wieweit die Aufklärungspflichen des Schlichters in diesem Zusammenhang gehen und welche Bedeutung dabei dem Gesetzesrecht zuzumessen ist, soll im folgenden Kapitel nachgegangen werden.

---

[894] Siehe dazu E. II. 1. c)

[895] BVerfGE 8, 328.

[896] Palandt, Heinrichs, BGB, vor § 145 Rnd. 7 m.w.N.

[897] Palandt, Heinrichs, BGB, vor § 145 Rnd. 7.

a) Sittenwidrigkeit des Inhalts des Schlichtungsergebnisses

Die Verpflichtung des Schlichters zur Aufklärung der Beteiligten ist zweifelsfrei dann zu bejahen, wenn die von den Parteien angestrebte Einigung als sittenwidrig (und damit nichtig) i.S.d. § 138 BGB anzusehen ist bzw. gegen ein gesetzliches Verbot i.S.d. § 134 BGB verstößt. Die Verbotsgesetze i.S.d. § 134 BGB und die in § 138 BGB als „gute Sitten" bezeichneten Werte stellen eine Beschränkung der Privatautonomie dar[898]. Der Wertmaßstab der guten Sitten[899] begrenzt die private Rechtsgestaltung auch für gesetzlich nicht geregelte Bereiche und kann daher im Schlichtungsverfahren auch dann nicht außer Acht gelassen werden, wenn Verhaltenspflichten aus nichtkodifizierten Bereichen des Lebens begründet werden sollen. Der Schlichter muß die Parteien in diesen Fällen auf die Nichtigkeit ihrer Einigung hinweisen.

b) Gesetzesrecht als Fairneßkontrolle

Fraglich ist, ob der Schlichter, auch wenn die Schwelle der §§ 134, 138 BGB nicht überschritten wurde, die benachteiligte Partei darüber aufklären muß, daß die angestrebte Einigung objektive Rechte des Betreffenden (einseitig) nicht berücksichtigt. Eine derartige Pflicht könnte aus dem Gedanken der Gerechtigkeit folgen. Die Gerechtigkeit einer Schlichtungsvereinbarung bildet den Maßstab für ihre moralische Richtigkeit[900], weil das Fairneßprinzip fordert, daß alle Betroffenen sowohl an den Vorteilen als auch an den Lasten gleichermaßen beteiligt sind[901].
Die Gesetze geben einen Maßstab zur Abwägung, ob die angestrebten vertraglichen Regelungen fair sind. Namentlich bei expliziten Rechtsverzichten sind die Konfliktpartner aufgerufen, nachzuprüfen, welche Vor- und Nachteile die vertragliche bzw. die gesetzliche Regelung mit sich bringt und welche Wertungen dem jeweils zugrunde liegen. Eine verantwortungsbewußte Entscheidung über die Aufgabe eines Rechts ist lediglich einer über die eigene Rechtsposition informierten Partei möglich. Aus diesem Grund könnte man die Auffassung vertreten, daß ein faires Schlichtungsverfahren voraussetze, daß der Schlichter über die

---

898 Ermann, BGB, Brox, § 138 Rnd. 1.

899 Nach der Rechtsprechung ist ein Rechtsgeschäft sittenwidrig, wenn es gegen daß Anstandsgefühl aller billig und gerecht Denkenden verstößt RGZ, 80, 210; BGHZ 10, 232; 69, 279.

900 Jansen, Die Struktur der Gerechtigkeit, S. 57.

901 So die Formulierung von Kaufmann, Über Gerechtigkeit, S. 33; für Koller, Theorie des Rechts, S. 291 bedeutet das Gebot der Fairneß, daß derjenige, der die Vorteile sozialer Kooperation in Anspruch nimmt, auch an den Lasten teilhaben soll.

Sach- und Rechtslage und die gerichtliche Realisierbarkeit etwaiger Ansprüche aus seiner Sicht aufklärt[902].
Es darf bei der Entscheidung dieser Frage aber nicht übersehen werden, daß die Parteien nach einer derartigen Aufklärung von einer kooperativen Haltung in eine kompetitive wechseln könnten, mit dem Argument, daß das Gesetzesrecht jedenfalls befolgt werden muß, wenn eine der Parteien den gerichtlichen Weg einschlägt[903]. Ein Kooperationsgewinn wäre dann nicht mehr zu erzielen.
Meines Erachtens ist es die Obliegenheit jeder Partei, sich im Vorfeld des Schlichtungstermins mit einem Rechtsanwalt zu beraten. Nach dieser Beratung ist die eben dargestellte bewußte Abwägung zwischen beiden Konflikterledigungswegen möglich. Weicht ein Beteiligter im Schlichtungsverfahren von der Rechtslage ab, indem er auf Rechte verzichtet oder überobligatorische Leistungen verspricht, dann muß diese Entscheidung als Ausdruck der Privatautonomie respektiert werden, auch wenn Rechtspositionen gleichsam ohne Gegenleistung aufgegeben werden. Verzichtet eine Partei auf die vorherige Beratung, dann ist es nicht Aufgabe der Schlichtungsperson diese nachzuholen[904].
Die Ausnutzung einer intellektuellen oder ökonomischen Überlegenheit muß dennoch weitgehend vermieden werden. Um auch der schwächeren Partei die Chance auf einen gerechten Interessenausgleich zu bieten, muß der Schlichter das Gesetzesrecht stets „im Auge haben“, da in den Prinzipien und Wertentscheidungen der Gesetze Orientierungsmaßstäbe enthalten sind, bei deren gröblicher Vernachlässigung begründeter Anlaß zu der Vermutung besteht, daß diese Einigung lediglich unter Ausnutzung sozialer oder wirtschaftlicher Ungleichheiten zustandekommt. In diesen Fällen hat die Schlichtungsperson die Pflicht, zugunsten des wirtschaftlich oder intellektuell Unterlegenen auf die fehlende Vertragsparität hinzuweisen[905] [906].

---

902 Diese Ansicht vertritt Prütting für den Güteversuch im Zivilprozeß nach § 279 I S. 1 ZPO, MüKo ZPO, § 279 Rnd. 16.

903 Mähler / Mähler, Mediation in: Beck´sches Rechtsanwaltshandbuch 1997 / 1998, 1007, 1019, Rnd. 49.

904 Die Beratung ist auch schwächeren und über kleinere Ressourcen verfügenden Parteien möglich und zumutbar, vgl. F. II. 1. b).

905 Gottwald, Modelle der freiwilligen Streitschlichtung unter besonderer Berücksichtigung der Mediation, WM 1998, 1257, 1258 verlangt bei bestehendem Machtungleichgewicht „flankierende Schutzmaßnahmen“.

906 Bei der Ermittlung der jeweiligen Leistungen sind nicht nur die Vermögensvorteile zu berücksichtigen, sondern es ist anhand des konkreten Lebenssachverhaltes und der zukünftigen Beziehung der Parteien zueinander zu beurteilen, ob die Vertragsfreiheit als Instrument gesellschaftlicher Machtausübung mißbraucht werden soll.

6. Obligatorische Ausgestaltung des Schlichtungsverfahrens

Die im Rahmen der bisherigen Ausführungen genannten Vorteile der außergerichtlichen Streitschlichtung[907] und die damit vorhandenen Anreize für den Bürger berechtigen zu der Frage nach der Erforderlichkeit und Legitimation eines gesetzgeberischen Zwangs zur Schlichtung. Die obligatorische Ausgestaltung der konsensuellen Streiterledigung ist sehr umstritten[908]. Ein großer Teil der Literatur plädiert für einen Vorbehalt doppelter Freiwilligkeit. Den Parteien soll es nicht nur anheimgestellt sein, sich zu einigen, sondern es soll ihnen auch die Entscheidung darüber obliegen, ob sie sich überhaupt auf ein Güteverfahren einlassen wollen[909]. Der in der obligatorischen außergerichtlichen Streitschlichtung enthaltene Zwang zur Inanspruchnahme einer Schlichtungsstelle wird von diesen Literaturstimmen als „Sündenfall" betrachtet. Teilnahmezwang stünde dem „Geist der einvernehmlichen Konfliktlösung" entgegen[910].

a) Legitimation, Erforderlichkeit und Zweckmäßigkeit einer „Zwangsschlichtung"

aa) Akzeptanz des vorhandenen Schlichtungsangebotes in der Bevölkerung

Die Frage der Legitimation und der Zweckmäßigkeit einer obligatorischen Ausgestaltung des Schlichtungsverfahrens setzt zunächst eine Analyse des Erfolges oder Mißerfolges der bestehenden Schlichtungsangebote voraus. Die außerhalb der Justiz bestehenden Schlichtungsangebote zeichnen sich mehrheitlich durch eine hohe Qualität aus. Gleichwohl werden die Schlichtungsstellen viel zu selten in Anspruch genommen.

---

[907] Siehe dazu Abschnitt E. I..

[908] Teilweise wird die obligatorische Ausgestaltung völlig abgelehnt, Eichele, Obligatorische vorgerichtliche Schlichtung?, ZRP 1997, 393 f.; Stadler, Außergerichtliche obligatorische Streitschlichtung - Chance oder Illusion?, NJW 1998, 2479, 2482; Breidenbach, Mediation, S. 272 f.; Ortloff, Mediation und Vergleich im Prozeß, ZRP 2000, 355, 356; Greger, Diversion statt Flaschenhals, ZRP 1998, 183, 184; Strempel, Außergerichtliche Konfliktlösung - Kosten und Nutzen einer neuen Streitkultur, ZRP 1998, 319, 322; und teilweise ausdrücklich gefordert, Leeb, Entlastung der Justiz - Notwendigkeit, Gefahren, Chancen, BB 1998, Beilage 10, 3, 4; Duve, Vertragen sich Schlichten und Richten?, BJ 1997, 62, 65; Behrens, Außergerichtliche Streitschlichtung in Zivilsachen, Recht und Politik 1997, 73, 74.

[909] Wagner, Obligatorische Streitschlichtung im Zivilprozeß: Kosten, Nutzen, Alternativen, JZ 1998, 836, 842; Breidenbach, Mediation, S. 272 f. : „*Fundamental* ist jedoch die Freiwilligkeit der Teilnahme. Zu einem auf Autonomie ausgerichteten Verfahren gehört auch die autonome Entscheidung über den Beginn, wie auch die Fortführung dieses Weges. Zwang zur Mediation ist ein erster Schritt von Zwangs zur Harmonie und *unbedingt* abzulehnen."

[910] Dieckmann, Das nordrhein - westfälische Ausführungsgesetz zu § 15a EGZPO, NJW 2000, 2802.

Unabhängig von § 15a EGZPO wurden beispielsweise in Bayern seit 1984 an vier Amtsgerichten[911] Schlichtungsstellen für „Zivilsachen[912]" eingerichtet. Die Inanspruchnahme dieses Schlichtungsangebotes ist freiwillig. Als Schlichter arbeiten dort zwei pensionierte Richter (Senatsvorsitzende von Oberlandesgerichten), ein Leitender Oberstaatsanwalt und ein Landgerichtspräsident im Ruhestand. Diese Personen haben den Vorteil einer volljuristischen Ausbildung, eines reichen Erfahrungsschatzes (ein ganzes Berufsleben) und besitzen wohl die notwendige persönliche Autorität. Die juristischen Fähigkeiten und die Vermittlungsfähigkeit dieser Personen sind nicht anzuzweifeln[913]. Die örtliche Zuständigkeit der Schlichtungsstellen ist nicht beschränkt, sie könnten von jedermann unabhängig vom Wohnsitz in Anspruch genommen werden. Sachlich sind die Schlichtungsstellen, streitwertunabhängig, für alle Streitigkeiten zuständig, die bei Beschreiten des Rechtswegs vor die ordentlichen Gerichte gehören. Die Schlichtungsverfahren werden unbürokratisch und schnell abgewickelt, sie sind kostengünstig[914]. Die Rahmenbedingungen dieses Schlichtungsangebotes sind eigentlich optimal. Dennoch wird dieses Angebot viel zu selten in Anspruch genommen[915] [916].
Auch andere außergerichtliche Verfahren haben, obwohl sie durch die Presse der Öffentlichkeit vorgestellt, von Industrie- und Handelskammern, Verbänden und Innungen gefördert und vom Bundesministerium der Justiz als geeignetes Mittel der Verhinderung von Prozessen empfohlen wurden, keine nennenswerte Beachtung gefunden[917]. So wurde die Bauschlichtungsstelle in Frankfurt, die wegen ihrer Fachbesetzung kompetenter ist als eine entsprechende Zivilkammer des Gerichts, seit ihrem Bestehen im Jahre 1982 im Durchschnitt lediglich in 15 - 20

---

911 Amtsgerichte München, Regensburg, Traunstein und Würzburg.

912 Konflikte, welche bei Beschreitung des Rechtsweges vor einem ordentlichen Gericht verhandelt würden.

913 Leeb, Entlastung der Justiz - Notwendigkeit, Gefahren, Chancen, BB 1998, Beilage 10, 3, 4.

914 Zum Ablauf des Verfahrens und zu den Kosten (Halbteilungsprinzip) siehe Bethke, Das Schlichtungsverfahren in Bayern - eine Möglichkeit der außergerichtlichen Beilegung von bürgerlichrechtlichen Streitigkeiten, NJW 1993, 2728 f.

915 Leeb, Entlastung der Justiz - Notwendigkeit, Gefahren, Chancen, BB 1998, Beilage 10, 3, 4.

916 Die Inanspruchnahme der Schlichtungsstelle am Amtsgericht München hat seit ihrer Einrichtung nachgelassen. Insgesamt sind bei ihr in des ersten drei Jahren ihres Bestehens nur 279 Anträge eingegangen. Bei einer Vielzahl dieser Anträge scheiterte die Durchführung eines Schlichtungsverfahrens am mangelnden Einverständnis des Antragsgegners. Zahlen nach Proppe / Krapp, Außergerichtliche Verfahren - Alternative zur Ziviljustiz?, JA 1990, 65, 70.

917 Lediglich die ärztlichen Schlichtungsstellen werden bundesweit jährlich in tausenden Streitfällen tätig.

Fällen in Anspruch genommen, obwohl die in ihrem Einzugsbereich liegenden Gerichte jährlich ca. 2.700 Bau- und Architektensachen erledigen[918].
Diese mangelnde Inanspruchnahme qualitativ hochwertiger Schlichtungsangebote zeigt, wie sehr das Modell der streitigen Konfliktlösung das Denken beherrscht. Die außergerichtliche Streiterledigung kann lediglich dann erfolgreich sein, wenn das Schlichtungsmodell im Bewußtsein der Gesellschaft einen gleichrangigen Platz neben der Streitentscheidung durch Gerichte einnimmt[919]. Dieser Bewußtseinswandel kann in Deutschland nur durch eine obligatorische Schlichtungsinstanz erreicht werden. Lediglich durch die Pflicht zur Durchführung eines Schlichtungsversuches erhält die außergerichtliche Streitbeilegung die Gelegenheit die Breitenwirkung zu entfalten, die letztlich zur Wahrnehmung der Vorteile durch die Bevölkerung führt. Nach Behrens[920] „muß dem Bürger wie bei der Einführung der Gurtpflicht im Straßenverkehr der persönliche Nutzen der außergerichtlichen Streitbeilegung erst durch den Gesetzgeber vor Augen geführt werden“[921] [922].
Auch die folgende Faktizität spricht für eine obligatorische Ausgestaltung des Schlichtungsverfahrens:
Die Einlassung auf ein Schlichtungsverfahren wird in der heutigen Realität häufig als Schwäche angesehen[923]. Die Beteiligten befürchten offensichtlich, ihre Rechtsposition gelte im Falle ihres Einverständnisses mit einem ernstgemeinten Schlichtungsversuch bereits als aufgegeben bzw. die Verpflichtung zur Leistung gelte bereits als anerkannt. Da im Falle einer obligatorischen Vorschaltung ein Schlichtungsverfahren durchgeführt werden muß, besteht eine solche Gefahr nicht.

bb) Widerspruch zwischen obligatorischer Verfahrenseinleitung und privatautonomer Streiterledigung

Für die Annahme, obligatorische Verfahrenseinleitung und freiwillige, parteiautonome Regelung stünden sich als unauflösbarer Zielkonflikt gegenüber[924],

---

918 Zahlen nach Proppe / Krapp, Außergerichtliche Verfahren - Alternative zur Ziviljustiz?, JA 1990, 65, 70.

919 Leeb, Entlastung der Justiz - Notwendigkeit, Gefahren, Chancen, BB 1998, Beilage 10, 3, 4.

920 Außergerichtliche Streitschlichtung in Zivilsachen, Recht und Politik 1997, 73.

921 So auch Duve, Vertragen sich Schlichten und Richten?, BJ 1997, 62, 65.

922 Diesen Vergleich lehnt Stadler, Außergerichtliche obligatorische Streitschlichtung - Chance oder Illusion?, NJW 1998, 2479, 2482 ab. Sie bezeichnet die freiwillige Mitwirkung der Betroffenen als „Basis“ der Streitschlichtung.

923 Leeb, Entlastung der Justiz - Notwendigkeit, Gefahren, Chancen, BB 1998, Beilage 10, 3, 4.

924 Breidenbach, Mediation, S. 272 f.; Stadler, Außergerichtliche obligatorische Streitschlichtung - Chance oder Illusion?, NJW 1998, 2479, 2482.

spricht die Überlegung, daß ohne die Mitwirkungsbereitschaft der Parteien das Risiko besteht, daß die Gütestelle häufig nur als staatlich verordnete Verschleppung von Prozessen angesehen wird[925]. Diese Befürchtung ist, wie die Ablehnung des Emminger - Güteverfahrens[926] durch die Parteien und Anwälte belegt, ernst zu nehmen. Die damalige abweisende Haltung der Beteiligten resultierte jedoch zu einem wesentlichen Teil aus der Eingliederung des Schlichtungsverfahrens in den Prozeß. Aus diesem Grund können aus dem Vergleich keine Aussagen über die Akzeptanz eines isolierten Güteverfahrens abgeleitet werden.
Unstreitig erhöhen sich die Einigungschancen im Falle freiwilliger Teilnahme beider Parteien an der Schlichtungsverhandlung. Von einem Zielkonflikt kann dennoch nicht gesprochen werden.
Forschungsergebnisse aus den USA belegen, daß Parteien die bei obligatorischer Vorschaltung das Schlichtungsverfahren eher widerwillig aufsuchten, das Verfahren dennoch als fair und zufriedenstellend empfanden[927]. McEwen und Milburn zeigen, daß die Beteiligten eine Verhandlung mit der Gegenseite zunächst vielfach ablehnen, weil sie verärgert sind oder eine Zurechtweisung der anderen Partei anstreben. Sie suchen danach also nach Vergeltung bez. nach Rechtfertigung durch ein gerichtliches Verfahren. Parteien, die ein Schlichtungsverfahren als unangemessene Konfliktbehandlungsmethode einschätzen und der Teilnahme daher skeptisch gegenüberstehen, empfinden den Konflikt häufig als verhärtet und unversöhnlich. Sie suchen somit keine einvernehmliche Konfliktbehandlung, sondern Bestrafung. Diese erwarten sie sich von einem Gerichtsverfahren (Gewinner - Unterlegener). Erfahren sie das Schlichtungsverfahren dann als interessengerechten Umgang mit dem Konflikt, so führt dieser andersartige Umgang, auf den sich die Beteiligten im obligatorischen Verfahren einstellen müssen, zu einer neuen Orientierung und dadurch zu einer Entschärfung des Konflikts[928]. Im Schlichtungsverfahren gelingt es dem Schlichter häufig, Konfrontation in Kooperation umzuwandeln. Der anfängliche Widerwille kann durch eine Verhandlungssituation, in welcher die Interessen der Parteien aufgezeigt werden, aufgelöst werden[929].
Auch auf die Schlichtungsrate (Erfolgsrate) hatte der „Schlichtungszwang" keine negativen Auswirkungen.
Es ist demnach zwischen zwei grundlegend verschiedenen Formen des Zwangs zu unterscheiden. Zwang zur Anrufung des Verfahrens und Zwang innerhalb des Verfahrens. Es darf den Parteien weder ein Einigungszwang noch eine Entscheidung auferlegt werden[930]. Um den von Behrens[931] angestellten Vergleich noch einmal aufzugreifen: der Staat darf das Anlegen des Gurtes vorschreiben, die

---

925 Hoffmann - Riem, Konfliktbewältigung in einer angebotsorientierten Rechtsschutzordnung, ZRP 1997, 190, 196.

926 Siehe dazu B. I. 2. c) bb).

Bestimmung des Fahrziels und die Entscheidung, wann ausgestiegen wird, muß aber den Parteien überlassen bleiben.

cc) Verfahrensgegenstand des obligatorischen Schlichtungsverfahrens

Eine obligatorische Vorschaltung von Schlichtungsverfahren ist, daß zeigt auch die amerikanische Erfahrung, eine mögliche Methode, damit alternative Konfliktlösungsverfahren nennenswert in Anspruch genommen werden. Doch muß das jeweilige Verfahren für die Behandlung des Konflikts tatsächlich geeignet sein.

Unter F. I. 2. wurde nach Kriterien gesucht, anhand derer sich die konfliktnächste Form der Streitbehandlung festlegen läßt. Es wurde dort festgestellt, daß sich eine generelle Schlichtungseignung von Konflikten nicht feststellen lässt, sondern vielmehr eine Analyse des konkreten Falles erforderlich ist. Diesem Anspruch kann eine (starre) gesetzliche Regelung, die abstrakt formuliert ist und generelle Geltung beansprucht keinesfalls gerecht werden. Aus diesem Grund ist eine Katalogisierung der für außergerichtliche Konfliktlösung geeigneten Fälle nicht möglich.

Die richtige Auswahl der für Schlichtung geeigneten Fälle erweist sich daher als Hauptschwierigkeit eines obligatorischen Schlichtungsverfahrens. Eine undifferenzierte zwangsweise Verweisung von ungeeigneten Streitigkeiten an eine Schlichtungsstelle wäre kontraproduktiv, weil dem Rechtsstreit damit eine weitere zeit- und kostenträchtige Instanz verordnet würde[932].

---

927 McEwen / Milburn, Explaining a paradox of mediation, Negotiation Journal 1993, 23 ff..

928 Gottwald, Alternativen in der Rechtspflege, BRAK - Mitt. 1998, 60, 63.

929 McEwen / Milburn, Explaning a paradox of mediation, Negotiation Journal 1993, 23, 34: „Paradoxically, mediation appears to be particularly powerful and effective in resolving conflicts when parties are most reluctant to enter the process voluntarily. We have argued here that the basis for this paradox lies in the processes by which disputes develop between individuals and nations. These processes discourage disputants from entering mediation spontaneously or voluntarily. As aggrieved parties make claims and are rebuffed or initiate actions to gain leverage on the other party, metadisputes emerge and develop. Metadisputes narrow the focus of attention on the developing dispute, not ist resolution, and promote defensive attributions that foster distrust. Thus, processes by which grievances are selected as disputes and become elaborated through interaction turn parties increasingly toward goals of retribution and vindication, aims that seem to preclude voluntary entry into mediation. Yet the very strengths of mediation are its capacity to reorient parties and to strip away the layers of the metadisputes."

930 Duve, Vertragen sich Schlichten und Richten ?, BJ 1997, 62, 65.

931 Behrens, Außergerichtliche Streitschlichtung in Zivilsachen, Recht und Politik 1997, 73.

932 Wagner, Obligatorische Streitschlichtung im Zivilprozeß: Kosten, Nutzen, Alternativen, JZ 1998, 836, 842.

Der amerikanische Rechtsgelehrte Sander[933] schlug aus diesem Grund bereits 1976 auf einer Tagung in Saint Paul / Minnesota vor, die Gerichte zu „multidoor courthouses“ weiterzuentwickeln[934]. Rechtsstreitigkeiten sollen danach von den Gerichten durch verschiedene Verfahren (jeweils das geeignetste für den konkreten Fall) erledigt werden können[935]. Im Zentrum dieser Gerichte steht das Zuweisungsverfahren (Screening)[936]. Die Zuweisung erfolgt durch einen besonders geschulten und erfahrenen Screener. In der Screening Conference, die als diagnostisches Instrument zur Fallanalyse dient und ca. 30 - 45 Minuten dauert, geben die Screener den Anwälten und Parteien einen Überblick über die verschiedenen Streitbeilegungsmöglichkeiten und beraten sie über das weitere Vorgehen. Im Anschluß an die Analyse verweisen sie den Fall an die konfliktnächste Streitbehandlungsmethode. Um so weit wie möglich zu gewährleisten, daß der Fall das richtige Forum findet, stehen ausgefeilte Kriterienkataloge zur Verfügung[937]. Diese sind jedoch für den Screener nicht bindend sondern geben ihm lediglich Anhaltspunkte.

Dieses Verfahren bietet die Möglichkeit, jeden Fall der konfliktnächsten Streitbehandlungsmethode zuzuführen. Auch können offensichtlich aussichtslose Schlichtungsverfahren vermieden werden. Gottwald[938] schlägt daher vor, Pilotprojekte nach diesem Konzept an einem oder mehreren deutschen Gerichten zu erproben. Nach seiner Auffassung sollen besonders ausgebildete Richter als Screener tätig werden und die Fälle im frühen ersten Termin dem passenden Forum zuweisen.

---

[933] Frank E. A. Sander, Harvard Law - School, Wagner, Obligatorische Streitschlichtung im Zivilprozeß: Kosten, Nutzen, Alternativen, JZ 1998, 836, 842, bezeichnet ihn als einen der „Väter der Alternative Dispute Resolution“.

[934] Sander, Alternative Methods of Dispute Resolution: A U.S. Perspektive, in: Hoffmann - Riem / Schmidt - Aßmann (Hrsg.), Konfliktbewältigung durch Verhandlungen, Bd. I, 141, 145; Sander, Dispute Resolution within and outside the Courts An Overview of the US Experience, in Gottwald / Strempel, Streitschlichtung, 19, 24.

[935] Inzwischen wurden in den USA vier Multidoor courthouses eingerichtet, und zwar im Jahre 1984 in Tulsa (Oklahoma), in Houston (Texas) und im Distrikt of Columbia sowie 1990 in Cambridge, Krapp, Modelle zur alternativen Konfliktlösung an amerikanischen Zivilgerichten, ZRP 1994, 115, 118.

[936] Sander, Dispute Resolution within and outside the Courts An Overview of the US Experience, in Gottwald / Strempel, Streitschlichtung, 19, 24: „The key feature of the multidoor courthouse is the initial procedure: intake screening and referral.“.

[937] Sander, Dispute Resolution within and outside the Courts An Overview of the US Experience, in Gottwald / Strempel, Streitschlichtung, 19, 25f. nennt folgende Prämissen, die in die Entscheidung des Screeners einfließen: a) Nature of Case b) Relationship of Parties c) History of Negotiations Between Disputants d) Nature of Relief by Plaintiff e) Size and Complexity of Claim.

[938] Gottwald, Alternativen in der Rechtspflege, BRAK - Mitt. 1998, 60, 65.

Der auf den frühen Termin festgelegte Zeitpunkt der Verweisung, stellt, wie im folgenden gezeigt wird, einen Nachteil dar. Das „multidoor courthouse" Konzept sollte daher nicht ohne Änderungen übernommen werden.

dd) Zeitpunkt des Güteversuchs

Viele Auseinandersetzungen durchlaufen eine Transformationsphase. Sie werden zunächst als ein Interessenkonflikt oder soziales Problem empfunden und wandeln sich später in eine Diskussion über Tatsachen und Normen, also einen Rechtskonflikt[939]. Daraus kann jedoch nicht geschlossen werden, daß der Beginn eines Rechtsstreites *stets* der günstigste Zeitpunkt für einen Güteversuch ist[940]. Die Positionen der Beteiligten sind oftmals gerade in der ersten Phase sehr festgefahren[941]. Nachdem eine Beweisaufnahme oder die Erörterung der Rechtslage mit dem entscheidungsbefugten Richter stattgefunden hat, sind die Parteien, nach richterlicher Erfahrung[942], eher zu Verhandlungen bereit. An dieser Einschätzung ändert die hohe Vergleichsquote in dem seit 1926 zwingend vorgeschriebenen Gütetermin im Arbeitsgerichtsverfahren[943] (§ 54 ArbGG) nichts. Es wurde nachgewiesen, daß dieser Gütetermin zum großen Teil Fälle erledigt, die auch im späteren Verfahren einer Konsenslösung zugeführt worden wären[944]. Grunsky[945] bezeichnet den Gütetermin als „einen bloßen Appell des Gerichts an die Parteien, sich nicht unnötig zu streiten".
Es ist daher erforderlich den Rechtsstreit in dem Zeitpunkt an eine Schlichtungsstelle zu verweisen, in welchem die Schlichtung die größten Erfolgschancen hat. Das kann nach dem Eingang der Klageerwiderung, nach dem ersten Termin oder nach einer ganz oder teilweise durchgeführten Beweisaufnahme sein.

---

[939] siehe dazu F. I. 1. a).

[940] Prütting, Verfahrensrecht und Mediation, in: Breidenbach / Henssler (Hrsg.), Mediation für Juristen, 57, 66.

[941] Stadler, Außergerichtliche obligatorische Streitschlichtung - Chance oder Illusion ?, NJW 1998, 2479, 2482.

[942] Prütting, Verfahrensrecht und Mediation, in: Breidenbach / Henssler (Hrsg.), Mediation für Juristen, 57, 66.

[943] siehe C. I. 1. d).

[944] Schönholz, Alternativen im Gerichtsverfahren - Zur Konfliktlösung vor dem Arbeitsgericht unter besonderer Berücksichtigung des Prozeßvergleichs, S. 163.

[945] Grunsky, Die Schlichtung arbeitsrechtlicher Streitigkeiten und die Rolle der Gerichte, NJW 1978, 1832, 1837.

b) Realisierung eines nach Verfahrensgegenstand und Zeitpunkt flexiblen obligatorischen Schlichtungsverfahrens

Es wurde eben gezeigt, daß es nicht möglich ist, abstrakt, generell zu bestimmen, welcher Fall sich zur Streitschlichtung eignet und in welchem Stadium des Konflikts eine Verhandlungslösung erzielt werden könnte. M.E. sollte daher die Entscheidung, geeignet erscheinende Rechtsstreitigkeiten auf außergerichtliche Verfahren überzuleiten den Richtern überlassen werden. Der *entscheidungsbefugte* Richter wäre somit der Screener (i.S.d. multidoor courthouse Konzepts). Ihm obläge es, nachdem er sich mit dem Sachverhalt und gegebenenfalls mit den Parteien vertraut gemacht hat, zu entscheiden, ob er die Sache bindend an eine Schlichtungsstelle verweist. Der Zeitpunkt dieser Verweisung sollte flexibel, die Entscheidung des Richters sollte unanfechtbar sein. Die Auswahl der Schlichtungsstelle soll der Richter den Parteien überlassen[946]. Eine verbindliche Zuweisung zu einer konkreten Gütestelle ist lediglich dann erforderlich, wenn sich die Beteiligten nicht auf eine Schlichtungsstelle einigen. Entgegen der Ansicht Gregers[947] ist es nicht erforderlich, die Frage an welche Gütestelle verwiesen wird, grundsätzlich der Entscheidungsfreiheit des Gerichts zu überlassen. Eine Einigung der Parteinen über die anzurufende Schlichtungsstelle erscheint vielmehr wünschenswert, um den empfundenen Zwang möglichst zu minimieren.

Nach § 279 I S. 2 ZPO kann das Gericht zum Zwecke des Güteversuchs die Parteien vor einen beauftragten oder ersuchten Richter verweisen. Diese Regelung sollte derart erweitert werden, daß es dem Gericht auch möglich ist, die Parteien vor eine Stelle, die Streitbeilegungen betreibt, zu verweisen.

Greger[948] will mit geringen Änderungen der ZPO dieses „Verweisungs- und Aussetzungsmodell" umsetzen. Er schlägt daher folgende Gesetzesänderung vor:

„§ 279a (Verweisung an Gütestelle)
I Das Gericht kann den Rechtsstreit an eine durch die Landesjustizverwaltung eingerichtete oder anerkannte Gütestelle verweisen, wenn aus persönlichen oder sachlichen Gründen eine gütliche Beilegung angezeigt und möglich erscheint. Der Beschluß kann ohne mündliche Verhandlung ergehen. Er ist nicht anfechtbar.

II Die Parteien können vereinbaren, daß das Verfahren vor der Gütestelle als schiedsrichterliches Verfahren im Sinne des zehnten Buches fortgesetzt wird.

III Kann das Verfahren vor der Gütestelle nicht abgeschlossen werden, so verweist diese den Rechtsstreit unter Mitteilung der Gründe für das Scheitern an das Gericht zurück.

§ 279b (Aussetzung zur gütlichen Beilegung)
I Das Gericht setzt die Verhandlung aus,

---

[946] Dies setzt eine Aufklärung über das existierende Schlichtungsangebot voraus.

[947] Greger, Diversion statt Flaschenhals, ZRP 1998, 183, 185.

[948] Greger, Diversion statt Flaschenhals, ZRP 1998, 183, 186.

1. wenn die Prozeßbevollmächtigten sich bereit erklären, mit dem Ziel des Vergleichs nach § 1044b ZPO zu verhandeln,
2. wenn die Parteien sich bereit erklären, eine für den Ausgang des Rechtsstreits erhebliche Tatsachenfeststellung oder -bewertung durch einen vom Gericht benannten Schiedsgutachter treffen zu lassen.

An das Schiedsgutachten nach Satz 1 Nr. 2 sind Gericht und Parteien gebunden; dies gilt nicht im Falle offenbarer Unrichtigkeit.

II Auf Antrag einer Partei ist die Aussetzung aufzuheben, im Falle von Abs. 1 Satz 1 Nr. 2 jedoch nicht vor der Erstattung oder Verweigerung des Schiedsgutachtens."

Diesem Gesetzesvorschlag ist weitgehend zuzustimmen. Das Verweisungs- und Aussetzungsmodell gewährleistet eine nach Verfahrensgegenstand und Zeitpunkt flexible obligatorische Schlichtungsinstanz.
Der Richter muß jedoch nach § 279a I S. 1 des Vorschlags den Fall an eine durch die Landesjustizverwaltung eingerichtete oder anerkannte Gütestelle verweisen. Diese Regelung ist zu starr. Es besteht damit für die Parteien nicht die Möglichkeit, eine branchenspezifische Schlichtungsstelle, die wegen ihrer Besetzung in den meisten Fällen kompetenter und konfliktnäher ist, auszuwählen, wenn diese Schlichtungsstelle nicht anerkannt ist[949].
Unabhängig von der unzureichenden Anzahl vorhandener Schlichtungsstellen i.S.d. § 794 I Nr.1 ZPO ist kein Grund dafür ersichtlich, warum z.B. bei Streitigkeiten zwischen einem Bauherren und einem Architekten der Rechtsstreit nicht an die Schlichtungsstelle der Architektenkammer Nordrhein - Westfalen (diese Schlichtungsstelle ist nicht anerkannt) verwiesen werden soll, wenn beide Parteien sich auf diese Schlichtungsstelle einigen.
Die Ausgestaltung des Schlichtungsverfahrens z.B. staatliche Kostenübernahme, Rechtsanwaltsbeteiligung, Einzelgespräche oder Sachverhaltsaufklärung läßt Greger in seinem Gesetzesvorschlag offen. Der Erfolg des Schlichtungsverfahrens ist aber, neben der Auswahl des Zeitpunktes und des Streitgegenstandes, wesentlich vom Verfahren abhängig. Konsequent ist es daher, zusätzlich zu der Verweisungsnorm (§ 279a I des Vorschlags) Richtlinien für die Verfahrensordnungen, mit den im Abschnitt F erarbeiteten Ergebnissen, zu erlassen.

c) Folgen des Ausbleibens einer Partei im Schlichtungsverfahren

Nachdem die schlichtungsgeeigneten Fälle durch den entscheidungsbefugten Richter ausgewählt und die Parteien unanfechtbar an eine Gütestelle verwiesen wurden, stellt sich die schwierige Frage nach der Sanktionierung einer sich dem Schlichtungsversuch zu Unrecht widersetzenden Partei.

---

[949] Zur grundsätzlichen Kritik an der Benachteiligung nichtanerkannter Schlichtungstellen siehe F. II. 5..

Nach § 141 III ZPO kann gegen eine Partei, die nach Anordnung des Gerichts verpflichtet ist, persönlich zu erscheinen, ein Ordnungsgeld wie gegen einen im Vernehmungstermin nicht erschienen Zeugen festgesetzt werden[950]. Einer derartigen Ordnungsgeldsanktion wurde im Gesetz zur Förderung der außergerichtlichen Streitbeilegung (dort § 15 V EGZPO) ausdrücklich zugestimmt.
Wagner[951] lehnt eine solche Bewehrung des Nichterscheinens einer Partei ab. Er meint die Einigung der Parteien müsse auf freiem Einverständnis beruhen, dieses dürfe nicht durch die „Hintertür" strafbewehrter Mitwirkungspflichten ausgehöhlt werden. Auch in den Schlichtungsgesetzen der Länder wurde auf die Normierung derart weitreichender Sanktionen verzichtet. Nach § 11 IV BaySchlG sowie § 9 III SchlG BW wird der Antrag stellenden Partei bei unentschuldigtem Ausbleiben der Gegenpartei die Bescheinigung über die Erfolglosigkeit des Einigungsversuches erteilt. Eine ähnliche Regelung wurde für Nordrhein - Westfalen getroffen (§ 1 II GüSchlG NRW i.V.m. § 29a I a SchAG NRW). Bei Nichterscheinen der Antrag stellenden Partei gilt der Antrag in Bayern und Baden - Württemberg als zurückgenommen (§ 11 IV BaySchlG, § 9 I SchlG BW), eine Bescheinigung über die Erfolglosigkeit des Einigungsversuches wird nicht erteilt. In Nordrhein - Westfalen ruht das Verfahren in diesem Fall (§ 1 II GüSchlG NRW i.V.m. § 23 I SchAG NRW). In Baden - Württemberg hat ein Nichterscheinen ohne genügende Entschuldigung die Konsequenz der Kostenlast bezüglich der Gebühren und Auslagen der Schlichtungsperson (§ 17 II Nr.1 SchlG BW).
Der baden - württembergische Justizminister Goll[952] begründet den Verzicht auf weitergehende Sanktionen mit dem Charakter des Schlichtungsverfahrens als einfaches und zwangloses Verfahren, welchen er nicht beeinträchtigen wolle. Nach seiner Auffassung ist zudem der Aufwand der Festsetzung, die Möglichkeit der Anfechtung und die Beitreibung mit einer ungerechtfertigten Belastung der Schlichtungsstelle verbunden.
M.E. sollte auf die Androhung eines Ordnungsgeldes für den Fall des Nichterscheinens einer Partei nicht verzichtet werden. Durch die Ordnungsgeldsanktion wird klargestellt, daß das Schlichtungsverfahren obligatorischer Natur ist und die Beteiligten eine dem Staat gegenüber bestehende Pflicht haben, an dem Güteverfahren teilzunehmen[953]. Es handelt sich dabei, entgegen der Ansicht Wagners, nicht darum, durch eine Hintertür Einigungszwang auszuüben, sondern lediglich um Zwang zur Verfahrensteilnahme. Die obligatorische Verfahrenseinleitung steht einer gütlichen Einigung und einem fairen Verfahren aber nicht entgegen.

---

[950] Dieses beträgt nach § 380 ZPO i.V.m. Art. 6 I EGStGB 5,- DM bis 1000,- DM.

[951] Wagner, Obligatorische Streitschlichtung im Zivilprozeß: Kosten Nutzen, Alternativen, JZ 1998, 836, 845.

[952] Goll, Obligatorische Streitschlichtung im Zivilprozeß, ZRP 1998, 314, 316.

[953] Für die Pflicht der Parteien zu persönliche Erscheinen im Zivilprozeß, Stein / Jonas, ZPO, Leipold, § 141 Rnd. 5.

Nach der hier vertretenen Meinung soll die Zuweisung zu einer Schlichtungsstelle durch den entscheidungsbefugten Richter erfolgen. Erscheint eine Partei nicht zum Schlichtungstermin, ist der Güteversuch gescheitert und der Fall wird an das Gericht zurück verwiesen. Die Festsetzung des Ordnungsgeldes kann dann vom Richter erfolgen. Entsprechend § 380 III ZPO ist gegen diese Festsetzung die Beschwerde statthaft (§ 567 I ZPO). Die Befürchtung Goll´s, die Möglichkeit eines Ordnungsgeldes verursache eine Belastung für die Schlichtungsstelle ist daher unbegründet.
Wegen der Strafähnlichkeit setzt die Verhängung eines Ordnungsgeldes Verschulden der Partei voraus[954]. Das Ordnungsgeld kann daher nicht verhängt werden, wenn die Partei zu dem Schlichtungstermin nicht ordnungsgemäß geladen wurde oder sie wegen Krankheit, Unfall, unvorhergesehener Verkehrsstörung (mit denen eine sorgfältig planende Partei nicht rechnen mußte), Todesfall in der Familie u.s.w. genügend entschuldigt ist. In diesem Fall entscheidet der Richter erneut, ob er den Konflikt an eine Schlichtungsstelle verweist.
Im Anschluß an die Wertung des § 344 ZPO hat die schuldhaft nicht erschienene Partei in jedem Fall die Kosten des Schlichtungsverfahrens zu tragen[955].

Es ist demnach erforderlich und legitim, durch die obligatorische Verweisung an außergerichtliche Schlichtungsstellen deren nennenswerte Inanspruchnahme zu gewährleisten. Doch muß das jeweilige Verfahren für die Behandlung des Konflikts tatsächlich geeignet sein. Die Verweisungsbefugnis der Richter bietet eine Möglichkeit, die Entscheidung anhand des konkreten Konflikts zu flexiblen Zeitpunkten zu treffen.

7. Gewährleistung der Vertraulichkeit

Unabhängig davon, ob dem hier bevorzugten „Verweisungsmodell", dem „multidoor courthouse" Konzept oder dem vom Gesetzgeber gewählten Weg einer starren Katalogisierung (§ 15a EGZPO) gefolgt wird, ergibt sich die Problematik der Sicherung strikter Vertraulichkeit der Schlichtungsverhandlung im Hinblick auf ein eventuelles Gerichtsverfahren. Die wirksame Vermittlung setzt Offenheit zwischen den Beteiligten voraus. Interessenausgleich ist lediglich möglich, wenn durch Offenlegung von Tatsachen eine gemeinsame Verhandlungsgrundlage geschaffen wird. Aus diesem Grund erwiesen sich die isolierten Güteverfahren als den gerichtsintegrierten überlegen[956]. Die Angst der Beteiligten durch die Angabe ihrer wahren Interessen bei Scheitern des Verfahrens ihre Position verschlechtert zu haben, verhindert jedes Aufeinanderzugehen, wenn der entschei-

---

954 Musielak, ZPO, Stadler, § 141 Rnd. 12.

955 So auch § 17 II Nr.1 SchlG BW.

956 Vergl. B. III.

dungsbefugte Richter die Möglichkeit der Kenntnisnahme von Aussagen in der Schlichtungsverhandlung hat. Der Inhalt des Schlichtungsverfahrens darf daher nicht Gegenstand einer späteren Beweisaufnahme sein[957].
Den Fragen, ob der Schlichtungsperson ein Zeugnisverweigerungsrecht zusteht und inwieweit die Beteiligten selbst im Gerichtsverfahren zur Verschwiegenheit über die Güteverhandlung verpflichtet sind, soll daher im Folgenden nachgegangen werden. Zeugnisverweigerungsrechte im Strafprozeß, etwa für Rechtsanwälte nach § 53 I Nr.3 StPO, werden nicht betrachtet.

a) Zeugnisverweigerungsrecht der Schlichtungsperson

Nach § 383 I Nr.6 ZPO sind Personen, denen kraft ihres Amtes, Standes oder Gewerbes Tatsachen anvertraut sind, deren Geheimhaltung durch ihre Natur oder gesetzliche Vorschriften geboten ist, bezüglich dieser Tatsachen zur Verweigerung des Zeugnisses in einem Zivilprozeß berechtigt. Diese Norm ist auf die Schlichtungsperson anzuwenden.
Soweit diese den Beruf des Rechtsanwaltes ausübt, ist das Zeugnisverweigerungsrecht völlig unproblematisch. Der Rechtsanwalt ist nach § 43a II S.1 BRAO zur Verschwiegenheit verpflichtet. Das Gebot der Verschwiegenheit zählt zu den tragenden Prinzipien des Anwaltsberufs[958]. Diese Verpflichtung bezieht sich nach dem Gesetzeswortlaut auf alles, was ihm in Ausübung seines Berufes bekanntgeworden ist. Nach § 18 BORA unterliegt der Anwalt den Regeln des Berufsrechts, wenn er als Vermittler, Schlichter oder Mediator tätig wird. Es gilt für ihn aus diesem Grund auch die Verschwiegenheitspflicht[959]. Die Voraussetzungen des § 383 I Nr.6 ZPO sind somit gegeben.
Neben Rechtsanwälten kommen als Schlichter weitere Berufsgruppen in Betracht, deren Verschwiegenheitspflicht gesetzlich nicht angeordnet ist (z.B. Wirtschafts- Unternehmensberater oder Hochschullehrer) Für diese Personen ergibt sich eine Schweigepflicht und mithin ein Zeugnisverweigerungsrecht i.S.d. § 383 I Nr.6 ZPO aus der Natur der anvertrauten Tatsachen. Nach Berger[960] ist dafür eine mit den gesetzlich geregelten Geheimhaltungspflichten vergleichbare Vertrauensstellung erforderlich. Entscheidend sei die Verkehrssitte. Wie bereits dargestellt, erfordert ein Schlichtungsverfahren in besonderer Weise die Vertraulichkeit der Beteiligten. Aus diesem Grund besteht eine Erwartung der Beteiligten, der Schlichter werde die ihm anvertrauten Tatsachen gegenüber jedermann

957 Bei freiwilligen Güteverfahren besteht darüber hinaus die Gefahr, daß unlautere Parteien dem Schlichtungsversuch lediglich deshalb zustimmen, um Informationen zu erlangen, die ihnen sonst unzugänglich wären, vgl. Risse, Wirtschaftsmediation, NJW 2000, 1614, 1620 m.w.N..

958 Feuerich / Braun, BRAO, § 43a Rnd. 12.

959 Feuerich / Braun, BRAO, § 18 BO Rnd. 2.

960 Stein / Jonas, ZPO, Berger, § 383 Rnd. 85.

verschweigen. Diese Erwartung begründet die für die Annahme der Schweigepflicht erforderliche Vertrauensstellung. Die Tätigkeit des Schlichters fällt daher unter § 383 I Nr.6 ZPO[961]. Die Pflicht zur Verschwiegengeit der Schlichtungsperson entfällt, wenn ihn *beide* Parteien davon entbinden. Sollte eine Partei den Schlichter von seiner Schweigepflicht entbinden, dann stellt die Weigerung der Gegenpartei, ebenfalls auf die Vertraulichkeit zu verzichten, keine Beweisvereitelung dar. Diese liegt lediglich dann vor, wenn eine Partei dem beweispflichtigen Gegner die Beweisführung vorwerfbar unmöglich macht[962]. Die Versagung der Zustimmung stellt keine schuldhafte Verweigerung des Zugangs zu einem Beweismittel dar. Der Schlichter steht als Zeuge vielmehr grundsätzlich nicht zur Verfügung, da er lediglich bei einvernehmlicher Entbindung aussagen darf.

b) Verschwiegenheitspflicht der Schlichtungsparteien

Den „Parteien" im Schlichtungsverfahren werden die Informationen nicht kraft eines Amtes, Standes oder Gewerbes anvertraut. § 383 I Nr.6 ZPO ist daher auf sie nicht anwendbar. Regelmäßig werden diese Beteiligten sich auch im Prozeß als Beteiligte gegenüberstehen[963], womit ihre Zeugentauglichkeit entfällt. Sie müssen ihre streitigen, erheblichen Behauptungen grundsätzlich mit den Beweismitteln der ZPO beweisen[964]. Da die Parteianhörung (§§ 141, 273 II Nr.3, 278 I S.2 ZPO) nach der Rechtsprechung des Bundesgerichtshofs nicht als Beweismittel sondern lediglich als Parteivortrag einzuordnen ist, kann der Richter das Vorbringen nicht als Beweis würdigen. Die Voraussetzungen einer Parteivernehmung (§§ 445 ff. ZPO) müssen hier aber nicht dargestellt werden, weil das Gericht einer Partei auch ohne Beweis glauben darf (§ 286 ZPO)[965]. Das Gericht darf eine Parteianhörung sogar gegen eine Zeugenaussage für richtig erachten[966], es muß dies lediglich im Urteil plausibel machen (§ 286 I S.2 ZPO).
Es stellt sich damit die Frage, ob die Parteien gesetzlich verpflichtet werden können, Äußerungen und Informationen der jeweils anderen Partei im Laufe des Schlichtungsverfahrens später im Prozeß zurückzuhalten. M.E. ist dies schon wegen der Wahrheitspflicht des § 138 I ZPO nicht möglich. Denkbar wäre ledig-

961 Unerheblich ist, welcher Berufsgruppe der Schlichter angehört; a.A. Wagner, Sicherung der Vertraulichkeit von Mediationsverfahren durch Vertrag, NJW 2001, 1398.

962 Musielak, ZPO, Foerste, § 286 Rnd. 62; Baumbach / Lauterbach / Albers / Hartmann, ZPO, Hartmann, Anh. § 286 Rnd 27.

963 Lediglich bei der Beteiligung von Wirtschaftsunternehmen (juristischen Personen) gilt dieser Grundsatz nicht. Die juristische Person wird im Schlichtungsverfahren von einem Repräsentanten vertreten, während im Zivilprozeß das Unternehmen selbst Partei ist.

964 BGH NJW 1960, 100; 1997, 1988.

965 Schellhammer, Zivilprozeß, Rnd. 529.

966 BGHZ 122, 115, 121.

lich ein Prozeßvertrag (Beweisvertrag), der die Verpflichtung der Parteien begründet, bestimmte, vom Gegner erlangte Tatsachen nicht vorzutragen. Die gebräuchlichsten internationalen Schlichtungsordnungen enthalten aus diesem Grund Klauseln, in denen sich die Parteien zur Verschwiegenheit über Verhandlungsinhalte im Schlichtungsverfahren verpflichten[967] Über die Wirksamkeit einer solchen Vereinbarung wurde, soweit ersichtlich, konkret noch nicht entschieden. Der Bundesgerichtshof[968] hat aber 1989 in einem Fall, in dem es um die Wirksamkeit einer Vereinbarung über einen Verzicht auf den Einwand der mangelnden Rechtshängigkeit im Rahmen eines Schmerzensgeldanspruchs (§ 847 I S.2 BGB[969]) ging, entschieden, daß „....die Parteien eines künftigen Prozesses sich dazu verpflichten können ..... gewisse Beweismittel nicht zu verwenden ....". Die Rechtsprechung geht damit offensichtlich von der Zulässigkeit derartiger Beweisverträge aus.

Die Frage nach den Grenzen einverständlichen Parteihandelns im Rahmen der Stoffsammlung ist identisch mit derjenigen nach den Grenzen der Dispositionsmaxime[970]. Im Bereich der Dispositionsmaxime sind deshalb Beweisverträge zulässig. Auch liegt kein Eingriff in die Freiheit der richterlichen Beweiswürdigung vor, da dem Richter nicht eine bestimmte Würdigung vorgeschrieben wird, sondern vielmehr die Tatsache der Beweisaufnahme völlig entzogen wird. Freilich kann keine Partei gezwungen werden, einen Beweisvertrag abzuschließen. Eine „gerichtsfeste" Vertraulichkeit kann somit letztlich nicht gewährleistet werden.

---

967 Wagner, Sicherung der Vertraulichkeit von Mediationsverfahren durch Vertrag, NJW 2001, 1398, 1399 nennt als Beispiele § 11 der Schlichtungsordnung der Internationalen Handelskammer, Art. 19 S.2, 20 der UNCITRAL - Schlichtungsordnung, Art. 10 der Mediation Procedure des Londo Court of International Arbitration sowie Art. 17 der Schlichtungsordnung der World Intellectual Property Organisation.

968 BGHZ 109, 19, 28f.

969 Diese Norm wurde am 14.03.1990 gestrichen, BGBl. I S. 478.

970 Wagner, Prozeßverträge, S. 640 f..

G. Zusammenfassung der gewonnenen Erkenntnisse

Ausgangspunkt der Arbeit war die Feststellung, daß sich Deutschland in einer Aufbruchphase zu einer neuen Streitbehandlungskultur befindet, in der außergerichtliche Optionen einen festen Platz neben den staatlichen Gerichten haben.
Es wurde festgestellt, daß in der Historie des deutschen Rechtes häufig versucht wurde, den Schlichtungsgedanken zu etablieren. Die wissenschaftliche Diskussion setzte somit schon sehr frühzeitig ein. Dennoch waren die Bemühungen in der Vergangenheit nicht geeignet, ein erfolgreiches Schlichtungsverfahren zu konstituieren. Die wesentlichen Gründe des Scheiterns dieser Bemühungen wurden im Abschnitt B analysiert und unter B. III. zusammengefaßt.
Im Anschluß an den historischen Teil wurden etablierte Verfahren dargestellt. Es konnten so Erkenntnisse über besonders schlichtungsgeeignete Konflikte und bereits praktizierte Verfahren gewonnen werden. An dieser Stelle wurden Besonderheiten in der Verfahrensausgestaltung aufgezeigt und analysiert.
In einem weiteren Schritt wurden die Vorteile der außergerichtlichen Streitschlichtung ihren Gefahren gegenübergestellt. Die Vorzüge alternativer Streitbehandlungsmethoden lassen einen Schlichtungsversuch lohnenswert erscheinen. Hingewiesen sei an dieser Stelle insbesondere auf die Versöhnungsfunktion der konsensuellen Streitbeilegung, den Kosten- und Zeitvorteil im Erfolgsfall, einen möglichen vollständigen Interessenausgleich (win - win Situation) und nicht zuletzt auf den Nebeneffekt der Justizentlastung.
Signifikanteste Gefahr ist die mangelnde Erfolgsgarantie von Schlichtungsverfahren. Das Risiko der Verzögerung und Verteuerung kann auch bei einem optimal ausgestalteten Verfahren nicht endgültig ausgeschlossen werden. Durch eine intelligente Zuordnung jedes Einzelfalles zu geeigneten Streitbehandlungsforen sowie durch Verfahrensdesign kann diese Unsicherheit jedoch verringert werden.
Der Abschnitt F der Arbeit, der als Hauptteil bezeichnet werden kann, beschäftigte sich daher mit der verfahrensmäßigen Ausgestaltung eines außergerichtlichen Schlichtungsverfahrens. Es wurde unter Betrachtung der in Kapitel C vorgestellten Verfahren untersucht, wie sich die Gefahren alternativer Streitschlichtung bannen und ihre Vorzüge sichern lassen. Konfliktnähe ist Grundbedingung einer erfolgreichen konsensuellen Streiterledigung. Des weiteren bedarf die alternative Streitschlichtung eines ordnenden Rahmens.
Sehr kontrovers wird die Frage einer obligatorischen Einleitung des Streitschlichtungsverfahrens diskutiert. Für bestimmte Konstellationen erscheint ein Teilnahmezwang in Deutschland als notwendig, um eine nennenswerte Inanspruchnahme zu gewährleisten. Entscheidend für den Erfolg des Verfahrens ist die Auswahl schlichtungsgeeigneter Fälle. Da eine Katalogisierung nicht erfolgversprechend erscheint, wurde für ein Verweisungsrecht des entscheidungsbefugten Richters plädiert.

Das Gesetz zur Förderung der außergerichtlicher Streitbeilegung (§ 15a EGZPO) ist ein erster Schritt des deutschen Gesetzgebers, die Chancen alternativer Konfliktbehandlung zu nutzen. Die bisherigen Erfahrungen mit Güteverfahren in Deutschland sowie die Bandbreite von ADR in den USA zeigen, daß die bundesgesetzliche Experimentierklausel durch die Begrenzung auf Bagatellfälle einerseits zu eng und durch die vom jeweiligen Konflikt völlig unabhängige Zuweisung andererseits zu weit ist.
Das hier vorgeschlagene Verweisungsmodell schafft die Voraussetzung für eine Streitbehandlung, die den jeweiligen Parteien und der aktuellen „Konfliktsituation“ entspricht.

Literaturverzeichnis

Alternativkommentar
Wassermann, Rudolf (Gesamtherausgeber)
Zivilprozessordnung
Neuwied, Darmstadt 1987

Aumüller, Doris
Notarielles Vermittlungsverfahren in der Sachenrechtsbereinigung
München 1997

Bähr, Gunne
Konfliktbeseitigung durch alternative Streitbeilegung
VW 1998, 56

Bartenbach, Kurt / Volz, Franz-Eugen
Arbeitnehmererfindervergütung
Kommentar zu den amtlichen Richtlinien für die Vergütung von Arbeitnehmererfindungen
2. Auflage
Köln 1999

dies.
Arbeitnehmererfindergesetz Kommentar
3. Auflage
Köln 1997

dies.
Arbeitnehmererfindungsrecht
Neuwied 1996

Baumbach, Adolf / Hefermehl, Wolfgang
Wettbewerbsrecht
21. Auflage
München 1999

Baumbach, Adolf / Lauterbach, Wolfgang / Albers, Jan / Hartmann, Peter
Zivilprozessordnung Kommentar
59. Auflage
München 2001

Baur, Fritz
Der Anspruch auf rechtliches Gehör
AcP 1954, 393

Behrens, Fritz
Außergerichtliche Streitschlichtung in Zivilsachen
Recht und Politik 1997, 73

ders.
Außergerichtliche Streitschlichtung nach dem Modell Nordrhein – Westfalen
DRiZ 1997, 237

Bernhardt, Wolfgang
Die Aufklärung des Sachverhalts im Zivilprozeß
in: Festschrift für Rosenberg
München 1949

Bethke, Friedrich
Das Schlichtungsverfahren in Bayern – eine Möglichkeit der außergerichtlichen Beilegung von bürgerlichrechlichen Streitigkeiten
NJW 1993, 2728 = DRiZ 1994, 16

Bettermann, Karl August
Hundert Jahre Zivilprozessordnung – das Schicksal einer liberalen Kodifikation
ZZP 1978, 365

Bieler, Frank / Hage, Marion / Heilmann, Joachim
Neue Wege bei der Streitschlichtung im Betrieb
AiB 1998, 677

Bierbrauer, Günter / Gottwald, Walther / Birnbreier-Stahlberger Beatrix (Hrsg.)
Verfahrensgerechtigkeit
Köln 1995

Blankenburg, Erhard
Mögliche Entwicklungen im Zusammenspiel von außer- und innergerichtlichen Konfliktregelungen
Band 1
Speyer 1990

ders.

Droht die Überforderung der Rechtspflege
ZRP 1992, 96

ders.
Mobilisierung des Rechts
Berlin, Heidelberg 1995

ders.
Rechtshilfebedürfnis und Rechtsberatung – Theoretische Überlegungen zur rechtspolitischen Diskussion in der Bundesrepublik Deutschland
in: Jahrbuch für Rechtssoziologie und Rechtshilfe
Band 5,
Opladen 1978

Blankenburg Erhard / Fiedler, Jann
Die Rechtsschutzversicherung und der steigende Geschäftsanfall der Gerichte
Tübingen 1981

Blankenburg, Erhard / Gottwald, Walther / Strempel, Dieter (Hrsg.)
Alternativen in der Ziviljustiz – Berichte, Analysen, Perspektiven
Köln 1982

Blankenburg, Erhard / Klausa, Ekkehard / Rottleuthner, Hubert (Hrsg.)
Jahrbuch für Rechtssoziologie und Rechtstheorie
Band 6,
Opladen 1980

Böhringer, Walter
Zusammenführung von Gebäude- und Grundeigentum
DtZ 1994, 266

Bovensiepen
Die Unwirtschaftlichkeit der Zivilrechtspflege
DRiZ 1916, 117

BRAK-Ausschuß Schlichtung
Schlussbericht
BRAK-Mitt. 1996, 187

Breidenbach, Stephan
Mediation: Struktur, Chancen und Risiken von Vermittlung im Konflikt
Köln 1995

Breidenbach, Stephan / Henssler, Martin (Hrsg.)
Mediation für Juristen
Köln 1997

Bühring-Uhle, Christian
Alternative Streitbeilegung in Handelsstreitigkeiten
in: Gottwald, Walther / Strempel, Dieter (Hrsg.)
Streitschlichtung
Rechtsvergleichende Beiträge zur außergerichtlichen Streitbeilegung
Bundesanzeiger, Köln 1995

Bülow, O.
Die neue Prozeßrechtswissenschaft und das System des Civilprozeßrechts
ZZP 1900, 201

Buß, Thomas
De minimis non curat lex
NJW 1998, 337

Däubler, Wolfgang / Kittner, Michael / Klebe, Thomas
Betriebsverfassungsgesetz
7. Auflage
Frankfurt a.M. 2000

Dersch, Hermann / Volkmar, Erich
Arbeitsgerichtsgesetz
6. Auflage
Berlin 1955

Dieckmann, Jochen
Das nordrhein – westfälische Ausführungsgesetz zu § 15 a EGZPO
NJW 2000, 2802

Diez, Rolf /Nikisch, Arthur
Arbeitsgerichtsgesetz
München, Berlin 1954

Duve, Christian
Alternative Dispute Resolution (ADR) – die außergerichtliche Streitbeilegung in den USA
BB 1998, Beilage 10, 9

ders.
Mediation ist mehr als ein Vergleich
MDR 1998, 101

ders.
Vertragen sich Schlichten und Richten?
BJ 1997, 62

Eberhardt, Lothar
Zur Praxis der Schlichtung in Arzthaftpflichtfällen
NJW 1986, 747

Eichele, Karl
Obligatorische vorgerichtliche Schlichtung ?
ZRP 1997, 393

Eidenmüller, Horst
Vertrags- und Verfahrensrecht der Wirtschaftsmediation
Köln 2001

ders.
Mediationstechniken bei Unternehmenssanierungen
BB 1998, Beilage 10, 19

Enders, Horst-Reiner
Der Anwalt als Mediator und sein Vergütungsanspruch
in: Gottwald, Walther/Strempel, Dieter/Beckedorff, Rainer /Linke, Udo
Außergerichtliche Konfliktregelung (AKR-Handbuch)
Loseblattausgabe
Berlin 1996

Engelhardt, Hans
Aktuelle Fragen von Recht und Gesetz im demokratischen Rechtsstaat
in: Strempel, Dieter (Hrsg.)
Mehr Recht durch weniger Gesetze ? S. 11
Beiträge eines Forums des Bundesministeriums der Justiz zur Problematik der Verrechtlichung
Köln 1987

Erman
Bürgerliches Gesetzbuch
Westermann, Harm Peter (Hrsg.)
10. Auflage
Köln 2000
Band 1 §§ 1 - 853 BGB
Band 2 §§ 853 - 2385 BGB

Esser, Josef
Einführung in die Grundbegriffe des Rechts und des Staates
Wien 1949

Ewig, Eugen
Mediation aus der Sicht der Anwaltschaft
FPR 1996, 23

Felstiner, William L.F.
"Neighborhood Justice" in Dorchester, Massachusetts
in: Blankenburg, Erhard / Gottwald, Walther / Strempel, Dieter
Alternativen in der Ziviljustiz – Berichte, Analysen, Perspektiven
Köln 1982

Feuerich, Wilhelm / Braun, Anton
Bundesrechtsanwaltsordnung
5. Auflage
München 2000

Fiss, Owen M.
Against Settlement
Yale L.J. 1984, 1073

Fitting, Karl / Kaiser, Heinrich / Heither, Friedrich / Engels, Gerd
Betriebsverfassungsgesetz
20. Auflage
München 2000

Flotho, Manfred
Empfehlen sich im Interesse eines effektiven Rechtsschutzes Maßnahmen zur Vereinfachung, Vereinheitlichung und Beschränkung der Rechtsmittel und Rechtsbehelfe des Zivilverfahrens ?
DRiZ 1996, 353

Frankfurter Kommentar zur Insolvenzordnung
Wimmer, Klaus (Hrsg.)
2. Auflage
Neuwied, Kriftel 1999

Frommel, Monika
Entlastung der Gerichte durch Alternativen zum zivilen Justizverfahren ?
ZRP 1983, 31

Fulda, Carl H.
Einführung in das Recht der USA
Baden-Baden 1966

Gain, Hans- Joachim
Die Schiedsmannsordnung der Länder Nordrhein – Westfalen, Niedersachsen, Schleswig – Holstein, Saarland, das Hessische und das Berliner Schiedsmannsgesetz
2. Auflage
Köln 1977

Gaul, Hans Friedhelm
Zur Frage nach dem Zweck des Zivilprozesses
AcP 1968, 27

Germelmann, Claas-Hinrich / Matthes, Hans-Christoph / Prütting, Hanns
Arbeitsgerichtsgesetz
5. Auflage
München 1999

Gerner, Erich
Rechtseinheit im Verfahrensrecht
NJW 1950, 722

Gernold, Wilhelm / Schmidt, Herbert / von Fricken, Kurt / Madert, Wolfgang
BRAGO Bundesrechtsanwaltsgebührenordnung
14. Auflage
München 1999

Giesen, Dieter
Anmerkung zu LG Dortmund JZ 1988, 255

Gitter, Wolfgang

Die Gesetzliche Unfallversicherung nach der Einordnung in das Sozialgesetzbuch – ein Versicherungszweig ohne Reformbedarf ?
BB 1998, Beilage 6, 1

Glenewinkel, Werner
Mediation als außergerichtliches Konfliktlösungsmodell
Am Beispiel der Trennungs- und Scheidungsmediation in der Bundesrepublik Deutschland
Stuttgart 1999

Glossner, Otto Arndt
Zur Vollstreckbarkeit von Schlichtungsergebnissen im internationalen Bereich
in: Festschrift für Bülow, Arthur
Köln, Berlin, Bonn, München 1981

Gloy, Wolfgang
Handbuch des Wettbewerbsrechts
2. Auflage
München 1997

Göbel, Karl
Prozesszweck der AGB – Klage und herkömmlicher Zivilprozeß
Königstein/Ts. 1980

Göttliche, Walter / Mümmler, Alfred / Braun, Anton / Rehberg, Jürgen
Bundesgebührenordnung für Rechtsanwälte
19. Auflage
München 1999

Goldberg, Stephen B. / Sander Frank E.A. / Rogers, Nancy H.
Dispute Resolution, Negotiation, Mediation and other processes
Boston, Toronto, London 1992

Goll, Ulrich
Obligatorische Streitschlichtung im Zivilprozeß
ZRP 1998, 314

Gottwald, Walther
Alternativen in der Rechtspflege
BRAK-Mitt. 1998, 60

ders.
Modelle der Streitschlichtung unter besonderer Berücksichtigung der Mediation
WM 1998, 1257

ders.
Verfahrensmäßige Bedingungen alternativer Konfliktregelung
in: Vögele, Wolfgang (Hrsg.)
Mediation – vermitteln – verhandeln – schlichten, Rechtspolitische Chancen kooperativer vorgerichtlicher Konfliktbearbeitung
2. Auflage
Rehburg-Loccum 1999

Gottwald, Walter / Hutmacher, Wolfgang / Röhl, Klaus F. / Strempel, Dieter
Der Prozeßvergleich
Bundesanzeiger, Köln 1983

Gottwald, Walther / Strempel, Dieter (Hrsg.)
Streitschlichtung
Rechtsvergleichende Beiträge zur außergerichtlichen Streitbeilegung
Bundesanzeiger, Köln 1995

Gottwald, Walther / Strempel, Dieter / Beckedorff, Rainer / Linke, Udo
Außergerichtliche Konfliktregelung (AKR-Handbuch)
Loseblattausgabe
Berlin 1996

Greger, Reinhard
Vom "Kampf ums Recht" zum Zivilprozeß der Zukunft
JZ 1997, 1077

ders.
Diversion statt Flaschenhals
ZRP 1998, 183

Grunsky, Wolfgang
Arbeitsgerichtsgesetz
7. Auflage
München 1995

ders.
Die Schlichtung arbeitsrechtlicher Streitigkeiten und die Rolle der Gerichte
NJW 1978, 1832

Guttenberg, Ulrich
Vorzeitige Darlehensablösung bei Festzinskredit
JuS 1999, 1058

Hachenburg
Juristische Rundschau
DJZ 1917, 388

Haft, Fritjoft
Intuitives und rationales Verhandeln
BB 1998, Beilage10, 15

ders.
Verhandlung und Mediation. Die Alternative zum Rechtsstreit
2. Auflage
München 2000

Hager, Günter
Konflikt und Konsens
Tübingen 2001

ders.
Zur Notwendigkeit einverständlicher Streitschlichtung bei interpersonellen Konflikten
JZ 1998, 1158

Hartmann, Peter
Das neue Gesetz zur Förderung der außergerichtlichen Streitschlichtung
NJW 1999, 3745

ders.
Kostengesetze
30. Auflage
München 2001

Hauck, Friedrich
Arbeitsgerichtsgesetz
München 1996

Hegenbarth, Rainer
Neue Köpfe für die alte Hydra ? Die Entgerichtlichung von Verbraucherstreitigkeiten

in: Jahrbuch für Rechtssoziologie und Rechtstheorie
Band IX,
Opladen 1983

Heiermann, Wolfgang / Riedl, Richard / Rusam, Martin
VOB Handkommentar Teile A und B
9. Auflage
Berlin 2000

Heilberg
Die Verordnung über das Verfahren in bürgerlichen Rechtsstreitigkeiten vom 13. Februar 1924
JW 1924, 361

Heintze, Horst
Konsequente Rechtsverwirklichung trägt zur Steigerung der Produktion bei
NJ 1982, 291

Herrmann, Gerold
Die UNICTRAL – Vergleichsordnung – Nützliche Regeln für selbständige Schlichtungsverfahren
ZZP 1984, 445

Herzog, Roman
Gesetzgebung und Einzelfallgerechtigkeit
NJW 1999, 25

Hess, Harald
Insolvenzordnung
Band 1
Heidelberg 1999

Hess, Harald / Schlochauer, Ursula / Glaubitz, Werner
Betriebsverfassungsgesetz
5. Auflage
Neuwied, Kriftel, Berlin 1997

Heusinger, Hans - Joachim
Neues Gesetz über die gesellschaftlichen Gerichte
NJ 1982, 146

Hilden, Hartmut
Rechtstatsachen zur gerichtlichen Chancengleichheit
ZRP 1977, 41

Hippel, Eike v.
Verbraucherschutz
3. Auflage
Tübingen 1986

Hoeren, Thomas
Das neue Verfahren für die Schlichtung von Kundenbeschwerden im deutschen Bankgewerbe
NJW 1992, 2727

ders.
Der Bankombusmann in der Praxis
NJW 1994, 362

Hoffmann, Roland
Verfahrensgerechtigkeit
München, Wien, Zürich 1992

Hoffmann-Riem, Wolfgang
Konfliktbewältigung in einer angebotsorientierten Rechtsschutzordnung
ZRP 1997, 190

Hoffmann-Riem, Wolfgang / Schmidt-Aßmann
Konfliktbewältigung durch Verhandlungen
Band 1
Baden-Baden 1990

Honig, Gerhard
Handwerksordnung
2. Auflage
München 1999

ders.
Die Wirkung der Kfz-Schiedsstellen
DAR 1994, 148

Isele, Walter
Bundesrechtsanwaltsordnung
Essen 1976

Jansen, Nils
Die Struktur der Gerechtigkeit
Baden-Baden 1998

Jarass, Hans / Pieroth, Bodo
Grundgesetz für die Bundesrepublik Deutschland
5. Auflage
München 2000

Jauernig, Othmar (Hrsg.)
Bürgerliches Gesetzbuch
9. Auflage
München 1999

Jagodzinski, Wolfgang/Raiser, Thomas/Riehl, Jürgen
Rechtsschutzversicherung und Rechtsverfolgung
Bundesanzeiger, Köln 1994

Jhering, Rudolf v.
Der Kampf ums Recht
Wien 1872
3. Auflage Wien 1877

Kalthoener, Elmar/Büttner, Helmut
Prozesskostenhilfe und Beratungshilfe
2. Auflage
München 1999

Kaufmann, Arthur
Über Gerechtigkeit
Köln 1993

Keidel, Theodor / Kuntze, Joachim / Winkler, Karl
Freiwillige Gerichtsbarkeit
14. Auflage
München 1999

Kirchhof, Hans-Georg
Ist die ordentliche Gerichtsbarkeit überlastet ?
BRAK-Mitt. 1998, 68

Kleine-Cosack, Michael
Bundesrechtsanwaltsordnung
3. Auflage
München 1997

Köhler, Helmut
Das Einigungsverfahren nach § 27a UWG: Rechtstatsachen, Rechtsfragen, Rechtspolitik
WRP 1991, 617

Köhler, Helmut / Piper, Henning
Gesetz gegen den unlauteren Wettbewerb
München 1995

Koller, Peter
Theorie des Rechts
2. Auflage
Wien 1997

Korbion, Hermann / Ingenstau, Heinz
Verdingungsordnung für Bauleistungen
VOB Teil A und B, Fassung 2000
14. Auflage
Düsseldorf 2001

Kotzorek, Andreas
Schieds- und Schlichtungsstellen für Verbraucher – Konditionenkartell oder verbesserter Konsumentenschutz
ZRP 1986, 282

Kramer, Barbara
Die Güteverhandlung
Köln 1999

Krapp, Thea
Modelle zur Alternativen Konfliktlösung an amerikanischen Zivilgerichten
ZRP 1994, 115

Kraus, Steffen
Konfliktlösung durch Verhandeln und Mediation
AnwBl. 1997, 665

Krauß, Hans Frieder
Sachenrechtsbereinigung und Schuldrechtsanpassung im Beitrittsgebiet
Bundesanzeiger
Köln 1995

Labes, Hubertus W.
Konfliktbeseitigung durch ADR
ZfV 1998, 35

Lames, Peter
Rechtsfortbildung als Prozeßzweck
Diss. Uni Freiburg
Tübingen 1993

Leeb, Hermann
Entlastung der Justiz – Notwendigkeit, Gefahren, Chancen
BB 1998, Beilage 10, 3

Lehmann, Rudolf
Erste Instanz
JW 1925, 698

Lerche, Peter
Zum Anspruch auf rechtliches Gehör
ZZP 1965, 1

Levin
Prozessnot und Rechtsfrieden
DJZ 1915, 870

Leutheusser-Schnarrenberger, Sabine
Wege zur Justizentlastung
NJW 1995, 2441

Lind, Allen E.
Verfahrensgerechtigkeit und Akzeptanz rechtlicher Autorität
in: Bierbrauer Günter / Gottwald Walther / Birnbreier-Stahlberger Beatrix
(Hrsg.)

Verfahrensgerechtigkeit
Köln 1995

Lindacher, Walter
Zur "Sonderprozessrechtsnatur" der lauterkeitsrechtlichen Verbands- und Konkurrentenklage sowie der Verbandsklage nach dem AGB-Gesetz
ZZP 1990, 397

Lingenberg, Joachim / Hummel, Fritz / Zuck, Rüdiger / Eich, Alexander
Kommentar zu den Grundsätzen des anwaltlichen Standesrechts
2. Auflage
Köln 1988

Luhmann, Nicklas
Legitimation durch Verfahren
3.Auflage
Frankfurt a.M. 1993

Lukes, Rudolf
Die freiwilligen Einigungsstellen bzw. Einigungsämter bei den Industrie- und Handelskammern
in: Festschrift für Nipperdey, Hans Carl Bd. II,
München, Berlin 1965

Mähler, Gisela / Mähler, Hans-Georg
Mediation
in: Beck´sches Rechtsanwaltshandbuch 1997/98
München 1997

Mann, Siegfried
Die Gefahren der Normenflut für die soziale Marktwirtschaft
in: Strempel, Dieter (Hrsg.)
Mehr Recht durch weniger Gesetze ? S. 46
Beiträge eines Forums des Bundesministeriums der Justiz zur Problematik der Verrechtlichung
Köln 1987

Martin, Raymond
Quand le grain ne meurt....
de conciliation en médiation
La Semaine Juridique
Juris-Classeur Périodique

Edition G, n° 47, année 1996
Pages 439 - 442

Matthies, Karl-Heinz
Schiedsinstanzen im Bereich der Arzthaftung: Soll und Haben
Berlin 1989

ders.
Urteilsanmerkung zu LG Aurich
NJW 1986, 792

Maunz, Theodor / Dürig, Günter / Herzog, Roman / Scholz, Rupert
Grundgesetz Kommentar
Loseblattausgabe München

McEwen, Craig E./ Maiman, Richard
Mediation in small claim courts: achieving compliance through consent
Law and Society Review 1984

McEwen Craig E. / Milburn Thomas W.
Explaining a paradox of mediation
Negotiation Journal 1993, 23

Medicus, Dieter
Bürgerliches Recht
18. Auflage
Köln, Berlin, Bonn, München 1999

Melullis, Klaus-J.
Handbuch des Wettbewerbsrechts
3. Auflage
Köln 2000

Mencher, Helmut
Couciliateur de justice – Schiedsamt in Frankreich
Schiedsamtszeitung 1998, 113

Metzger, Tilman
Mediation im Nachbar-, Miet- und Verbraucherrecht
in: Breidenbach, Stephan/Henssler, Martin (Hrsg.)
Mediation für Juristen
Köln 1997

Mitschke, Gustav / Schäfer, Karl
Kommentar zum Bundesjagdgesetz
4. Auflage
Berlin 1982

Mitteis, Heinrich / Lieberich, Heinz
Deutsche Rechtsgeschichte
19. Auflage
München 1992

Mittermaier, Karl Josef Anton
Die neuste Prozeßgesetzgebung mit beurteilender Darstellung der neuen Entwürfe für Bayern und die Niederland und der Prozeßordnung für die Untergerichte des Königreichs Hannover
AcP 11, 1828, 144

Mnookin, Robert H. / Kornhauser, Lewis
Bargaining in the Shadow of the Law: The Case of Divorce
Yale L.Y. 1979, 950

Müller, Bodo
Gesellschaftliche Gerichte in der DDR
NJW 1983, 2297

Münchner Kommentar
Zivilprozessordnung
Lüke, Gerhard / Wax, Peter (Hrsg.)
Bd. 1 (§§ 1-354)
2. Auflage
München 2000

Bürgerliches Gesetzbuch
Rebmann, Kurt / Säcker, Franz Jürgen (Hrsg.)
Bd. 1 (§§ 1-240)
4. Auflage
München 2001
Bd. 2 (§§ 241-432)
3. Auflage
München 1994
Bd. 6 (§§ 854-1296)
3. Auflage
München 1997

Musielak, Hans-Joachim
Kommentar zur Zivilprozeßordnung
2. Auflage
München 2000

Musielak, Hans-Joachim / Detterbeck, Steffen
Das Recht des Handwerks
3. Auflage
München 1995

Nelle, Andreas
Mediation bei Neuverhandlungen im Privatrecht
in: Breidenbach, Stephan/Henssler, Martin (Hrsg.)
Mediation für Juristen
Köln 1997

Oppermann, Dagmar
Die Funktionen des verwaltungsgerichtlichen Verfahrens in Baurechtssachen aus rechtlicher und tatsächlicher Sicht
Diss. Uni Hannover
Baden-Baden 1997

Ortloff, Karsten-Michael
Mediation und Vergleich im Prozeß (Buchbesprechung)
ZRP 2000, 355

Palandt
Bürgerliches Gesetzbuch
60. Auflage
München 2001

Pawlowski, Hans-Martin
Aufgabe des Zivilprozesses
ZZP 1967, 345

Ponschab, Reiner/Schweizer, Adrian
Kooperation statt Konfrontation – Neue Wege anwaltlichen Verhandelns
Köln 1997

Proppe, Helmut / Krapp, Thea
Außergerichtliche Verfahren – Alternative zur Ziviljustiz
JA 1990, 65

Preibisch, Wolfgang
Außergerichtliche Vorverfahren in Streitigkeiten der Zivilgerichtsbarkeit
Diss. Freie Uni Berlin
Berlin 1982

Probandt, Wolfgang
Die Einigungsstelle nach § 27 a UWG
Diss. Uni Freiburg
Berlin 1993

Prütting, Hanns
Schlichten statt Richten ?
JZ 1985, 261

ders.
Verfahrensrecht und Mediation
in: Breidenbach Stephan / Henssler Martin (Hrsg.)
Mediation für Juristen, 57
Köln 1997

ders.
Anmerkung zu BGH ZZP 1986, 90
ZZP 1986, 93

Puchta, Georg Friedrich
Ist der Vergleichsversuch zweckmäßig in die Hände der Gerichte gelegt ?
AcP 19, 1836, 214 und 414

Pünnel, Leo
Die Einigungsstelle des BetrVG
4. Auflage
Neuwied, Kriftel, Berlin 1997

Purps, Thorsten / Krauß, Hans-Frieder
Sachenrechtsbereinigung nach Anspruchsgrundlagen
München 1997

Raden, Lutz v.
Außergerichtliche Konfliktregelung im gewerblichen Rechtsschutz
GRUR 1998, 444

ders.
Außergerichtliche Konfliktregelung im gewerblichen Rechtsschutz
BB Beilage 9 1999, 17

Raiser, Thomas
Das lebende Recht: Rechtssoziologie in Deutschland
3. Auflage
Baden-Baden 1999

Rasch
Versammlung von Freunden eines geordneten Güteverfahrens
DJZ 1915, 692

Reinel, Peter
Die Verbandsklage nach dem AGBG
Köln, Berlin, Bonn, München 1979

Renk, Heidemarie
Entlastung der Zivilgerichte
DRiZ 1996, 69

Richardi, Reinhard
Betriebsverfassungsgesetz
7. Auflage
München 1998
Richter, Gerhard / Hummel, Reiner
Baden – Württembergisches Landesgesetz über die freiwillige Gerichtsbarkeit
4. Auflage
Stuttgart 1996

Riedl, Fritz / Sußbauer, Heinrich
Bundesgebührenordnung für Rechtsanwälte BRAGO
8. Auflage
München 2000

Risse, Jörg
Wirtschaftsmediation
NJW 2000, 1614

Röhl, Klaus F.
Rechtspolitische und ideologische Hintergründe der Diskussion über Alternativen zur Justiz
in: Blankenburg, Erhard/Gottwald, Walther/Strempel, Dieter (Hrsg.)
Alternativen in der Ziviljustiz – Berichte, Analysen, Perspektiven
Köln 1982

ders.
Erfahrungen mit Güteverfahren
DRiZ 1983, 90

ders.
Der Vergleich im Zivilprozeß – eine Alternative zum Urteil ?
in: Jahrbuch für Rechtsoziologieund Rechtstheorie
Band VI, Opladen 1980

Rölike, Arndt / Schäfer, Hans-Bernd
Kosten – Nutzen – Analyse der Rechtsprechung
in: Gottwald, Walther/Strempel, Dieter/Beckedorff, Rainer /Linke, Udo
Außergerichtliche Konfliktregelung (AKR-Handbuch)
Loseblattausgabe
Berlin 1996

Rosenberg, Leo / Schwab, Karl-Heinz / Gottwald, Peter
Zivilprozessrecht
1. Auflage
Leipzig 1927
4. Auflage
München 1949
15. Auflage
München 1993

Rothweiler, Winfried / Sauer, Gotthard
Schlichtungsstellen – eine Alternative
NJW 1978, 797

Rühling, Fritz / Selle, Herbert
Bundesjagdgesetz
München 1953

Rumler-Detzel, Pia
Gutachterkommissionen und Schlichtungsstellen für Haftpflichtstreitigkeiten zwischen Ärzten und Patienten
VersR 1988, 6

Ruser, Erwin W.
Der Sühneversuch in Ehesachen
NJW 1969, 1146

Sahr, Siegfried
Eine weitere Etappe in der Arbeit der Konfliktkommissionen
NJ 1982, 151

Sander, Frank
Dispute Resolution within and outside the Courts – An Overview of the US Experience
in: Gottwald, Walther/Strempel, Dieter (Hrsg.)
Streitschlichtung
Rechtsvergleichende Beiträge zur außergerichtlichen Streitbeilegung
Bundesanzeiger, Köln 1995

ders.
Alternative Methods of Dispute Resolution: A U.S. Perspektive
in: Hoffmann-Riem, Wolfgang / Schmidt-Aßmann, Eberhard (Hrsg.) Konfliktbewältigung durch Verhandlungen
Band 1

Schäfer, Hans-Bernd
Kein Geld für die Justiz – Was ist uns der Rechtsfrieden wert ?
DRiZ 1995, 461

Schaub, Günter
Arbeitsrechtliche Formularsammlung und Arbeitsgerichtsverfahren
6. Auflage
München 1994

Schellhammer, Kurt
Die Arbeitsmethode des Zivilrichters
13. Auflage
Heidelberg 2000

ders.
Zivilrecht nach Anspruchsgrundlagen
3. Auflage
Heidelberg 1999

ders.
Zivilprozeß
8. Auflage
Heidelberg 1999

Schmidt, Frank H.
Wirtschaftsmediation – die nicht gesehene Chance
BB 1998, Beilage 10, 6

Schmidt-Aßmann, Eberhard
Verfahrensfehler als Verletzung des Art. 103 I GG
DÖV 1987, 1029

Schmidt-Bleibtreu, Bruno / Klein, Franz
Grundgesetz
9. Auflage
Neuwied, Kriftel 1999

Schmidt-Jortzig, Edzard
Aufgabe, Stellung und Funktion des Richters im demokratischen Rechtsstaat
NJW 1991, 2377

Schmitt, Lothar
SGB IV Sozialgesetzbuch Kommentar
München Loseblattausgabe
Schneider, Egon
Erstattungsfähigkeit von Mahnanwaltskosten
NJW 1998, 356

Schneider, Jochen
Mediation im Wirtschaftsrecht
in: Breidenbach, Stephan/Henssler, Martin (Hrsg.)
Mediation für Juristen
Köln 1997

Schneider, K.
Die Unwirtschaftlichkeit der Zivilrechtspflege
DJZ 1916, 279

Schönholz, Siegfried
Alternativen im Gerichtsverfahren – Zur Konfliktlösung vor dem Arbeitsgericht unter besonderer Berücksichtigung des Prozessvergleichs
Amsterdam 1984

Schönke, Adolf / Schröder Horst
Strafgesetzbuchkommentar
26. Auflage
München 2001

Schoreit, Armin / Dehn, Jürgen
BerH, PKH
6. Auflage
Heidelberg 1998

Schuster, Paul
Zivilprozeß und Güteverfahren
in: Blankenburg, Erhard/Gottwald, Walther/Strempel, Dieter
Alternativen in der Ziviljustiz – Berichte, Analysen, Perspektiven
Köln 1982

Sieg, Karl
Prozesshindernde Einrede in arbeitsgerichtlichen Verfahren
in: Festschrift für Molitor, Erich
München, Berlin 1962

ders.
Zum Rechtsschutz auf Staatskosten
NJW 1992, 2992

Siegel, Otmar
Alternativen zur Justiz: Der Schiedsmann
in Blankenburg, Erhard/Gottwald, Walther/Strempel, Dieter
Alternativen in der Ziviljustiz – Berichte, Analysen, Perspektiven
Köln 1982

Stadler, Astrid
Außergerichtliche obligatorische Streitschlichtung – Chance oder Illusion?
NJW 1998, 2479

Statistisches Bundesamt
Rechtspflege
Fachserie 10, Reihe 2
1997, 24

Stein, Friedrich / Jonas, Martin
Zivilprozessordnung
Band 1 (§§ 1 - 510c) 14. Auflage
Tübingen 1928
Band 2 (§§ 91 - 252) 21. Auflage
Tübingen 1994
Band 3 (§§ 253 - 299a)
21. Auflage
Tübingen 1997
Band 4/2 (§§ 348 - 510b)
21. Auflage
Tübingen 1999

Stock, Johannes
Der Geschäftsanfall der Zivilgerichte und die Filterwirkung außergerichtlicher Konfliktberatung
in: Gottwald, Walther / Strempel, Dieter (Hrsg.)
Streitschlichtung
Rechtsvergleichende Beträge zur außergerichtlichen Streitbeilegung
Bundesanzeiger, Köln 1995

Strempel, Dieter (Hrsg.)
Mediation für die Praxis
Berlin 1998

ders.
Mehr Recht durch weniger Gesetze ?
Beiträge eines Forums des Bundesministeriums der Justiz zur Problematik der Verrechtlichung
Köln 1987

ders.
Außergerichtliche Konfliktlösung
ZRP 1998, 319

Stubbe, Christian
Mediation und Claim-Management
BB 1998, Beilage 10, 25

Theilacker, Gerhard
Friedensgerichtsbarkeit und Rechtspfleger
Tübingen 1963
Ule, Carl Hermann
Rechtstatsachen zur Dauer des Verwaltungs- (Finanz-) Prozesses
Berlin 1977

Ulmer, Peter / Brandner, Hans Erich / Hensen, Horst-Diether
Kommentar zum Gesetz zur Regelung des Rechts der Allgemeinen Geschäftsbedingungen AGB-Gesetz
9. Auflage
Köln 2001

Vögele, Wolfgang (Hrsg.)
Mediation – vermitteln – verhandeln – schlichten, Rechtspolitische Chancen kooperativer vorgerichtlicher Konfliktbearbeitung
2. Auflage
Rehburg-Loccum 1999

Volkmar
Die Verordnung über das Verfahren in bürgerlichen Rechtsstreitigkeiten
JW 1924, 345

Vollkommer, Max
Anmerkung zu BGH NJW 1986, 263

Volmer, Bernhard
Zehn Jahre Tätigkeit der Schiedsstellen für Arbeitnehmererfindungen
BB 1968, 253

Volmer, Bernhard / Gaul, Dieter
Arbeitnehmererfindungsgesetz
2. Auflage
München 1983

von Münch, Ingo / Kunig, Philip
Grundgesetz Kommentar
Band 3 (Art. 70-146)
3. Auflage
München 1996

Vossius, Oliver
Sachenrechtsbereinigungsgesetz Kommentar
2. Auflage
München 1996

Vultejus, Ulrich
Unterschiedliche Leistungen der Justizminister
ZRP 1997, 433

Wacke, A.
Audiatur et altera pars
JA 1980, 594

Wagner, Gerhard
Sicherung der Vertraulichkeit von Mediationsverfahren durch Vertrag
NJW 2001, 1398

ders.
Obligatorische Streitschlichtung im Zivilprozeß: Kosten, Nutzen, Alternativen
JZ 1998, 836

ders.
Prozessverträge
Privatautonomie im Verfahrensrecht
Tübingen 1998

ders.
Alternative Streitbeilegung und Verjährung
NJW 2001, 182

Wagner, Klaus-R.
Möglichkeiten des Notars zur Vermeidung und Schlichtung von Baustreitigkeiten
BauR 1998, 235

Walter, Gerhard
Dogmatik der unterschiedlichen Verfahren zur Streitbeilegung
ZZP 1990, 141

Wassermann, Rudolf
Zur "Prozessfreude" der Bundesbürger
NJW 1995, 1943

Weidermann, Ortfried
Fünf Jahre Familienrichter – Erfahrungen, Erkenntnisse und Vorschläge
Zentralblatt für Jugendrecht 1982, 527

Weigand, Frank-Bernd
Alternative Streiterledigung „Alternative Dispute Resolution" auch in Deutschland ?
BB 1996, 2106

Weiß, Walter
Haben sich Friedensgericht in Württemberg – Baden bewährt ?
NJW 1951, 698

Wesel, Uwe
Geschichte des Rechts
München 1997

Williams Philip L. / Williams Ross A
The Cost of Civil Litigation: An Empirical Study
International Review of Law and Economics 1994, 73

Wolf, Manfred / Horn, Norbert / Lindacher, Walter
Gesetz zur Regelung des Rechts der Allgemeinen Geschäftsbedingungen 4. Auflage
München 1999

Zöller, Richard
Zivilprozessordnung
22. Auflage
Köln 2001

Kolibri 360 GmbH
Ferdinand-Jühlke-Straße 7
99095 Erfurt, Deutschland
produktsicherheit@kolibri360.de

Druck:
CPI Druckdienstleistungen GmbH
im Auftrag der
Kolibri 360 GmbH
Ferdinand-Jühlke-Str. 7
99095 Erfurt